U0129138

人生八十才開始

馬 德 五 著

傳 記 叢 刊

文史哲出版社印行

國家圖書館出版品預行編目資料

人生八十才開始 / 馬德五著. -- 初版. -- 臺
北市：文史哲，民 101.10
　　頁：　公分.（傳記叢刊；12）
ISBN 978-956-314-063-4　　（平裝）

1. 馬德五 － 傳記
782.886　　　　　　　　　　101019123

傳　記　叢　刊　12

人生八十才開始

著　　者：馬　　　德　　　五
出版者：文　史　哲　出　版　社
　　　　http://www.lapen.com.tw
登記證字號：行政院新聞局版臺業字五三三七號
發行人：彭　　　正　　　雄
發行所：文　史　哲　出　版　社
印刷者：文　史　哲　出　版　社
　　　　臺北市羅斯福路一段七十二巷四號
　　　　郵政劃撥帳號：一六一八〇一七五
　　　　電話886-2-23511028 ・ 傳真886-2-23965656

實價新臺幣四二〇元

中華民國一〇一年（2012）十月初版

著財權所有・侵權者必究
ISBN 978-956-314-063-4　　　78812

自 序

　　從「人生七十古來稀」到「人生七十才開始」這條路走得實在太長了。說「人生七十才開始」這話的人（前國府秘書長張岳軍先生）和被他說的人（前國府總統蔣公介石）也都過世了好多年了。

　　現在我說「人生八十才開始」是有根據的。因為在這以往的「好多年」中，不僅現代醫藥又向前推進了許多，人們的保健常識也又比以前更豐富了很多。根據美國人口調查統計局的最新報告，公元兩千年時，八十五歲至九十四歲年齡層的老人有三百九十萬人，公元兩千一十年時已經增加到五百一十萬人，增幅高達百分之二十九點九。而且這個趨勢還在逐年增長中。君不見在當今的運動場上，在世界各地的旅遊地方，在很多高難度的職業群中，我們都會經常發現很多位頭髮花白或已全白可又神采奕奕的男男女女，他（她）們早已超過了八十高齡，可都仍興致勃勃地每天向前衝、衝。他（她）們已經完全忘記了「年齡」這個玩意兒了。國府總統馬英九說：因為他喜歡慢跑，有一次，一位九十四歲的老人向他挑戰誰跑得快跑得久。由此可見年齡已經不是什麼可以擔憂或可怕的事情了。

　　鄙人不才，也是其中之一位。如果你想知道我今年究竟

有多少歲數了？那就請你耐心地賜閱這本書中的拙作吧，因為答案就在書中。謝謝了。

人生八十才開始

目　　次

一百零七歲

　　九年前我六十五歲，在美國懷俄明州退休後，與內子耀文搬來中國人多的德州休士頓「養老」。不久發現了打乒乓球很適合老年人，於是我開始學打，天天和一些老中朋友們練球，最後我們還成立了一個「休士頓中華長青乒乓球隊」。因為我喜歡做義工，大家乃推選我為隊長。

　　我天天上午打球，下午便去幫助那些英文不是太好的祖國同胞，開車帶著他（她）們到美國各級政府裡申請各種福利。我明訂我的服務規則：一不接受金錢報酬，二不接受禮品贈送，三不接受請客吃飯。我說：「助人為快樂之本，只要你們快樂，我也就快樂了；我所追求的就是這份快樂。」

　　由於我以上的「三不」規則，我的「生意」非常「興旺」，而我也就天天快樂無窮。被我服務過的朋友們因為無法回報我，便往往會送我一句吉祥話：「馬先生，祝你長命百歲！」每次他們這樣說時，我就會開玩笑地「責問」他們：「我與你們無怨無仇，你們為什麼要我短命？」被我「責問」的朋友們聽了後都是一頭霧水，他們不知道我為什麼這樣說。於是我連忙向他們解釋：「我天天打乒乓球，為的是想比一個人多活一歲，因為這個人從不打球。」

　　「誰呀？」

「那去世不是太久的蔣宋美齡夫人，她是一百零六歲時過世的。」

「那就是說你希望活到一百零七歲了？」

開玩笑歸開玩笑，可是最近一件事情發生後，朋友們都說我一百零七歲時可能還不會馬上到西方極樂世界去。

事情是這樣的，三個禮拜前，有天我發現我胸前左下方長了個小紅點子，而且還很癢。我認為一定是被什麼蟲子咬到了，再不然就是皮膚過敏之類的小事一件，當時我毫不在意。第二天小紅點子旁邊又長了一個，我還是沒把它放在心上，不過我用止癢藥膏狠狠地揉了又揉。由於仍然沒有什麼效果，而且不久第三個小紅點子又出來了，於是我知道事情不簡單了，乃決定去看我的家庭醫生，Dr. Medley。

我翻開汗衫讓她一看，Dr. Medley 立刻帶笑地告訴我我得了 shingles 了。接著她向我解釋，這是我小時候得的 chicken pox 之餘毒潛伏在身體裡六、七十年後可能因為現在年紀老了抵抗力差了又跑出來鬧事了。於是她開了藥方 Valtrex 500 mg 要我每日服三次，每次一粒，一個禮拜後就應該沒有什麼大事了，不過不久以後，那些紅點子的地方就會感到疼痛而且恐怕還要疼好一段日子。

回到家後，我又從網路上仔細地查了一下，乖乖隆地咚，這不就是「出水痘」嗎？這個玩意兒是小孩子常會得的毛病，我如今七十有四，又得了個小孩子的疾病，莫非我真的返老還童了？不久我的乒乓球友們都知道了，大家都向我道喜，說我一百零七歲時還不會歸天。我告訴我的球友們，我是佛教徒，不可以「貪、瞋、癡」的，一百零七歲生日一

過，如仍收不到閻羅王的請帖，我會主動開車去到他的住
所，敲他家的大門，我會問他：「老閻，你怎麼把我忘記
了？」（本文曾經分別發表在 2006 年美國五家中文報紙雜
誌上。）

也談愛情小說

　　休士頓長城書店主人王建光負責發行的「人間指南」月刊主辦全球華人愛情小說比賽，於去年（2007）十二月十五日在蕭邦圖書館舉行頒獎典禮。節目主持人陳瑞林（美南作協會員）邀請我在典禮中串插一段小品。下面便是我那天所說的「小品」之底稿：

　　主持人要我報告美國愛情小說作家協會的概況，我想這最簡單的方法就是把我幾年前發表過的一篇關於我如何參加美國愛情小說作家協會的小文章先來讀一下。下面就是我的這篇文章內容。

　　我從網上把入會申請表下載後仔細地填寫好了又把它複印了下來，並又照著表上的規定會費數額開了一張支票，便興沖沖地開車到網路上所說的地址去開會了。

　　開會的地方是在休士頓西南區一個基督教教堂裡面。到了以後，我發現這家教堂很大，而這個寫作團體所借用的不過是教堂裡的一個會議室。會議室門口掛著一張不太小的牌子，上面清清楚楚地用英文寫著「美國愛情小說作家協會西休士頓分會會議」（West Houston Romance Writers of America Meeting）等字樣。於是我便一頭闖了進去。

　　果然裡面有一大群人，很奇怪地又似乎都是女性。我乃

向一位年齡並不是很大好像是負責接待的女士自我介紹是來申請入會的。她接過了我的申請表和支票後很客氣地連說了兩聲歡迎，然後告訴我在申請加入這個分會的同時必須也要申請加入總會為會員。於是她交給了我加入總會的申請表以及其它的一些關於這個團體的印刷品。這是一年八個月前的一個星期六的上午，時間大約是九時五十幾分鐘。

不久十點鐘開會了，我跟着一大群女作家們走進了會場，可我的心中在不停地祈禱希望在會場裡面可以發現一兩個和我同一性別的男性會員，然而一直到主席宣佈開會了，我很失望地還是沒有看到另一個也是長鬍子的人。我默默地數了一下，今天出席會議的人數大概有五十多人。從外表上看來，好像我又是唯一的「外國人」。關於這一點，我似乎早已習慣了，因為我參加「休士頓作家協會」（Houston Writers League），「美國神秘小說作家協會西南分會」（Mystery Writers of America-Southwest Chapter）和兩個英文寫作批評會（Writer's Workshop）多年了就從來沒有發現過一個和我一樣是來自東方的人。今天我最在意的是這兒竟沒有另一個人和我一樣是長鬍子的。如果真的沒有，那這兒不就成了個美國婦女會了嗎？而我是個不折不扣的男人！一時間我的心中是七上八下的很不寧靜。

按照我座位上早已放在那兒的印好的開會日程表，第二個項目就是個別報告。主席要一個個按照座位前後由左向右站起身來報告，我當然是洗耳恭聽。每個人首先報告自己的姓名，然後便報告這個月來寫了些什麼東西，如果有了作品在什麼地方發表了或是已經與一個文學代理人簽了代理合約

了，那便會贏得一片掌聲。當然，如果能和一家出版公司簽了一本書的出版合約，那麼掌聲便真個是如雷一般地響起了。

不久，輪到我起立發言了。因為我是一個新人，更因為我是在場的唯一男人，當然也因為我是唯一的不像是個土生土長的美國人，在我還未開口說話的時候，所有在場的女作家們都早已「肅然起敬」在向我行注目禮了。於是我站起身來不快不慢地報告我的名字後，我說我是美國一家英文報紙的每週專欄作者，已經寫了十四年了。除了曾經發表了六百多篇的報紙專欄外，我也是好幾本英文書的作者，而其中的一本便是短篇愛情小說集，所以我來此參加這個團體。接著我話鋒一轉，我說我現在改變主意可能不再回來了，因為我發現我是這裡的唯一的男士，在這個全是女性的團體裡，我真是有著說不出來的尷尬和不安。然後我在一片笑聲和掌聲中坐了下來。

散會後，有很多位女士包括主持會議的那位穿著粉紅色套裝的主席都紛紛走來和我握手，希望我回來正式參加她們的寫作團體，有的女士們更說如果我能留下不走，也許以後會吸引更多的男性作家也來參加了。

不管她們怎麼說，我是早已決心不再回來了。我更向那位年輕的女士要回了我的報名表和支票，我說我要回家去好好地考慮一下，如果我決定參加，我再把參加總會的報名表和另一張支票於下個月開月會時一併帶來。

在開車回家的途中，我就一直就參加與否的這個問題作不停地思考。這是一個正式的美國作家協會，並不是什麼婦

女會，我是個也有很多著作的作家，我早已入籍為美國公民，這正是我所喜歡參加的一個寫作團體。在法理上，我有絕對的參加權利。在興趣上，這也正合乎我的理想。可是，這裡都是女人！我一輩子喜歡直來直往，不會說慇懃話，不善於與女性打交道。在家中，除了妻子，我還有一個女兒，以前未退休時，我也有很多的女同事，我已經嚐夠了與女性交往的經驗。如今退休了，自由自在慣了，我又要去與女性打交道了，而且還不是一個，是很多很多的洋婆子。「算了吧，不回去參加不就得了。」當車子開到家時，這就成了我的結論。

　　一個星期後，有一天下午，我在百無聊耐中又把那天參加那個什麼「美國婦女會」時所帶來的很多文件翻閱了一下。我方才明瞭了這個寫作團體的大概情況。

　　美國愛情小說作家協會於一九八零年在美國成立。目前共有會員八千四百多人，是世界上人數最多的一個作家團體。總會設於美國，分會一百五十多個，分佈於美國、加拿大和澳大利亞三個國家。在每年的六億一千四百萬本小說市場中愛情小說就佔了兩億兩千多萬本，愛情小說的每年銷售額高達十五億美元，而且這個趨勢還在逐年增長中。

　　霎那間，我傻住了。這絕對不是一個普通的婦女會。多少年來，我一直沉醉於英文寫作，總希望能參加個像樣的英文作家協會，如今這個已經擺在了我的面前了，我還有什麼顧忌和藉口不去參加呢？

　　結果第二個月的第二個星期六上午，我真的又回去參加月會了，並且還一次繳清了所有的總會和分會的會費。

　　一年八個月後的今天，我仍然是該會的會員，同時也仍是該分會裡的唯一的長鬍子的會員。

　　有一次，我把這段經過告訴了也住在休士頓的一位早期臺大同學。他說他要恭喜我。

　　我問他喜從何來？

　　他神秘地笑著說：按照中國的「紅男綠女」傳統說法，我現在是「萬綠叢中一點紅」了。

　　所以我這篇文章的題目就叫做「萬綠叢中一點紅」。

　　以上是我參加美國愛情小說作家協會的一篇報導文章。現在我再簡單地說一說我個人對於愛情小說的看法。

　　記得有一次，我們美國愛情小說作家協會請來了一位寫床戲成名的美國愛情小說作家來講演，也是一位女性，而且長得還蠻豐滿的。她那天講的什麼我早已忘記了，可是她回答我們的一個問題我是永遠忘記不了的。問題是在愛情小說裡是不是一定要有床戲？她說：如果是一個好的故事而且情節又有需要的話，當然可以寫。接著她話鋒一轉，她說：「但是我必須警告你們，不可以在整部小說的每一章裡都寫這個玩意兒，如果是那樣，那你的小說格調就不是很高了。」

　　關於這一點，我個人是非常同意的。我們不妨想一想，當兩個情人愛得死去活來時，他們的下一步是什麼？那還不就是去幹那個亞當和夏娃常玩的玩意兒麼。他們可以幹得，為什麼我們就不可以寫得？事實上，如果世界上沒有這個玩意兒，那會有今天的我們？而整個的人類之沿續發展不也就成了個很大的問題了麼！因為這是人生中一件最神聖不過的

大事，我們身為愛情小說作家，在必要的時候，怎麼可以忽略它而不去提及它？你們說對不對？謝謝大家。

下面的幾段不在那天的講稿裡，是我特別為這篇文章加上去的。

現在，請讓我再來談談我個人的經驗。我必須聲明這裡所謂的「個人經驗」並不是指我個人的「上床」經驗，而是指我個人閱讀愛情小說的經驗。因為我喜歡用英文寫愛情故事，所以我也喜歡讀美國名小說家們寫的英文愛情小說。可是我沒有多餘的錢去買這些看完了就很少再去一看再看的書籍，都是到休士頓公共圖書館去借來讀。

有一次，我的一個在美國長大和受教育的孩子回來看望他的母親和我。當他發現我的書桌上都是這些英文愛情小說時，他問我，「爸，你可知道這些書是什麼人最喜歡看的嗎？」

我沒有回答，因為我根本不知道。

於是他又說，「這些書是美國中學裡的小女孩子們最喜歡看的，而你是個中國老頭子！」

自此以後，我每次去圖書館裡借這些書時，我都會有一種不好意思的感覺。可是有一天，當我又站在圖書館裡的愛情小說書架前面選書時，我很高興地發現了一位美國白人老太太也站在那裡選書，我走近了她的身邊，從她的臉上皺紋看來，我可以肯定她的芳齡絕對不比我小。於是我主動找她談話了。

「怎麼你也喜歡看這些愛情小說啊？我的兒子說只有中學裡的小女孩們才喜歡讀這種書的。」

「亂說。我每天晚間一定要讀愛情小說才可以入睡。」

接著，她又得意洋洋地說，「告訴你吧，我的老公也最喜歡看這種書了。我們結婚五十多年了，從來沒有吵過架。」

於是我抱了好幾本愛情小說到前面櫃檯辦理借出手續。因為書拿得多了，一不小心，把書全弄掉在地上。站在我前面排隊的是一位三十出頭的非裔女士，她回過頭來看到了我掉在地上的那些書，她開口了，「啊，都是愛情小說！」

「你不喜歡看這些書嗎？」因為剛才的那位老太太說她每天晚間不看睡不著覺，所以我不但沒有一絲一毫的不好意思，反而理直氣壯地問她。

「我從不看這些書的。我是一個律師，也是個單親母親，我是來借兒童讀物給我的孩子看的。」

我沒有回答，可是我心裡有句話很想對她說可實在不敢說出口來，那就是：「如果你能時常看這些愛情小說，你就不會再是個單親媽媽而是個雙親媽媽了。」

朋友們，你喜歡不喜歡寫愛情小說沒有關係，可我鄭重建議你，如果你要心理年輕，愛情小說不可不看，而且還要建議你的夫人或先生都來看！

老來學吹鼓手

── 我如何走上英文寫作的一條不歸路

　　認識我比較久的朋友時常會問我如何走上英文寫作的路？因為他們知道我是臺灣大學中文系畢業的。

　　剛認識我不久的朋友又時常問我是那所大學英文系畢業的？因為他們看見我經常用英文發表作品。

　　究竟我是怎樣走上英文寫作這條「死胡同」的？值茲「南軒藝文」主編向我邀稿，我乃籍機「坦白從寬，如實招供。」

　　一九七五年，我和家人由美國維金利亞州搬到懷俄明州去住。懷州地廣人稀，中國人更是鳳毛麟角。因此除了家人外，完全沒有中國朋友往來。那時候，世界日報、國際日報、等中文報紙都還沒有創刊，我唯一的精神食糧就是訂閱台灣的中央日報航空版和當地的一份英文日報。每天空下來的時間仍然很多，真不知道如何去消磨。

　　突然間，我想起了十多年前在六零年初我在西密歇根大學讀書時，曾經選讀過英文系裡的「各體文習作」（Advanced Writing）一課。教授 Miss Anton 是位老小姐，她不但教我們寫小說、散文、詩歌、書評等，還要我們

每個星期繳三篇以上的日記。日記的內容不可以千篇一律地什麼時候起床、吃飯、上課等例行事務。換言之，每篇要有東西，要言之有物，像隨筆，又像日記。于是乎我把中國的儒家、道家、和佛家的思想都寫進了我的日記裡。

Miss Anton 可能從未讀過咱們老祖宗留下來的寶貝，一時認為奇文，不但經常給我個「A」字評分，更有時叫我走上講檯去向那些全是土生土長的同班美國同學們宣讀我的日記。托老祖宗的福，每次我都感覺到飄飄然的。

離開學校後，我一直忙于養家活口，那有時間去寫日記。如今已經進入了中年，生活也安定下來了，時間又很多，最重要的是我那時實在寂寞無聊，於是，我突然想起去用英文寫日記好籍此消磨我那太多的空餘時間。

雖然這個時候我不再需要將日記繳給老師或什麼人評分了，可我還是像當年的學校功課一樣地認真去寫，而且不是一個禮拜三篇，是天天寫，不論那天我怎麼地忙碌或者心情是如何地不好，我一樣地去寫。高興又不忙的時候就寫多些，忙碌的時候就寫少些，心情不好時我就把所有的不愉快都寫進了我的日記裡，好像每當寫完了以後，我的心情就會變得好過多了。有時候真的實在沒有什麼好寫的，我就抄一段我正在讀著的英文書或者英文報上我認為寫得很好的一段報導，然後加上我的評語就成了我那天的日記了。

日子一久，慢慢地養成了一種習慣，就好像每天早上一定要刷牙洗臉一樣，如果哪一天不寫英文日記，那一天就會有一種渾身不舒服的感覺。

就這樣地我的英文日記一直不停地寫了個八、九、十來

年。日記本子也堆集了好一大堆。

　　一九八七年九月間，有一天晚上，我的日記寫好了，中央日報航空版也讀完了，當地的英文日報上所有的新聞也都讀了，因為上床睡覺的時間還早，我乃去讀英文報上的每一篇專欄。突然裡，我發覺有一篇專欄簡直就好像我的日記似的。從此以後，我就特別注意去讀那位專欄作家的文章。慢慢地我就產生了一種像劉邦和項羽看到秦始皇出巡時的威武想大丈夫當如是也的幻覺。於是我將我的日記整個兒重新翻閱一下，終于被我找出了大約四、五十篇我自己認為寫得還很不錯的日記，我將它們復印了出來，又寫了一封信，寄給了當地的英文報紙總編輯，希望他也能欣賞。

　　一個禮拜後，總編輯 Dave Perry 打了個電話給我，請我到他的報社裡一談。在他的辦公室裡，他告訴我他花了很大的功夫才把我的日記讀完，因為是我手寫的，字跡很潦草，所以他讀起來很吃力，可是很有興趣。他說如果我能用打字機把它們打字出來，他願意為我闢個不定期的專欄。

　　這個一點兒不難，而且我家裡也有一台打字機。我乃連夜去打，第二天下午就送了過去。Dave 看了很滿意，又要他們報社裡的攝影記者為我照了一張像片準備放在我的專欄上面。就這樣地我忽然變成了一家美國英文報紙的專欄作家了。

　　三天後，我生平第一篇的英文報紙專欄就上了報紙了，而且上面還有我的照片。內子還說那是她看到過的我的一張最英俊的像片。一時欣喜欲狂，真恨不得去告訴我在世界上的所有親戚朋友們！

　　剛開始時，我的專欄兩三個禮拜才上報一次，每次都發表三或四篇日記（因爲日記比較短）。最後，眼看送去的日記快要被刊登完了，我乃停止我的日記寫作，專門爲寫專欄而去寫個七、八、九百字的專欄。慢慢地 Dave 告訴我他收到了很多讀者的反應，大家都說我的專欄所寫的都是他們聞所未聞的東方人的智慧，請他務必要我繼續寫下去。爲了響應讀者的回音，他說他決定將我的專欄固定爲每個星期四上報，要我千萬不要脫稿。

　　回想起來當年在臺灣報考大學時，那時全臺灣只有一所大學 ── 國立臺灣大學，三所獨立學院及幾個專科學校，同時也還沒有聯考制度。我報考國立臺灣大學和臺灣省立師範學院所填的第一志願都是中國文學系（師範學院叫做國文系），因爲我自小就不想做大官發大財，只夢想有朝一日也能做個作家。

　　如今幾十個寒暑過去了，我的作家夢早已完全清醒了。我早已認定這一輩子與寫作無緣了。以後我來到了美國，如今又忽然連我自己做夢也不曾夢到過的沒有做成中文作家反而做了個美國英文報紙的專欄作家。人生的際遇真是多麼地難以預測啊！

　　大概在我專欄寫了五、六年後，有一天，我突然想起如果當年西密大 Anton 教授不教我們寫日記，不管我在懷州如何閑得無聊也不會想起去寫英文日記的。不寫英文日記，我又那能夠有機會去寫英文報紙的專欄呢？所以歸根結底，我應該感激我的恩師 Miss Anton 于是我精選了一百篇發表過的專欄，將它們復印出來，並且又寫了一封長信給 Anton

教授，寄請西密大英文系辦公室轉交。我想 Miss Anton 一定會非常高興她當年教過的一個外國學生如今在懷州把她所教的發揚光大了。

十天後，該校英文系辦公室退回了我的信，並附了一張短箋，告訴我 Anton 教授早已作古。一時真教我難過極了。

因為找不到當年的教授為我的專欄評分了，我乃尋找美國出版公司出版我的專欄自選集。進行後方才發現要實現這個夢想簡直是比登天還難。感謝老天爺，我是努力再努力，不知道遭遇到了多少的困難和風浪，兩年後，終于皇天不負苦心人，被我登上了青天，找到了佛羅里達州的 Gardner Press 出版公司負責人 Gardner Spungin 與我簽了出版合約，於一九九六年出版了我的第一本英文書，Chinese Fables and Wisdom。這個書名還是 Gardner 為我起的。

可是出版後不多久，我就接到了美國聯邦政府破產法院的通知，告訴我 Gardner Press 出版公司已經申請破產了。換言之，我與他們所簽出版合約中的所謂百分之十的版稅就完全泡了湯了。當我正在咒罵這家出版商時，Gardner Spungin 來了一封信，告訴我他經營出版業已經二十年了，現在是實在拖不下去了。他很高興在破產前還是依照合約將我的書出版了，可是他也很遺憾他不能付我一文錢的版稅，因為他已經決定完全結束他的出版公司了。接著他提供我六家美國出版公司的名稱和地址，告訴我這六家公司可能有興趣出版東方文化的書籍，建議我將他寄給我的二十本書各寄他們一本，如果他們之中有一家願意再版，他是非常樂意將

版權移轉給這家出版公司的。

　　在這種情況下，我也只有感謝他並將死馬當作活馬醫了。我真是要感激救苦救難的觀世音菩薩，一個月後，我居然收到了紐約一家名叫 Barricade Books 的出版公司發行人 Carole Stuart 回信願意爲我的 Chinese Fables and Wisdom 再版，並且在信上還說於簽訂出版合約時就會先付我五百元的預付版稅，一年內書出版時，再付我五百元，以後每年結賬一次，按實銷金額付我百分之十的版稅。

　　Barricade Books 真的言而有信，我的第一本英文書於一九九七年又再版了，而我的口袋裡也多了一千元的意外收入。

　　這本書後來又由我自譯中文，於 2003 年七月由上海世界圖書出版公司在中國出版了中英文對照本，書名叫做「中國人的智慧」。現在我就等他們每年底寄給我一張版稅的支票了。出版合約上說明，我不收人民幣，我要美金的。這些都是後話，不再說了。

　　啊，還有一段小插曲，我也趁此機會說了吧。就在我計劃將我的 Chinese Fables and Wisdom 翻譯爲中文以便於 2002 年和內子趙耀文去中國大陸旅遊中看看是否能夠找到一家出版公司爲我出個中英文對照本時，我寫信告訴 Carole Stuart 我這個計劃。想不到她連忙回信告訴我，根據我們所簽的出版合約，不經過 Barricade Books 的同意，任何人、包括我這個原作者、都不可以將之翻譯爲另一個國家的文字的。經過一再的反復磋商，最後由我個人付 Barricade Books 三百元而終于買下了這個翻譯權。也幸虧

如此，當我與上海世界圖書出版公司總編輯陸琦談妥了出版
這本中英文對照書後，她要我與她們的出版部繼續商談出版
合約細節時，她們的第一句話就是要先取得美國出版公司的
翻譯同意書。真是差一點就是全功盡費了。好了，這些都是
後話，我不再囉嗦了。

　　言歸正題。九六年年底，我在懷州退休後搬來休士頓
「養老」。臨走時我去拜訪常年出版我專欄的該報社總編輯
Chad Baldwin（這時 Dave Perry 早已離開報社了）。Chad
要我把專欄稿子繼續寄給他，仍然每週四上報。就這樣子我
又寫了五、六年一直寫到 2002 年夏天，我與內子要去中國
大陸和臺灣度假五個月，在旅遊途中實在無法再寫因而停止
了我十四、五年的每週專欄寫作。該報社總共發表了我的英
文專欄將近七百篇。雖然除了專欄外，我也有了好幾本的英
文書在美國出版了。現在我不但是休士頓「美南華文寫作協
會」的會員，同時也是「美國愛情小說作家協會」
（Romance Writers of America）西休士頓分會及「美國神
秘小說作家協會」（Mystery Writers of America）西南部
分會裡的唯一華裔會員。在「休士頓作家協會」（Houston
Writers League）裡，我也是唯一的老中。不知底細的人往
往會誤認為我的英文造詣很好，可是，我自己心知肚明，我
的英文是先天不足，後天失調，什麼「敵哽死」「殺死閉
鴉」等等英國文學領域裡的大文豪們家住在哪一國哪個都市
我都不知道，而且我也從來沒有意願去敲他們家的大門。在
英文寫作的道路上，我只是一隻瞎貓去想抓老鼠。以往十多
年來，不過是萬幸中被我抓了幾隻死老鼠而已。我自己知

道，半路出家，老來學吹鼓手，是完全不可能開什麼音樂會的。如今年過古稀，行將就木，仍在這條明知是個死胡同卻仍在弄堂裡孑然獨行，整天在不歸路上叫喊「歸去來兮」還是去寫當年在台灣大學所學的那一套吧，可又早已迷失了路途找不到我的老家究在何方了。如今天天坐在電腦前動腦筋不過是想籍此防止將來得老人痴獃症吧了。

江河水廣自涓涓

— 悼念不久前逝世的王叔岷恩師

　　我沒有進過小學，對日抗戰時期我在蘇北鄉下老家讀私
塾。我也沒有在臺灣進過中學，民國四十二年，我以同等學
歷身份考進了臺灣大學中文系。

　　臺大四年，我也不知道什麼原因，我和曾經教過我大一
國文及莊子的王叔岷教授就特別親近，所以我後來的畢業論
文指導老師就是王先生（早年的臺大中文系據說是仿照北大
當年的習慣，學生稱呼老師不管是男教授女教授都叫先
生）。來美數十年，我時常寫信向王先生請安問好，而恩師
也時常回我的信。

　　不久前，比我高一班的臺大中文系退休教授金嘉錫兄電
話告訴我王先生在大陸上兒孫家過世了，高壽九十五。上個
星期，我和我的同班另一位臺大中文系退休教授張以仁兄在
電話中聊天，我們又談到了王先生的過世，他說系裡面辦了
個追悼會，很多住在臺灣的老同學們都參加了；接著他又對
我說，「你住在美國，不妨在美國的中文報紙上寫篇悼念文
章。」

　　我忘記了不知道從那年開始（好像是 1990 年？），我

把一些不想立即扔到碎紙簍的信件都放進我書桌坐位旁邊的一個大空紙箱裡。日積月累，等到箱子滿了，就重新整理一下，又甩掉了一大批，把認爲比較重要的又放回箱子裡去。

因爲我記得我曾經和王先生通過很多次信，於是我翻開了這個放信的大紙箱，終於被我找出了王先生回給我的九封信，然後我一封封地細讀，記憶中在 1990 年以前似乎應該還有些信才對，可是因爲我以前沒有保存書信的習慣，那些信件當然是渺如黃鶴了。

我清楚記得我向王先生寫信請安問好似乎是從 1963 年就開始，那年我第一次從臺灣來美國在西密西根大學讀書，我寫信告訴王先生我好想念在臺灣的家人，王先生回復我「只有在分離時才最感覺到團聚的可貴。」這真是句極有哲理的話語，可惜我沒有保留下這封信。

現在，我從我手頭僅有的王先生九封回信按收到先後來發表用以悼念我的恩師，當年的臺灣學術界中一位非常傑出的中國古文學大師。

下面是我找到的九封王先生回信中之第一封：

德五賢弟：

闊別八載，忽奉十二月三十一日長函及論著一百四十篇，不勝驚喜！（我會好好保存的。）弟以學人身份從商，保持書生本色，寫作已融入生活，聖門子貢，有厚望焉。臺灣學術界隨世風而趨向功利，貪圖高明，不能沉潛，誠有愧於弟矣。

幽默、趣味、誠篤乃弟之本色。弟以幽默、趣味啓發性

為主旨，撰寫日報專欄，當易著筆。然謂「有時困坐書齋打字機前半日不能竟一頁，」此真深見甘苦之言，師有時寫一字，輕重之間亦感困難也。

草草書不盡意，遙祝

健好，並賀年僖

師叔岷一九九零年十二月三十日

德五按：

（1）我於九零年代舉家居住懷俄明州，自 1987 年開始為當地英文報紙撰寫每週專欄，到 90 年秋已經有兩百多篇的專欄發表了，我乃選印了一百四十篇專欄長函寄請王先生核備，這就好像當年小學生喜歡把作文送請老師批判的心情是一樣的。

（2）我自離開學校後，不論在臺灣或美國，一直都在工商金融界服務，所以王先生在信中開玩笑地說我是「聖門子貢」。

下面是九封王先生回信中之第二封：

德五：

流年如夢，快四十年了，你還記得我的教言，而寫「涓涓之水可以成河」這篇文章，令我感念不已，因特寫了一首小詩送你。你每週為報紙專欄撰文已進入第五年，有此毅力，誠大不易，長此保持文人本色，非常可貴！

七、八月間我到新加坡跟大陸出來的兒孫團聚。八月四日接到臺大學生長途電話，說鄭老師已逝世，去年十一月臺老師才與世長辭，兩位老友都走了，令人感傷。當時我送一

副輓聯回來哀悼鄭老師：

　　　碩果凋零，又弱一個；

　　　斯文暗淡，積慨無窮。

　　八月十一日我返回臺北，計劃明年五月回大陸一行，因此這學年不教書，但並未休息，每天繼續寫作，心力還可支持。飲食起居，都很注意，請釋繫念。即此，遙祝

　　撰祺

　　師叔岷手復一九九一年十月二十夜

　　下面是王先生送我的一首詩：

　　警語（一九九一年十月二十六日、辛未九月十九日）

　　舊生馬德五自美來書，附寄近在報端專欄發表之「涓涓之水可以成河」一文，懷念昔年岷教學時之警語，感賦此詩。

　　匆匆「卌」（原文中為一個字，一橫四豎，在「辭海」中「十」部首內有此字：四十也，屑揖切，緝韻）載憶韶年，濟濟當時集講筵；勸學諄諄留警語，江河水廣自涓涓。

　　德五按：

　　（1）我寫美國英文報紙專欄，除非那週有特別重大事故發生，如「中國的六四慘案」等，編輯就會電話我，希望我在那週寫這個題目；否則，我就可以上至天文下至地理想到什麼就寫什麼，不過希望每篇最好不要超過一千字。有次我把「孟子」裡的「揠苗助長」寓言介紹給我的美國讀者。我說凡事一定要踏踏實實一步一步去做，千萬不可抄近路，須知欲速則不達，就像這個寓言裡面的農夫一樣。我又介紹

了我在臺灣大學讀書時的指導老師王叔岷教授，王教授當年在課堂裡一再苦口婆心地告誡我們，做學問和做人一樣，要踏踏實實，不要投機取巧。這篇專欄發表後，我又自譯中文，題目爲「涓涓之水可以成河」，然後函寄王先生。王先生很高興，特別寫了上面的這首詩送我。數年後，我又把這篇專欄收錄在我的一本英文專欄自選集中，並與佛羅里達州一家美國出版公司 Gardner Press 簽訂合同於 2006 年出版了，書名 Chinese Fables and Wisdom。想不到第二年這家出版公司就破產停業，我一文版稅也沒有收到。我乃收回版權，又找到了紐約的另一家出版公司 Barricade Books 與之簽約於 1997 年底再版，而且於簽約時他們就預付我一千元版稅，以後每年和我結帳付我 10% 版稅，可惜再版本中把上面的這篇「揠苗助長」寓言故事及幾篇其他專欄都被出版公司編輯因爲故事太多而刪掉了。後來我將這本英文書自譯中文，由上海世界圖書出版公司在中國出版了漢英對照本，書名「中國人的智慧」，初版六千冊，不久又再版。因爲賺了大錢，這家出版公司後來又和我簽訂了另兩本漢英對照書的合同（是我在美國出版過的另兩本英文書加上我自己的中文翻譯），銷售情況都非常地好，我現在仍然每年收到他們寄給我的版稅支票。這些都是題外話，不再表了。

　　（2）王先生函中的鄭老師是鄭騫教授，鄭先生教我們詩選及各體文習作，臺老師是我們的系主任臺靜農教授，臺先生教我們楚辭和中國文學史。兩位老師都是當年臺灣學術界裡的一代大師。

下面是九封王先生回信中之第三封：

德五：

你今年六十生日，老師已七十七歲了，真是流年如夢。生日自懷文很有情味，惟詩句欠佳，我為你略加斟酌。

去國二十年，霜飛兩鬢斑。

悠悠一甲子，猶自念羅蘭。

「年」字屬一先韻，「斑」屬十五刪韻，「蘭」屬十四寒韻，比較接近，唸起來順口些。嚴格說應該用同屬一韻的，但那樣很不好修改，這樣用通韻也過得去。

即此遙祝

撰祺

師叔岷匆復一九九一年十一月十二夜

德五按：此時我畢業臺大中文系已經三十四年，還承恩師隔海指導我作詩，真是感激不已。

下面是九封王先生回信中之第四封：

德五賢弟：

流年如夢，弟今年已六十二歲，畢業於臺大已三十六年矣。弟長寓美邦，勤於寫作，宣揚祖國文化，不遺餘力，甚善甚善。

師沉潛學術，無他嗜好，忽忽已屆八十高齡。承弟懷念，遙贈景泰藍原子筆，動我故國之思，感甚感甚。師本年底恢復在臺大中文研究所教書，下年度停教一年，整理積稿，以遣餘生。身心尚佳，自知保重，請釋繫念。耑此，遙祝

撰祺，闔府康吉

師叔岷手復一九九三年四月二十二日

德五按：一九九三年初，我與內子趙耀文參加南加州一旅行社主辦「中國精華十七日遊」途中，買了一支景泰藍原子筆，式樣很別緻，返美後即寄贈王先生。

九封王先生回信中之第五封信發出日期為一九九五年四月三十日，事實上在這封信之前王先生還回復過我一信，不知怎麼被我遺失了。我為什麼這麼肯定？事情是這樣的。一九九四年八月十六日我參選懷俄明州瑞林頓市市議員失敗後，我將參選經過寫了一篇長文（中文），發表於同年十二月十四日的臺灣中央日報中央副刊上，題目為「我是美國市議員候選人」。我將剪報影本寄請我的恩師一笑。很快就接到了王先生的回信。我清楚地記得他信中的結論是這麼寫的，「政治圈子是個勾心鬥角的場所，不適合我們讀書人。我很高興你沒有當選。」

下面是九封王先生回信中之第五封信：

德五賢弟：

四月十七日寄來已經發表之近著六篇，讀後不勝感念。弟寓居美邦，每有所作，皆充滿家國之愛，以視甘心忘本者，不啻天壤之別矣。師年來心力漸衰，記憶尤差，兩足麻木，久治未愈，雖然，尚能行走，請釋繫念。弟已過中年，寫作亦不可過勞。草草不盡，遙祝

撰祺，闔府康吉

師叔岷草復一九九五年四月三十日

德五按：我所寄奉王先生的六篇拙作是在臺灣中央日報副刊上發表過的「送窮」和「過客」（都是我的英文報紙專欄自譯稿）、「馬家黃豆」（臺灣自立早報大地副刊上發表過）及「雅爾達會議外一章」、「蔣介石與羅斯福的交往和恩怨」與「分析尼克森簽訂上海公報的心路歷程」（這三篇都曾經在美國世界日報上發表過）。

下面是九封王先生回信中之第六封信：

德五賢弟：

今晨由臺北歸來，奉讀九六年十二月二十四日賜書，欣悉閣府已喬遷至休士頓市定居。論著多篇皆充滿家國之愛，而留處臺灣者則常感動亂不安也。

張敬（清徽）先生近已過世，昨天在殯儀館公祭，我有小詩悼念：

艱難蜀道雨淋淋，夢裡溫馨何處尋；

善感多愁銷歲月，那堪長繫故園心。

張先生就讀北大時，為羅常培先生生賞識。抗戰期間，師生阻隔，羅先生由昆明至成都，曾發表「蜀道難」散文一卷，似與張先生有關，故詩首句及之也。

半年來，我手足麻木，行動緩慢，有陶公所謂「氣力漸衰損，轉覺日不如」之感。流年如夢，我已八十四高齡，較一般老人健康，請釋繫念。農曆新春將屆，遙祝

新春愉快，闔府康吉

師叔岷一九九七年一月十二日

　　德五按：張敬先生是位女教授，精詞曲，曾經教過我們
詞選。據說是當年北京大學中一位有名的才女和美女。所以
當我們知道下個學期她要來教我們詞選時，王先生曾經開玩
笑地說是「天女散花」。

　　下面是九封王先生回信中之第七封信：

德五賢弟：

　　你寫的文章風趣而誠篤，正是你的個性和為人的表現。
我過去為你們講的故事，我都忘記了，仍保留在你的文章
裡，彌足珍貴。你的才情豐富，著述滔滔不絕，可喜可賀。
這學期起，我不再教書了。心力既衰，記憶銳減，但表面看
來，還不算太老。平時看看閒書，寫點小詩，偶而幫研究生
商量論文而已。遙祝

　　儷祺，新春百吉

　　附小詩一首（三月中旬作）

　　還債：

　　　出入城鄉擾攘間，

　　　憂勞亦自得安閒；

　　　情緣學術前生債，

　　　甘苦今生一一還。

　　師叔岷、一九九七年十二月十二日

　　德五按：根據臺灣大學中國文學系系史稿，王先生是一
九四九年二月被聘為臺大中文系副教授，一九九七年七月正
式離職。他在臺大中文系一共教了四十八年的書（中間曾一
度去馬來西亞講學數年），差兩年就是半個世紀。

　　下面是九封王先生回信中之第八封信：

　　德五賢弟：

　　謝謝寄贈新出版之「美國總統的故事」專書。單就搜輯資料而言就大費心力，又須有閎觀精到的態度始能撰寫，這是歷史性的著作，可喜可賀。

　　歲月無情，老師已八十六高齡，心力衰退，記憶大減，不能再從事著作了。展閱弟之新著，高興感慨兼而有之，謹此復謝。書不盡意，遙祝

　　撰祺

　　師叔岷、一九九九年三月二十八日

　　德五按：早期的美國總統還不作興寫自傳（不過美國的傳記作家們都曾經為他們作傳），可是近期的美國總統除了被槍殺的甘乃迪外大都於退任後就有自傳出版，克林頓的自傳更帶給他千萬元的版稅。我根據美國總統們的自傳及傳記作家們所寫的他們的傳記，把他們在總統任內所做關於中國的政策寫了很多篇分析報導性的長文，分別發表在美國世界日報及港臺幾家雜誌上，有時候一篇文章在某一家雜誌上發表了後，便會很快被另一地的報紙予以轉載。雖然他們並沒有在發表前得到我的同意，可他們還是照付我的稿費，所以我也就不聞不問隨他們去了。後來我將這二十篇文章交由臺灣的國際少年村出版公司於一九九九年初出版。書名「美國總統的故事」副題為「及其與中國的關係」。我收到樣書後，立刻寄贈王先生一本。

下面是九封王先生回信中之最後一封信：

德五賢弟：

奉讀來書已久，因獲文化獎，諸事紛繁，近日始稍獲喘息。師虛有其表，步履維艱，已不能從事著述矣，退休以度餘年耳。附近作小詩一首，聊當晤敘。遙祝

新春愉快

師叔岷、二千年十二月二十二日

王先生的小詩如下：

惟愛

不求聞達亦無爭，惟愛詩書養性情；

文化獎金六十萬，悉歸學府勵諸生。

德五按：臺灣的中華民國行政院所頒發的文化獎是國家最高的文化榮譽獎項，亦為個人之終生成就獎。政府設立此獎之用意是用以表彰對中華文化之維護與發揚有特殊貢獻之人士。王先生獲得此獎，可以說是實至名歸。

王先生走了。恩師在一九九五年四月三十日寫給我的信中說「年來心力漸衰，記憶尤差，兩足麻木，久治未愈。」那年他八十二歲。我今年才不過七十六歲，可也早已「兩足麻木，久治未愈。」更有那開過了刀（兩年前）也治不好的腰痛。回憶當年種種，我們師生兩人都有著用不完的精力。如今歲月悠悠，仰望白雲，晴空萬里，遙想大海，一定像我師送我詩中的最後一句一樣：「江河水廣自涓涓。」（這篇拙作曾經分別發表在二〇〇九年一月份臺灣傳記文學月刊及稍後的美國休士頓美南週刊上。）

評介一本英文蔣介石傳

The Man Who Lost China

（丟掉中國的人）

　　我見過國府前總統蔣公中正。不，嚴格說來，我還不能算是「見過」蔣公，因為我非常肯定他沒有「見到」我。

　　事情是這樣子的。

　　民國四十二年到四十六年間，我在臺灣大學讀書。好像是大三或大四那年青年節，我們做學生的被學校當局通知要上街遊行（這和現在的反對黨之上街遊行性質上完全不同）。遊行完了，我們便被引導進入當時的總統府前面三軍球場內坐下。不多久，總統身兼三軍統帥蔣公中正便親臨致訓。

　　我出生於江蘇省，一九四九年五月來到臺灣。從來沒有夢想過有朝一日，也能親眼見到我心目中的偉大國家元首蔣公中正。坦白說，在蔣公走進球場的一霎那間，我把我的眼睛睜大到最極限，而且連大氣也不敢喘一下。

　　蔣公訓完了話後，便領導我們青年學子們呼口號，什麼「打倒共產主義」，「消滅朱毛匪幫」，「三民主義萬歲」等等。於喊完最後一個口號「中華民國萬歲」後，他便緩緩

地步下講台，這個時候，我們上萬的青年學子們便齊聚丹田之氣，同時狂呼「蔣總統萬歲」，「蔣總統萬歲」不絕於耳，聲音之高昂，真可以說是直貫雲宵。如果天上真有神仙的話，我想神仙也會聽到我們的歡呼的。

半個多世紀過去了，我還清晰地記得，那一天蔣公身著筆挺戎裝，戴著白色手套，右手持帽，緩慢地、慈祥地、具有無上威嚴地，面帶微笑，向我們這批「未來的國家主人翁」揮動著他的軍帽。這個興奮的鏡頭是我一輩子永遠也不會忘記了的。和我同年考取臺大同年畢業後來做過真正國家主人翁的前副總統和行政院長連戰同學，也一定不會忘記這個神聖的鏡頭吧。

因為蔣公是世界級偉人，所以他的中英文傳記也就有好多個版本。好像最早的一本英文傳記是他的英文家庭教師董顯光寫的。因為董老是蔣公的直屬部下，臣子為他的主子寫傳記，其真實性當然是可疑的。到了臺灣後，國民黨又授意日本寫了部什麼「蔣總統秘錄」，因為是國民黨發起的，其完全可靠性也不能使人不生懷疑。後來民間又偷偷出現了一本名叫什麼「金陵春夢」的蔣公傳記，因為是海峽那邊的人寫的，當然更不可靠了。至於近年來出土的陳潔如回憶錄，其中涉及的蔣公前半生之可信度應該很高，可惜那不是蔣介石一生的全貌。

我現在所要評介的是一個英國人 Brian Crozier 所寫的一本英文蔣介石傳記，書名 The Man Who Lost China（中譯「丟掉中國的人」）。至於這本傳記所寫的蔣公之一生是否百分之百真實，抱歉那不是本文的主旨，現在我所要談論

的不過是將這本書中所敘述的有趣部份，以筆記方式記錄下來，送請愛讀蔣公傳記的朋友們參考和指正。

The Man Who Lost China 這本書上標明是一九七六年一月一日蔣公逝世不久的次年首日出版的，號稱是最早的一本最完整的蔣介石英文傳記。全書二十多萬字，由紐約 Charles Scribner's Sons 出版公司發行。

作者 Brian Crozier 自稱是一個出生於澳洲的英籍新聞從業人員。自幼就崇拜中國的蔣介石是一位大英雄，稍長後，又讀了一些左傾方面的書，說蔣介石謀殺過很多人，是個法西斯份子。第二次世界大戰來了，證明蔣介石還是個英雄。在動筆撰寫蔣公傳記前，他已經出版了兩本傳誦一時的名人傳記，「佛朗哥傳」（Franco）和「戴高樂傳」（De Daulle）及其他政論方面的書共有十本之多。作者曾於一九五七年元月去過臺灣，並特別訪問了蔣公。後於一九七四年九月又被臺北的國際關係研討會邀請去發表演說，曾經和國民黨政要們陳立夫、王世杰、杭立武、魏景蒙、錢復等人談過蔣公的一生大業。

由於 Brian Crozier 不諳中文，故其在寫作本書過程中，曾經獲得一位中國學者 Bric Chu 的幫助良多。

以下就是我閱讀這本英文蔣公傳記「丟掉中國的人」時所做的筆記。

（一）我們都知道蔣介石一生受革命前輩陳其美的提攜良多。一九〇八年蔣介石在日本學軍事時，陳其美介紹他入同盟會，後又把他介紹給國父孫總理。換言之，如果沒有陳其美的慧眼識英雄，就不會有後來的蔣介石。蔣公知恩必

報，眾所皆知。一九五零年初，我在臺北市交通銀行投資的
中本紡織公司裡當一名小職員，每年陰曆年間，我們公司的
董事長陳惠夫（陳其美的小兒子）那裡也不敢去，為的是在
家等候蔣公來拜年。當然不是來向我們董事長陳惠夫拜年，
是專程來拜和小兒子住在一起的陳其美夫人的年的。

　　根據這本英文蔣介石傳記（以下概稱該書）第四十四
頁，蔣介石第一次去上海妓女院嫖妓也是由陳其美帶他去
的。而認識「妾侍」姚冶誠也就是在妓院中尋歡作樂時相識
的。那時姚氏還很年輕，是一位名妓的丫頭，蔣介石與她一
見鍾情，乃想盡辦法把這個小丫頭弄出青樓，兩人偷偷地在
外面同居。時為一九一二年。

　　姚氏無出，後來蔣介石又從日本接來個說是兒子的蔣緯
國交給姚氏撫養，因為無有子女，姚氏就把緯國當作自己親
生的一樣看待。

　　（二）蔣介石自稱是孫總理的忠實信徒，事實上，蔣介
石對孫中山的言行並非一向都是聽從的。譬如一九二一年一
月十二日，孫中山在廣州召開非常國會，雖然無法湊足法定
人數，仍然照常開議，計劃選舉孫中山為總統，以與北方的
軍閥總統相抗衡。蔣介石對于這個不足法定人數的會議表示
異議，極力反對，並於三月五日長函孫中山，力陳這種選舉
之非法，然不為孫中山所接受。四月間，非常國會選出孫中
山為臨時大總統，並與五月五日就職。這時候的孫蔣關係是
並不融和的，孫中山根本不聽蔣介石的勸告，也不把他當為
心腹。六月十四日，蔣介石母喪，返回浙江奉化老家葬母，
把母親安葬後，干脆不回廣州，而跑到上海去了。

等到陳炯明叛變，懸賞二十萬元刺殺孫中山，最後孫中山避難永豐艦上，蔣介石聽到這個消息後才從上海趕去永豐艦，陪同孫中山在艦上一共住了五十六天。在此期間，蔣介石每當黃昏時，就溜到岸上去設法弄點食物帶回艦上。就這樣，孫蔣的關係方才得以改善。（詳見該書第五十二至五十六頁）

換言之，如果沒有陳炯明叛變，蔣介石很可能就會一直在上海鬼混下去，最後最多做個杜月笙之流，那裡還有後來的蔣校長、蔣委員長、蔣主席、和蔣總統大業。

（三）永豐艦事件後，孫中山恢復他的軍政府時，蔣介石不能忘情於上海又回到了這個十里洋場。不久，蔣介石又在青樓中認識了一位年輕妓女陳潔如。這時候，蔣介石白天在一家股票交易所中鬼混，晚間便回到他那個連窗戶也沒有的小窩裡與陳潔如共度良宵。兩人並按照合法的手續結了婚。蔣介石與陳潔如的婚姻關係在北閥期間盡人皆知，蔣介石的朋友及部屬對陳潔如都很尊敬。這種夫妻關係維持了七年，一直到一九二七年秋季蔣介石又想與宋美齡聯姻的時候。於是蔣介石找杜月笙出錢，連哄帶騙把陳潔如送去美國讀書。

據說陳潔如後來在哥倫比亞大學讀完了博士學位，然後遷居西岸，在舊金山附近買了棟房子住下。一九六七年陳潔如用英文寫了一本回憶錄，把蔣介石和她的故事和盤托出，並找到紐約一家出版公司準備出版問世。不知怎麼這件事情竟被時已退至臺灣的國民黨政府獲悉，乃急忙以巨金向她買下了這本書的版權，把即將出版的回憶錄活生生地封殺了。

陳潔如後來搬到香港定居。一九七一年病逝後，其遺體被運
回美國加州安葬。（詳見該書五十八及五十九頁）

　　蔣介石初遇陳潔如按照陳潔如回憶錄所載及其他資料，
都說是在國民黨元老張靜江家中認識的，這點應該沒有問
題。Brian Crozier 因為蔣介石年輕時喜歡逛窯子，其第二
個女人姚氏就是在妓院中弄來的，所以他把陳潔如也說成個
妓女了。蔣介石和陳潔如在生前沒有讀到這本英文傳記，否
則，一定會把兩個人氣得暴跳如雷。傳記作家為名人寫傳記
能不慎哉。

　　（四）一九二四年一月二十四日，孫中山以大總統名義
指派蔣介石為黃埔軍校籌備委員會主任委員。斯時孫中山正
採取聯俄容共政策，蔣介石不接受這項帶有這種政策的任
命，又跑回浙江奉化老家去了。孫中山不得已派廖仲愷積極
籌備軍校之設立事宜。一直到四月間，蔣介石方才在孫中山
的雪片般函電嚴詞催促聲中來到廣州就任黃埔軍校校長一
職。（詳見該書六十六頁）

　　假如廖仲愷也懂軍事，孫中山肯定就不會這麼樣三請諸
葛亮一定要蔣介石來當這個校長了。果如此，中國的近代史
必定是另一個樣子了。

　　（五）雖然蔣介石和上海的幫會關係很深，至於他本人
究竟正式參加過幫會沒有一直是個問號。可是他的恩公，帶
領他投入革命陣容的陳其美確實參加過幫會。因為他在擔任
上海都督時認為這種關係對他很有幫助。也是陳其美把蔣介
石介紹給了上海的青幫，幫會幫助蔣介石脫離了他一九二零
年早期的窮困。等到蔣介石發達了以後，於一九二七年以北

伐軍總司令的身份回到上海時，青幫還曾經兩次贈送他巨
款，一次是一千五百萬元另一次是三千萬元，使得蔣介石可
以擺脫蘇聯的經濟援助，而成功地完成北伐的使命。（詳見
該書一零五及一零六頁）

根據不同的資料說，當蔣介石在上海鬼混時，曾經投在
上海第一號青幫頭子黃金榮門下。後來他以北伐軍總司令的
身份回到上海，黃金榮很識相地退回了蔣介石的門生帖子。
不管如何，蔣介石和上海的幫會關係很深這句話應該是可以
成立的了。

（六）一九二七年四月十七日，國民黨左翼人士集會武
漢，以中央常務委員會名義，決議開除蔣介石黨內外所有職
務，並公開懸賞二十五萬銀元活捉蔣介石到案；如果擊斃蔣
介石，也有十萬元獎金。

以蔣介石為首的右翼國民黨人士迅速在南京開會，蔣介
石並於當夜下令軍警包圍廣州的工會及國民黨黨部，一舉逮
捕全部蘇聯顧問及甚多共黨幹部包括青年女學生在內共計兩
千多人，並當場槍決了很多人。十八日蔣介石宣佈擁護孫中
山的三民主義中央政府已在南京正式成立。新政府不容許外
國干擾，與共產黨完全脫離關係。槍桿子裡出政權，蔣介石
最後終於贏得了大局。（詳見該書一零七及一零八頁）

「槍桿子裡出政權」在亂世時的確管用。毛澤東不也是
這麼樣地當上了「皇帝」的麼。可是，如何把天下治理好，
就不是完全要靠槍桿子了。

（七）蔣介石和宋美齡結婚後，他問他的美國留學生妻
子，美國夫妻是如何相互稱謂的。宋美齡回答「達令」。蔣

介石爲討好新婚妻子，經常在家中稱呼宋美齡達令。

有一天，宋美齡有事情要出去，她告訴蔣介石的衛兵，總司令回來時報告他她出門去了，可能晚點回來。晚間，蔣介石公務完畢回家。衛兵立刻向他立正，「報告總司令，達令說她要晚點兒回家。」

蔣介石的衛兵都是他親選的家鄉人，沒有進過什麼洋學堂，當然不懂英文。他們時常聽總司令叫他的夫人達令，誤以爲這是和「夫人」一樣的尊稱。（詳見該書一一七頁）

中國大陸上拍製的「西安事變」電視連續劇中，也一再採用了這種宋美齡稱呼蔣介石爲達令的說法。

（八）事實上，蔣介石本人的英文也好不了多少。蔣介石曾經學過英文。一九二零年代，他要董顯光教他英文，後來因爲他的工作委實太忙，學了幾個月後就放棄不學了。後來事業有成了，深感拉攏英美兩國的重要，他之初娶陳潔如，再娶宋美齡，英文也未嘗不是個因素。宋美齡英文精通，世人盡知。陳潔如是否獲得哥倫比亞大學博士學位尙待考證，惟其用英文撰寫自傳，應該不虛。

蔣介石長子蔣經國自蘇聯回國後，老子就曾經一再要他的兒子在英文上下功夫。甚至於當蔣經國已經是個三十五、六歲的人了，蔣介石還要他的大兒子每週讀六個鐘頭的英文，而且一定要把英文文法弄通。蔣介石對蔣經國說，「你已經有很好的俄文底子，學起英文來一定很容易。」（詳見該書第四頁）

（九）我們都知道從一九三六年開始，蔣介石就不煙不酒，事實上並不盡然。一九四八年中期，國府軍連續失利，

共軍緊緊追迫，延安又被彭德懷收復，共產黨軍隊大有席捲神州之勢。七月間，蔣介石先飛鄭州，再飛太原，目的在鼓舞軍心，然均不收效。每晚以軍用電話與各個戰地指揮官交談，明瞭最新軍情，下達命令，經常澈夜工作。最後實在疲倦極了，不得不去休息，可又難以成眠，不得已求助於酒精，飲一杯半威士忌後，方可入夢。（詳見該書三一五頁）

蔣介石兵敗如山倒，最後去四川，走雲南，到處求助，發現眾叛親離，真可以說是狼狽萬分。最後來到臺灣，還要問手握重兵的孫立人他可以不可以留下。這些都是後話了。

（十）再說一九四八那一年，不僅軍事上失利，在經濟上也是一塌糊塗，通貨膨脹，民不聊生。為求挽回危機，政府發行一種新的幣制金圓券。蔣介石特派長子經國去主持新的幣制改革，並賦予無限的權力。蔣經國乃去上海這個全國金融的首要所在地整頓金融。斯時蔣經國正值壯年，有老爸的上方寶劍在手，準備大刀闊斧，痛痛快快地幹他一場。在上海成立總部後，就嚴令人民不得私藏外幣，必須於九月三十日前將手中外幣悉數繳交國庫，換取政府發行的金圓券。董顯光不顧妻子的極端反對，將一生積蓄的四千美元向國庫換取了一萬八千元的金圓券。

蔣經國為打擊囤積不法之徒，首先以鐵腕將上海灘一些強有力的不法份子抓起來，接著他又準備逮捕孔祥熙的兒子孔大偉，因為有證據他所主持的揚子發展公司囤積居奇，一時全國人心大快，認為國家有救了。殊不知婦人誤國，古今都有，宋美齡不顧國家安危，竟然敢冒天下之大不為，趕去上海，不管三七二十一，強行將她的姨姪兒帶走。做總統的

老子既然沒有出面阻攔，做兒子的蔣經國那敢公然反抗後娘，只有投降。蔣經國上海打老虎的行動就這樣子在極度尷尬的情況下接束了。於是全國的經濟立刻雪上加霜，終於不堪收拾，董顯光的一萬八千元金圓券這時候可能只好去買一碗牛肉麵了。（詳見該書三一五及三一六頁）

宋美齡一生所作所為中，可能以這件愚蠢行為最為國人所不齒，而蔣介石居然就這樣子讓他的老婆做了，中國大陸之這麼快就拱手送與共產黨，怎不叫人仰天長嘆。

蔣經國可能對這件事情永遠銘記心中，所以後來在臺灣當政時，說什麼他也不讓在美國的孔宋家人插進臺灣政壇。一句話，他恨透了這班人了。

董顯光為國家奉獻了平生積蓄的四千美元，更贏得了蔣介石的信任。到臺灣後先被派去日本作大使，後又擔任最重要的駐美大使不是完全沒有道理的。

（十一）蔣介石被情勢所迫，宣佈引退，副總統李宗仁非常興奮地代理總統職務，殊不知這時候的很多軍政大員們根本不聽他的指揮，蔣介石仍以國民黨總裁的身份遙控一切。最要命的一招是命令中央銀行總裁俞鴻鈞將國家的全部庫存五十萬英兩黃金運去臺灣，弄得李宗仁不但無權，也沒有錢在手，那裡還能和共產黨討價還價，因而導致最後政局的全盤失敗。（詳見該書三二八及三三二九頁）

因為有了這麼多的黃金在手，所以後來的臺灣幣制改革成功了。如果臺灣的幣制改革不成功，是不是就沒有後來的穩定？再反過來說，如果這批黃金仍然留在中國大陸的李宗仁手中，是不是局勢就可以反轉過來了？這些都是值得我們

探討的問題。

　　（十二）再回過頭來敘說一九四九年四月二十四日，國府首都南京難保，政府決心南遷廣州，通知各國駐華使領館隨之南下。印度大使 Dr. K, M, Panikkar、澳洲大使 Dr. Copland、加拿大代辦 Chester Bonning 等均認為中共不過是個土地改革者，決定留下與中共政權打交道。

　　美國駐華大使司徒雷登更幼稚了，他認為中共將會要求美國的援助所以也會和美國合作的。他的中國助理傅經波更相信可以透過現在中共政府中服務的燕京大學校友們去和中共取得聯繫，司徒雷登也同意傅經波的想法，所以他也決定留在南京不走。這種誤解也使得李宗仁產生了幻想，和平談判失敗後，他就可以和美國達成交易將蔣介石完全排除在中國的政壇之外。既使最後一切都不成功，他還可以直接去向美國杜魯門總統要求援助的。這是李宗仁當時的一廂情願的想法。（詳見該書三三四頁）

　　司徒雷登幼稚無知。殊不知毛澤東痛恨美帝，司徒雷登留下不走，他根本不領這個情。人民解放軍進城後，不但公然闖入美國大使館，還進入司徒雷登的臥房，斯時大使正因病躺在床上，事後亦無人出面道歉。一九五零年一月十三日，中共當局更派兵包圍美國駐北京的領事館，及拘捕了在 Mukden, Angus Ward 的美國總領事，還將他下獄四個星期。美國政府至此方才醒悟過來，國務院於一月十四日通令駐在北京、天津、上海、南京、和青島的一百三十五個美國領事人員及其眷屬們撤離中國大陸。（詳見該書三五四頁）

　　據說中共後來非常後悔當時的魯莽行為，使得與美國建

交延後了二十七年，一直到一九七八年卡特當上了美國總統時方才正式建立了外交關係。

以上十二點不過是我閱讀這本英文蔣介石傳（「丟掉中國的人」）時作的筆記。其他有關蔣公的一生各節，因爲是總所週知，所以不再引述了。

一九七五年四月六日那天，我一個人開著汽車在美國東岸維吉黎亞州出差。我有個習慣，不管到什麼地方旅行，第一件事情就是買份當地的當天報紙。

那天晚間，我在汽車旅館外面賣報紙的箱子裡投下了等額硬幣，拿了報紙後就立刻去裡面櫃檯辦理住宿手續。到了房間後的第一件事情就是把報紙攤開讀報。突然間，我楞住了，這份美國英文報紙的第一版上面有張蔣公身著戎裝的巨大像片，接著幾乎整個版面都在報導世界上唯一的開羅會議三大領袖之僅存者於昨天去世了的詳細消息及他一生中的興沉起落。當時我的腦海裡立刻浮現出二十年前我第一次也是唯一的一次見過蔣公那天，蔣公在三軍球場裡好像就是穿著這身戎裝向我們青年學生們訓話時的神態。

一九八二年六月，蔣公過世後我第一次從美國返臺省親，一個親戚晚輩帶我去慈湖謁靈，我向我呼過萬歲的蔣公遺體，又恭恭敬敬地行了三鞠躬禮。

如今又是二十九個年頭過去了，當我在撰寫這篇拙作時，蔣公當年領導我們高呼「打倒共產主義」，「消滅朱毛匪幫」的口號聲似乎又重新響起在我的耳際了。

啊，蔣公，如果今日您仍活著，面對著現在的世界局勢和兩岸關係，我真不敢想象您還會領導我們呼出個什麼樣的

口號來。

　　秦皇漢武，李世民、成吉斯汗，固一世之雄也；歲月悠悠，而今安在？俱往矣！千百年後，人們就會認為蔣介石的一生也不過是整個中國歷史潮流中的一個非常小的環節而已。（2012）

馬前河莊

七十多年前蘇北農村瑣憶

對日抗戰八年，中國人民遭受日本軍閥的毒害真是罄竹難書。可是我很幸運。雖然我們一直住在淪陷區，可我和我的家人受害非常輕微。因為我們家中有人做過漢奸嗎？答案是我們家中沒有一個人曾經參加過汪兆銘或任何其他偽政府組織。

那我們為什麼能夠這麼幸運？這話真是一言難盡，還得讓我從頭說起吧。

我家是地主士紳

套句中國文化大革命期間的術語，我的家庭成分很不好，是個地地道道的黑五類。

我家位於江蘇省北部灌雲縣東南方，有良田二十來頃，每頃是一百畝，換言之，我家有祖產兩千多畝農耕土地。我們包租給真正的農夫們去耕種，他們多是世世代代為我們地主耕田種地，叫做佃戶。好像中國幾千年來，不但是世世代

代，簡直是朝朝代代都是如此。朝代會變，皇帝的姓會變，可是，地主和佃戶的關係永遠不變，一直到一九四九年共產黨佔據了整個中國大陸，於是什麼都變了樣子了。事實上，一些新四軍（土八路？）在一九四五年抗戰勝利不久後就開始佔領蘇北了。我現在要談的當然是共產黨還沒有來到我們家鄉時的情景。

好像每一個中國大地主家都有一個莊子，我們家的叫做「馬前河莊」，是棟由磚牆瓦頂砌成的一排房子，前後四進，共有五十多個房間，裡面住著我們老少四代數十口，還有數十個男女僕傭。我們住家兩邊住著我們的佃戶們，他們的住家大都是土牆茅草房子。

我的祖父蔭生公在我三歲以前就去世了，所以對他老人家我是毫無印象，以後祖母便是一家之主。我的父親沒有姐妹，只有三個哥哥。父親排行第四，可是三伯父幼年就過世了。大伯父大伯母生有三個兒子兩個女兒，二伯父二伯母有三個女兒一個兒子。我沒有兄弟，只有一個妹妹，比我年輕十歲。我們家男孩子都是按照堂兄弟大排行，我最年幼屬于老五，所以我的名字叫德五；事實上，原來是文武的「武」字，因為後來發現族中一位長輩的名字中也有個「武」字，為避諱起見父親乃改「武」為「五」字。僕傭和佃戶們都叫我五少爺。這種稱呼幾乎一直沿傳到後來的臺灣，那些原來是我們家佃戶的親戚們也來到了臺灣，不管我如何反對，他們還是堅持叫我五少爺，雖然這時候已經是一九五零到六零年代，我們早已不是什麼大地主了。

根據先父祥珊公生前所寫的「我的一生」（先父八十歲

時曾經把他的一生寫成了一本薄薄的書，自費印了一百本，分送臺灣及中國的本家晚輩們。）靠近我們家的一個最大的集鎮名叫「新安鎮」，在民國初年叫「新莞市」。該市設有一民間董事會，我的祖父是董事會的總董。我們的老鄉前中共江蘇省長惠浴宇的父親也是董事之一。惠浴宇和先父曾經是中學同班同學。董事會負責替鄉民排解糾紛，完全是義務性質，所以祖父備受鄉民們尊敬。

我的大伯父祥璋公畢業於南京第一農業專科學校，逝世於本區區長任上，那時我好像是五歲，所以印象也不是很深。二伯父祥琮公畢業於淮陰的江蘇省立第八師範學校。父親先後畢業於江蘇省立警官學校及中央陸軍軍官學校，長年在外擔任軍警工作，很少回家，所以我的二伯父便順理成章地成為我們馬前河莊的莊主，實際負責處理莊子裡外的一切大小事務。

我們家的第一把保護傘

先父在國軍中當營長的時候，有個家鄉子弟名叫周法乾跟先父當勤務兵。有次周法乾違反軍紀，父親不能因為他是老鄉關係就特別袒護他，仍把他逐出軍營。周回到家鄉後乃與一批地痞流氓聯合起來當土匪。有一次周和另一批土匪們火拼，身中數槍，單身一人於夜間來到我們馬前河莊，向我的二伯父下跪，懇求庇護收留。

因為他是家鄉子弟又曾經是父親的勤務兵，二伯父當然認識他，乃大發慈悲，收留了他，命令莊上鄉勇嚴密保護莊

子安全。我家莊前莊後均有炮臺，並有好幾枝長槍。周的仇人明知周躲在我們家，不敢來犯。周法乾在我們家養了兩個月的傷，傷好了後方才千恩萬謝地走了。

後來周法乾當上了什麼大隊長，又帶著兵丁們回到我們家，跪倒在二伯父膝下，請求二伯父收他爲開山門的大徒弟。以後經過周的推介，二伯父又比照上海幫會的方式，陸續收了很多個徒弟。根據我的記憶，逢年過節時，二伯父的徒弟們就會送來成堆的禮品。

周法乾後來又變成日僞政府中的大隊長。日本人夜晚不敢下鄉，如果某一白天要下鄉「掃蕩」了，周法乾就派人快馬加鞭於事前通知我們，於是我們就避其鋒芒，等天黑了後才回家。所以八年抗戰期間，我沒有看見過一個日本鬼子，也沒有聽到過一句日本鬼子的話語。

周法乾感謝二伯父的救命之恩，對我們家的照顧當然是沒有話說。可是周這個人生性殘暴，每次抓到反抗他或是他的仇人後，就會先將仇人的眼睛挖掉，然後慢慢地予以處死。鄉間人都叫他爲活閻羅。有了活閻羅做我們家的保護傘，所以我們平安無事。

聽說周法乾後來被共產黨處決了。

我們家的第二把保護傘

徐繼泰是我們家鄉人，西北軍出身，文和字都不比一般文人們差，口才尤佳。抗日戰爭初期，他擔任國軍中的旅長，駐防蘇北，家父是他的副旅長；以後他擔任什麼指揮官

時，家父又是他的參謀長，他做行政督察專員兼保安司令時，父親是他的保安副司令。這個行政督察專員兼保安司令下面有好幾個團的兵力，管轄蘇北的海州、贛榆、沭陽和灌雲四個縣。

後來徐繼泰發現國府的軍力已經不足以保衛家鄉時，他乃準備向汪偽政府投降，要父親做他的代表去徐州，將他的降書面呈汪偽政府的江蘇省長郝鵬舉。父親不敢不從，回家與我的二伯父商量，老兄弟兩人研究結果，一致決定無論如何絕對不能跟著徐繼泰去做漢奸；惟如父親抗命不去徐州，很可能立刻會遭到徐的毒手。結果父親只有單身一人去了徐州，將降書面交郝鵬舉，然後喬裝為一個商人，從郵局寄給徐繼泰一封信，然後逃到尚在國府軍隊控制下的江蘇省政府，向政府報告徐的投降汪偽政權經過後，就去重慶投入了政府的對日抗戰陣營。

徐繼泰發現父親沒有及時回來向他報告經過，不久收到了父親的信件，知道父親已經去了重慶了，這時候我大伯父的兩個兒子、德書大哥和德潛三哥，也已經從中央陸軍軍官學校畢業，在國軍中擔任軍官，徐繼泰明瞭馬家的潛勢力還是不能輕蔑的。於是他對他的核心幹部們說：「馬副司令和我們分道揚鑣了，人各有志，不能相強。」徐是個很識時務及講義氣的軍人，他不但不記恨父親，更下令對我們馬前河莊要刻意保護，不讓任何人等侵犯，有時候還帶著衛士們來到我們家，向我的祖母請安和我的二伯父閑話家常。徐繼泰是家鄉四個縣裡的土皇帝，也是我們家的一把堅強有力的保護傘。所以我們家老少四代數十口，於整個的對日抗戰期

間，能夠平安地住在老家而沒有受到什麼重大傷害。

抗戰勝利後，徐繼泰應該按照漢奸條例治罪的，因為斯時共產黨軍已經開始佔據蘇北了，政府乃命令徐帶著他的隊伍幫助國軍消滅共產黨，讓他有個戴罪立功的機會。一九四九年徐繼泰擔任一二三軍的一個師長，屬于湯恩伯的麾下，參加保衛大上海的戰役。結果保衛戰全盤失敗，徐繼泰被共軍俘虜，送去蘇北公審，臨被處決時，他跪向臺灣，高呼蔣總統萬歲後被一槍畢命。所以後來的臺灣忠烈祠裡也有他的一個靈位，也算是不幸中的大幸了。

我的私塾生涯

因為馬前河莊位於蘇北鄉下，在那個時代裡，交通非常不發達，鄉村裡沒有公立學校，於是家中請了個家庭教師，住在我們家中，專門教導我們讀書。剛開始時，學生只有二伯父的兩個女兒（我的堂姐德容和德宇）及我三個人。後來，附近的親戚子弟中也有幾個人來附讀。書童是我們家大廚師的兒子名叫小大墜子，負責服侍塾師生活起居及打掃教室，老師偶而也教他認識幾個字，又替他起了個名字「辛立業」。

塾師周汝龍先生，畢業於高等師範學校。塾堂牆上也掛著一張孔夫子畫像，可我們從不向畫像跪拜，因為這時候早已經是民國二十好幾年了。周先生（他要我們稱呼他為先生）手中雖然也有把戒尺，可他從不用於我的兩個堂姐及我這個「五少爺」身上的。說實在話，我們三姐弟也是非常乖

順，讀書勤奮，從不遲到早退，按時上繳作業。

原則上，周先生教授我們歷代古文及詩詞，他不但為我們講解，還堅持要我們背誦。所以我在十歲時，已經能夠背誦很多的唐詩宋詞，就是那些長篇大論像史記裡面的「項羽本紀」「信陵君列傳」等等，我都能背得滾瓜爛熟。周先生偶而也教我們一些現代文學，像胡適、徐志摩等新派詩人的新詩，及俞平伯、朱自清等名家的散文。

一直到六、七十年後的現在，我還能背誦出唐宋八大家的許多文章，及「項羽本紀」的開頭，「項籍者，下相人也，字羽。初起時，年二十四。其季父項梁，梁父即楚將項燕，為秦將王翦所戮者也。項氏世世為楚將，封於項，故姓項氏。」及一首胡適的新詩，「有一群鴿子，在天空遊戲，忽地裡反身映日，非常美麗。」嚴格說，中國的舊式背誦教育還是有它的功效的，可惜現在的教育當局都不太讚同了。

周先生要我們用白話文作文，他批改得很仔細。他說古文要多讀，可是作文寫白話文就可以了，因為這是時代潮流。他也教我們數學，一直教到四則雜題，及一點歷史和地理，可是不是很多。好像物理和化學不是周先生所長，他沒有教我們什麼。啊，對了，我們家後來還特別為我們買了一台風琴，供周先生教我們音樂之用。

抗戰勝利後，我和我的兩位堂姐進入鎮江城裡的江蘇省立鎮江師範初中部讀書，我們三個人的國文，永遠是班上的前數名。原因無他，我們有很深的私塾底子故也。

豆油燈

　　我們的塾師周汝龍先生是高級師範學校畢業的，他用以教導我們的教材就是當年他自己讀過的課本。因為只有一本書，而我們姐弟是三個人。在那個時代裡，買書不是一件容易的事情。於是周先生就在要教那一課的前兩天，將他的書借給我們抄錄。因此，白天我們跟著老師念書，晚間就去抄錄下次周先生要教的那個課文。

　　我們鄉間人從來不知道也從未見過所謂用電發出來的燈光。天一黑了，我們就上燈，是用燈芯草放在豆油燈盞裡燃燒著的燈火。如果和現在的電燈光相比，我想即使用三根燈芯草去燃燒，也不會強過十支光的電燈光芒。可那時我們只用兩根燈芯草，居然還用毛筆將一篇篇詩文都抄錄得整整齊齊的。對于當今臺灣和中國的小學生來說，他們一定會認為這是不可思議的事情。

我的祖母

　　上文說過，祖父過世後，祖母便是一家之主。祖母是位通情達理的老太太，她對我這個最小的孫子特別寵愛。每天早上，她起身後還坐在床上時，就由二伯母親自服侍，先奉上一碗早已熬好的冰糖蓮子湯或百合湯。如果那時我適承歡膝下，祖母就會讓二伯母也給我一小碗嚐嚐。

　　起身後，祖母就拄著拐杖慢步行到莊子前面不遠處的

「南園」去看我們家長工們種植的瓜果蔬菜。然後回家與四代兒孫們共進早餐。如果某一個孫子不學好，祖母就要不學好的孫子或孫女跪在堂屋前的地上至少一個時辰。好像每個孫子孫女都被罰跪過，就是我這個小孫子沒有，據說因為我小時候非常地乖順。

祖母後來逝世於南京她的內姪方毅侯三表伯家，因為那時父親德書大哥和我都逃命去了臺灣。大陸改革開放後，我陪著父親從美國去南京掃墓，把那極為簡陋的土墓修成水泥墓，又塑立了一塊石碑，並按時匯錢給住在南京的四堂兄德桓哥請他負責按時祭掃。後來南京政府要修建馬路，把墓平了。祖母的骨灰盒子被德容二姐帶到美國休士頓我們家中，我應父親囑咐將祖母的骨灰盒子又放在一口棺材裡，買塊墓地重新安葬，每年清明節時我們都去上香祭祀。

楊恆至醫生

七十年前的蘇北，尤其是窮鄉僻壤的灌雲等幾個縣，（江蘇省共有六十一個縣市，蘇南比較富裕，蘇北較窮）人們生病了就去看中醫。好像大家也聽說過什麼西醫，可是我們的縣裡好像沒有。而且在那個時代裡，根本沒有所謂中醫考試要有執照這碼子事，中醫們大都是祖傳的。

根據先母生前的告知，我在四、五歲的時候得了一種奇怪的病，於是請當地最有名望的楊恆至醫生醫治。不知道為什麼就是沒有見效，但也沒有惡化。祖母是大家長，她聽信了一個年長鄉親建議，換個醫生治療。楊恆至是名醫，知道

不要他醫了，當然很不愉快，但也無可如何。

　　誰知換了醫生後，我的病情迅速惡化，眼看這條小命就要保不住了，那時父親在軍中服務跟著隊伍東奔西走，母親一個弱女子，當然一切都聽祖母的。也許我命不該亡，另一個懂得點醫藥的長輩告訴祖母，楊恆至醫生當初並沒有醫錯，是我們病家心情太急，事到如此，只有回頭再請楊醫生醫治。那知道當祖母派人再去請楊恆至醫生時，說什麼他也不來了。

　　於是祖母帶著僕人親自投府，見到楊恆至醫生時，二話不說立刻跪倒在楊醫生的面前，央求楊醫生救救她小孫子的性命。那時祖母已經差不多七十歲是個裹著小腳的老太太，是聞名遠近的馬前河莊的大家長，楊醫生嚇得立刻扒在地上，驚駭莫名，扶起祖母，跟隨祖母來到我們家中。

　　在楊醫生的悉心調理下，我的病終於完全好了。

　　所以我現在每年清明節向祖母上墳時，也就特別地感謝祖母老人家當年為了要救我一命而向醫生特別下跪的往事。

壽器

　　生前預先為自己準備的棺材叫做壽器。我的祖母生前就叫人為她定做了一口棺材，還親自選定用最好的楠木做的，外面塗著黑色油漆。因為祖母還是活得好好的，所以每年都要人把外面的黑漆再加塗一次，據說這樣做了將來棺材埋在地下後，就可以保持不會腐爛。

　　一九四五年，共產黨把我們全家人掃地出門，我們逃到

仍在國軍控制的江蘇省省會鎮江居住，當然無法抬著棺材逃
難。一九四九年五月，父親和我及德書大哥逃命去了臺灣，
祖母被在南京做中學教師的內姪方毅侯表伯接去家中奉養。
不久祖母就病逝了，方三表伯一個中學教師，還要養活一大
家人，那有多錢去買最好的楠木棺材，而且那時還是兵荒馬
亂的時代，所以就買了口他所能負擔得起的棺材將他的姑母
安葬了。方三表伯的小女兒方平，後來擔任中共常駐聯合國
代表團中任參贊，她的夫婿葉成壩擔任聯合國裡的一個司
長。現均退休，和我仍保持密切的聯繫。表伯父及表伯母已
經過世多年，這些陳年往事都是方平表妹和一直住在南京的
德桓堂哥告訴我們的。

　　二十年前，我的母親在美國懷俄明州病逝，我將母親遺
體安放在一口精緻的銅棺材裡。父親對我說懷州沒有什麼中
國人，地下肯定也沒有多少中國鬼，於是我們將母親的棺材
空運到洛杉磯，安葬在一個風景優美的青山墓園，因為那裡
的中國人非常多，地下一定也有很多中國鬼魂。我遵父命，
同時買了四個墓穴，另三個是供父親及我夫婦將來之用。父
親於十一年前在休士頓過世，被我們安葬在母親旁邊。我告
訴我在休士頓的朋友們，我現在和他們一起吃喝玩樂，到我
要走的時候我什麼也不用愁，因為我不用擔心「死無葬身之
地」，我早已經有了個風景優美的好地方供我長眠了。

二伯父是位大詩人

　　二伯父畢業於江蘇省立第八師範學校，因為在那個時代

裡好像江蘇全省都沒有幾所大學，所以「八師」在當時就算是一個高等學府了。二伯父一生最大的興趣就是中國舊體詩文，他寫的五七言詩據說是方圓百里內數一數二的高手，平生精研杜甫及袁枚的絕唱，所以他的兩個小女兒和我這個姪兒幾乎每天都跟著他搖頭晃腦地吟詩，我最記得他寫的一首七言詩是：「霪雨綿綿苦如絲，閒來何事解人頤；十齡阿姪（指我）垂髫女（指我的兩個堂姐德容和德宇），爭誦隨園及第詩。」我今年八十歲，這是七十年前的往事了。

好像詩人都喜歡找別的詩人唱和，二伯父當然也不例外。家鄉土皇帝徐繼泰的親舅父朱成甫朱大爹就是二伯父的最佳和詩對象，兩人經常命令跟班專門傳送佳作。朱某的地位在那個時代等于是「國舅爹」，他是二伯父的密切往來詩友，無人不知。這對我們馬前河莊的身價當然是加分的。

包　莊

在那個時代，光有田產而沒有勢力的土財主們，是經常會被各方面如地痞惡霸軍政人等欺凌的。於是便出現了一個字典裡找不到的名詞「包莊」。套句現代話說，就是擔任「榮譽董事長」。

因為二伯父的政治關係社會地位在地方上是如此地崇高，除了是我們馬前河莊的莊主外，也是好幾處其他親戚們田莊的「榮譽董事長」。事實上，他根本不要親自去處理那幾家田莊的莊務，只要把這句話傳揚出去，便沒有人膽敢再去騷擾那幾個田莊莊主了。

「包莊」的待遇多少，我不知道，總之絕對不是白幹的，那是一定的了。我們家經常會收到不是我們自己莊上生產的糧食，糧食在農業社會裡就是財寶，我想那必定是二伯父擔任榮譽董事長的酬勞。

我記得最清楚的是「潘頭莊」，莊主潘某和我們是遠房親戚，田產很多，可是沒有勢力，經常受到欺壓，有口難言。自從被二伯父「包」下了以後，便一直平平安安。有次不知道為什麼，我和母親被邀請去潘頭莊小住數日，莊主像捧鳳凰一樣地接待我們母子不是沒有原因的。

私設公堂

佃戶們租我們的土地耕種，所獲得的收成與我們平分，所謂勞資均勻，本來是最公平的事情。事實上不然，舉例來說：如果某一佃戶來向莊主二伯父報告，他的兒子或媳婦對他們老夫婦不孝，二伯父便會命令他的跟班將這個不孝兒子或媳婦帶來我們家的大廳上，私設公堂，嚴加拷問。如果屬實了，二伯父便會喝令將這個不孝兒子或媳婦捆綁起來，然後用皮鞭抽打，一直打到這個不孝兒子或媳婦苦苦央求答應以後再也不敢不孝父母了為止。

在那個時代裡，就是這個年輕人被二伯父打成重傷了，他也沒有地方去告狀的。城裡偽政府中的大隊長是二伯父的大徒弟，就連那偽政府的行政督察專員兼保安司令也和我們家有著特殊的關係。所以後來共產黨說我們家是道地的黑五類，也並不是完全沒有根據的。

我家的大廚師

前文說過，我的祖父生前是新莞市的民間董事會總董，因此他經常去各地調解民間糾紛。有一次，他從外地回家途中，發現一個小男孩在路邊哭泣，祖父問他為什麼不回家，才發現原來是個沒有家的孤兒。祖父乃把他帶回了家。孩子姓辛，沒有名字，祖父便叫他「來辛」，表示是揀來的孩子。來辛長大後便成為祖父的跟班之一。

來辛非常聰明，因為他經常跟隨祖父去外地參加宴會，學會了燒菜，最後竟然變成了我家的主廚，其烹調之佳，聞名遠近數十里。後來祖父替他討了媳婦，生了一男一女兩個孩子。男孩「小大墜子」便是我們私塾裡的書童。女兒「辛小丫頭」是我家上房中的一個丫環。

共產黨把我們趕出家園前，曾經舉行了鬥爭大會，小大墜子被土共幹部擁上臺去鬥爭我們。結果又被鄉民們轟下臺去，罵他是吃馬家奶水長大的人，沒有資格鬥爭馬家。

豬油炒蛋

因為我們一大家人口眾多，所以每天留下來的剩餘飯菜也不少，下人們便拿去餵豬了。我們家飼養了很多頭豬，每隔一段時間，便要殺一頭豬。當初為了好奇我從頭到尾也看過幾次，後來覺得太殘忍了，便不再看了。

殺豬的過程是這樣子的。首先選一頭最肥的豬（人怕出

名豬怕胖，這句中國俗語是有道理的。）把牠捆綁起來，當豬還在哇哇大叫的時候，一個強壯的男僕人（不是來辛，因為他是首廚，不幹這種粗活的。）便用一把鋒利長刀刺進豬的喉嚨，接著豬不叫了，血液便會不停地流在一個準備好的大木桶裡。

等豬血流盡了後，這頭鬆了捆綁的死豬便會被抬進一個放滿了燙水的大盆裡。翻了幾次身以後，便被來辛帶著他的助手用刨子刨去了豬毛，然後分割儲存備用。每次殺豬後，家中數十口人，便會天天有紅燒豬肉吃，所以我們、特別是下人們、都希望時常殺豬。

來辛把豬油特別收藏起來，專門用以炒給莊主（我的二伯父）吃的菜，特別是炒雞蛋。因為是用豬油炒的，所以這盤炒蛋特別有味道。二伯父吃了好多年來辛用豬油炒的雞蛋，所以他在四十八歲時就得了心臟病過世了。

甜麵醬

現在，我們在中國飯店裡用餐，大家都喜歡在北京烤鴨或者冷麵上面加點甜麵醬，如此就好吃多了。因此在去超級市場裡買菜時，也時常會買一小瓶甜麵醬回家備用。可是，我肯定不會有很多人知道或者做過甚至於看過，這種有點甜味深咖啡色好吃的東西是如何做成的。

我們馬前河莊是從來不去市場裡買甜麵醬的，因為我們自己會做，而且時常做，這是我親眼所見。

我們家甜麵醬是這樣子做成的。將麵粉用熱水燙了，做

成饅頭狀，放在蒸籠裡蒸，然後切成一片片，上面復蓋著葵花葉子，鋪在蘆席上面，存放在一間不通風的倉庫裡。大概十天半個月後，就會發現饅頭片上都長滿了各種顏色的霉斑。將霉斑擦乾淨，放進一口小缸裡，加水及鹽和糖，將之搗爛。搗爛後放在院子裡讓太陽光去洒。每天用木根將缸裡的東西不停地搞來搞去，再經過一些日子，缸裡的東西便叫做甜麵醬了。

在院子裡讓太陽光去洒時，時常會有些蒼蠅飛到缸裡後便死在裡面。於是，我家的大廚師來辛便叫他的助手用筷子將蒼蠅挑出來。時間一久，缸裡就會發現很多的白色小蛆在上面動來動去。於是來辛又叫他的助手將之一個個挑出。如果有人說這缸甜麵醬不能再吃了，於是來辛便會大聲回應，「不乾不淨，吃了沒病。」

來辛的話也許是對的，因爲我們家上下數十口，從來沒有一個人因爲吃自做的甜麵醬而生病的。

嬰粟

嬰粟就是鴉片。雖然政府早已立法不准吸鴉片了，可是，在我們那個天高皇帝遠的蘇北鄉間，好像吸鴉片仍然在公開流行著，特別是在國府已經管不到了的敵僞政府鄉間。在我們家中，每當客人來訪，特別是位比較尊貴一點的男性年長客人，經常會被邀請先行躺在床上，吸兩口鴉片，提提精神。

因爲吸鴉片人所噴出來的第一口煙味有著一股說不出來

的好聞，年幼的我經常會扒在兩位吸煙人的床榻邊去聞這股煙味。

既然吸鴉片已經在流行，於是有一年我們家也去種植嬰粟了。在我的記憶中，嬰粟花是很美麗的。等花謝了後，就會有像檸檬大小一樣的果實出現。於是，我們家的長工們便會排成一行行，由第一個人用刀將嬰粟果實划上一兩下口子，由第二個工人緊接著將划破果實的裂縫中擠出一些白色的果漿，放在小碗中。這些果漿乾了後就是吸食鴉片人的最佳毒品了。

吸食鴉片人的結果如何？曾經在軍閥時代當過安徽省督軍兼省長的馬聯甲是我的本家叔祖，據說當他下台了後，仍然是家財千萬。結果呢，這萬貫家財都被他那不上進的吸食鴉片孫子弄得一干二淨，不得已還跑來我家吃了好長一段時期的閒飯。

磨　房

我們今日吃麵包、吃饅頭，或者吃任何麵食，都知道這是由小麥做成麵粉然後再做成這些食物的。至於如何做成麵粉，大家一定會說那是麵粉工廠的事情。七十年前的蘇北，不知道有沒有人開過麵粉工廠，至少我沒有聽說過；可是，我親眼見過從小麥磨成麵粉的歷程，因為這是我們馬前河莊的廚房作業之一。

我們家有個磨房，負責磨房的是我們家一個女性長工姓徐，我們都叫她徐媽。徐媽長年在磨房裡和一頭驢子從事將

小麥磨成麵粉的工作。石磨是圓形的，而且不小，是上下兩層，當中有個洞，徐媽將小麥一碗一碗地從洞中倒進石磨內，然後由這頭驢子拉著走，就是去磨。因為是順著石磨去轉，向著同一個方向前進，為防止驢子頭暈，所以徐媽就用一塊黑布將驢子的雙眼矇住。漸漸地，磨碎的麥屑子就從石磨兩邊流了下來。徐媽就將之放在一個大木桶裡。

當驢子休息的時候，徐媽就用篩子把白色的麵粉篩到另一個木桶裡，供應廚房將之做成白色的小麥麵粉饅頭。

小麥麵粉磨好後，徐媽就磨玉米，就是將玉蜀署磨成碎粉。因為玉蜀署產量豐富，而小麥產量不易，所以我們家的小麥麵粉饅頭是只供應老爺太太少爺小姐們吃的，而僕傭們只能吃玉米饅頭。

徐媽磨了一輩子的小麥麵粉，可是沒有吃過一個麵粉饅頭。我記不得後來共產黨清算我們舉行鬥爭大會時，有沒有要徐媽上台去告發我們，如果有，今日的我是誠心誠意接受的。

樸齋大伯

雖然樸齋大伯不是馬前河莊人，因為他是過繼出去給另一房頭了，可是他還是和我們有著非常密切的往來，幾乎每個月都來我們莊上小住，而且一住就是十天半個月的。他和我的兩位伯父及父親完全是親如嫡親兄弟一樣。他非常疼愛我們小輩，幾乎天天都會講一些奇奇怪怪的故事給我們聽，特別是一些動物的精靈變成美女和人們戀愛的神奇事跡。

　　長大了一點後，我們明瞭了樸齋大伯的故事都是出自蒲松齡的「聊齋志異」中的。

　　一九八零年代，我將這本不朽的中國短篇小說集「聊齋」中最可能爲西方人士所接受的二十三個故事改寫爲英文，由美國紐約的 Barricade Books 出版公司出版了一個單行本，書名 Chinese Ghost Stories for Adults。後來我又將這本英文書自譯爲中文，由上海世界圖書出版公司於 2005 年出版了漢英對照本，書名「聊齋精選」。

　　由於這兩本書在美國及中國的銷售情況都很理想，我乃又自「聊齋志異」中取出了另外二十一個故事，將之改寫爲英文，由伊里諾州的 Helm Publishing Inc 出版了一本英文短篇小說集，書名 Tutor。該書出版後不久，就爲一個美國讀書人團體評爲該年（2007）內的一百本好書之一。一位美國職業書評家 Sabrina Williams for Front Street Reviews，評我這本 Tutor 是本提供了解中國古老民間故事的最佳著作。後我將 Tutor 自譯爲中文，由安徽人民出版社出版了個漢英對照本，書名「聊齋故事選」。

　　後來，中國與波蘭國進行文化交流，我的這本漢英對照「聊齋故事選」又被波蘭國作家將我的英文翻譯爲波蘭文字，配合我的中文在波蘭出版了一本波漢對照「聊齋故事選」。

　　如果我的樸齋大伯今日仍然活著，看到他七十年前講給我們小孩子聽的故事，如今已經被我一再流傳到美國及中國和波蘭，他一定會高興無比的。

土地廟

我們莊子西頭有座土地廟，不知道是什麼時候蓋的。我只記得每年農曆新年，事實上，我們在那個時代，根本就不知道這世界上還有另一種曆法，所以我的生日是按農曆記算的。有一次，我告訴我的完全在美國長大及受教育的四十歲小兒子，景實，我不知道明年那一天才是我的生日，我必須要看到了陰陽曆合併的月曆才知道。他認為這是不可思議的奇怪事情。這是題外話了。每年農曆新年那天早上，我的二伯父在舉行家中祭拜祖宗前，就要帶領全家男性子姪們，每人手中捧著一支燒著的香，按照輩份年齡排在他的後面去向土地爺及土地奶拜年。到了土地廟後，一個個依序跪下磕頭。然後回家舉行家祭。

據說鄉間如果有解不開的怨結，大家都去土地廟上香跪求指示迷津。是不是靈驗，恐怕只有天知道了。

灶神爺

中國的農業社會裡灶有灶神，他的辦公室是在爐灶的最上端一個一尺大小的洞府裡。他終年端坐在那裡，注視著這家人的一舉一動。

不知道誰規定的，灶神每年十二月二十四日（當然是農曆）就要回到天上向玉皇大帝述職，報告這家人有無違反天規情事。所以他的辦公室門上往往會掛著這麼樣的一付對

聯，「上天言好事，下界保平安。」每年的二十三日晚間，這家人就會準備些果子，送請灶神第二天去向天堂述職路上享用。

我記得每年這天晚間，祖母一定會叫人準備一盤最好的果子，要我們小輩們恭恭敬敬地代表家人向灶神爺磕頭、上香獻果，恭祝灶神一路平安。

事實上，禮儀完後，灶神爺並沒有帶走這盤果子，還不是被我們小孩子們享用了。

我的玩伴

我兒時的頑伴除了書童「小大墜子」外，最使我難忘的另一個頑伴是「小團子」。小團子的父親是我們家的一個長工，名叫吳三，專門負責將離開莊子不遠處一個名叫「天池」的池塘中的水，用扁擔挑著兩個大木桶挑進我們家後院子裡三口大水缸中，供應我們數十口之用。因此，他每天不停地挑水，我們老少四代外加僕傭也就不愁沒有水用。吳三的妻子是廚房裡的雜工，當來辛或者有人要燒煮什麼東西時，她負責將柴火放進爐灶裡。

他們唯一的兒子名叫「小團子」，每天背著個大竹藍子，去莊子外邊揀些樹枝枯葉子等回來給他的母親燒引火用。有時候我不上學時，特別在暑假裡，我就會跟著小團子去莊子外邊捉蟋蟀抓小甲蟲玩，或一同躺在草地上聽蟬鳴。小團子很會爬樹，他時常爬上樹去從鳥窩裡拿個小鳥蛋送給我這個五少爺玩。

　　小大墜子和小團子和我的年齡相仿彿，如今也是八十上下的人了，我很懷念他們。

老沒牙的

　　「老沒牙的」姓趙，是個可憐的老人。他好像不是我們家的佃戶，也似乎不是我們家的長工。因爲他沒有什麼家人，所以幾乎天天在我們家中遊蕩，有時也幫著做點雜事，換取免費三餐，我們家人口眾多，也不在乎多他一張嘴巴。當他實在無事可做的時候，就喜歡逗我這個「五少爺"玩。目的是要我開心大笑，接著他也開心大笑。因爲他的滿口牙齒都沒有了，說起話來真是蠻有趣的，所以我也就喜歡和他一起「玩耍」。大家都叫他「老沒牙的」，而他也高興地接受這個沒姓沒名的名字。

　　七十年過去了，我不知道「老沒牙的」最後結局如何。和小大墜子小團子一樣，他也是我兒時的「玩伴」之一。我也很懷念他。

佟得

　　佟得本來沒有名字，只有個姓，佟。是父親在戰場上撿來的一個孤兒。因爲是偶然「得」來的，父親就叫他「佟得」，整天跟著父親，做個小勤務兵。

　　有一次，父親率軍與日本鬼子作戰，臨時奉命警急撤退，與佟得分散了，佟得被一個日軍抓到。日本鬼子看佟得

不過是個大孩子，便命令佟得背著他剛獲得的一枝多餘步槍，跟在鬼子後面走。走著走著，小佟得因為整天在軍中混，也懂得了一點兒槍械。他發現他背著的槍裡還有粒子彈，於是對著前面走的鬼子兵一槍，當場把這個鬼子打死了。佟得背著槍追上了父親，父親乃記了佟得一大功。

後來佟得長大了，父親替他說媒想娶我們家一個佃戶的女兒。佃戶夫婦不願意，可是女兒願意。父親乃授意佟得，去邀幾個好朋友，於半夜裡到佃戶家把這個女孩搶來，由佟得背著，跑到預先安排好的地方，當夜就成婚。三天後，佟得帶著生米已經煮成熟飯的媳婦和禮金，回到女的父母家認親，老夫婦只有認了，請了一桌酒席，又正式拜了堂。那個時代，這種結婚方式在蘇北叫做「搶親」（父母親不同意，可是男女當事人願意），據說還很流行呢。

佟得夫婦後來也來到了臺灣，這時候他們早已有了兒女，佟得時常來我們家，聊他當年槍殺日本鬼子及搶親的勇敢事跡。

一九八零年初期，臺灣和大陸還不可以直接通郵，惟可以透過第三地通訊。那時大陸還是一窮二白，很多臺灣親友們透過住在美國的我，由我將他們的信件和金錢轉給他們住在大陸的親人。佟得夫婦也是其中之一。因此佟得的岳父母可以在老家蓋起了瓦房，老夫婦高興得不得了，以有這個能幹女婿為傲。

荒年

　　我們都聽到過「鳳陽花鼓」這首民歌,「說鳳陽,道鳳陽,鳳陽本是好地方;自從出了個朱皇帝,十年倒有九年荒!大戶人家賣驟馬,小戶人家賣兒郎,奴家沒有兒郎賣,身背花鼓走四方。」我們的家鄉江蘇省灌雲縣雖然沒有出過什麼皇帝,倒也有時候會鬧荒年。現在城市生活中過慣的人們是沒有見過這種場面的,可我是曾經親身經歷過。

　　中國農業社會裡的人民真正完全靠天吃飯,雨水多了不好,會鬧水災;長久不下雨更不好,那就是旱災。這和出不出皇帝不相干,在那個時代裡,天災叫做天意。天災發生時,貧窮的農民們沒有隔夜之糧,那裡有飯吃?每當這個時候,由於我們家積糧很豐,於是,祖母便會命令廚房燒一大鍋一大鍋的玉米青菜稀飯,用大木桶裝著,在馬前河莊前「施粥」,由我家的長工給排著長隊的災民,每人裝上一碗稀飯。這種善舉有時候持續好幾個月。

耍龍船

　　當旱災持續下去一連好多個月一滴雨水也沒有的時候,鄉民們便會組成一個求雨行動,耍龍船。好像我們現在有時候在電視連續劇中也會看到這個鏡頭,由一些年輕的少男少女,穿著花花碌碌的衣服,在一個用彩色紙和竹竿製成的假龍船中扭來扭去,一邊還有人在不停地敲鑼打鼓,表示他們

在向老天爺求雨，雨水多了就可以乘船往來。同時，還有個婦人裝扮成閃電娘娘，及一個兇兇模樣的老頭子算是雷公老爺，在在表示他們是如何地希望有一場好大的雷雨。

我不知道這個構想是誰想起來的。總之，這完全是個一事無成的玩意兒。可我年幼無知，當年就喜歡跟在耍龍船隊伍的後面，看著他（她）們一個村莊又一個村莊地扭來扭去。

蝗蟲

天災的另一個來源是蝗蟲。沒有見過蝗蟲災害的人可能無法想象那究竟有多少隻蝗蟲在作怪。告訴你，我曾經親眼見過。是一個風和日麗的大白天，當農民們敲打銅鑼震天響去驅逐田野裡的蝗蟲時，蝗蟲被趕得飛起來了，一煞那間，整個的晴空突然變成了看不見陽光的陰天，滿天都是蝗蟲，億萬隻蝗蟲把整個的晴空都遮得幾乎什麼都看不見了。

蝗蟲一旦過境後，所有田野裡的莊稼不管長得怎樣了都會寸草不留。你說這是不是也可以叫做自然災害呢？也許不是，因為我在美國居住了這麼多年，為什麼就從來沒有聽說過這種自然災害？最近新聞媒體報導，我現在居住的休士頓西南地區，每數日就會有一兩架飛機低空噴射殺蟲劑來清除近日過多的蚊虫。我想這可能就是答案為什麼美國沒有出現過蝗蟲災害的原因了。

減　飯

減飯就是從現在開始將每天吃飯的「量」逐日減少。

什麼人要減飯？

根據我們的傳統（當然是指七十多年前的蘇北農村傳統），即將出嫁的姑娘應該在與她的夫婿拜堂前三天（有人在五天前）就要開始減飯。等到拜堂那天，基本上早已經不吃不喝至少一天一夜了。為什麼？因為如此做來，新嫁娘就可以在拜堂那一整天不必要去上廁所了。為什麼不讓新娘子上廁所？這裡面有兩個原因的。

第一：不錯，新房裡是早已準備一個全新尚未被用過的馬桶。可是在結婚前一天，馬桶裡早就被放進了很多的糖果，準備來讓參加鬧新房的小孩子們去拿著吃的。

第二：拜堂後，一定要有很多的人去鬧新房，而且是人愈多這對新人將來也就會愈發達。當這麼多的人川流不息地在新房裡鬧得天翻地覆，新娘子怎麼可以去上廁所？

據說有些本來就是弱不禁風的姑娘，往往就逃不過新婚那天的這一關而當場暈倒的。

不久前，我將這上面的故事告訴給第二天就要出嫁可現在正在接受她的好朋友們歡宴的一位女孩子。她是在美國長大的第二代華人。她坦率地用華語批評我的家鄉太不人道了。我說沒有關係，因為「人道」這兩個字在七十多年前的蘇北農村裡是沒有一個人會聽得懂的。

壓床童男子

在我童年的那個時代，蘇北很多人結婚時，新娘還是要坐花轎的。另外還有個有趣的習俗，那就是要找個秀氣的童男子在新郎結婚前夕，陪著新郎睡在他的新婚床上，這叫做壓床，表示結婚後他和他的妻子將會生一個和這個童男子一樣秀氣的兒子。我很幸運我小時候經常被選為這個陪新郎在結婚前夕睡在新床上的壓床童男子。按照規定，新床上的新被子一角裡面必須藏有很多桂圓和紅棗，讓壓床童男子吃個痛快。

我的四堂哥德桓，二伯父唯一的兒子，和我的堂嫂楊鹿鳴當年結婚時，也是我壓的床。一九八二年，中國改革開放後，我陪同父親自從一九四九年離開中國大陸後第一次返國探親，和堂兄嫂堂姐堂侄等歡聚了差不多一個月，發現我的四堂兄嫂在那以往的數十年裡竟然沒有生過一個小孩。我們談了很多的別後故事，也回憶起種種馬前河莊的點點滴滴，為怕兄嫂傷心，我就是沒有提起當年我替他們壓床的往事。

收音機

西安事變那年，父親在江蘇省沭陽縣擔任保安大隊長。有一天，縣長打電話給父親說蔣委員長被張學良看管起來了。父親回答他那一定是因為張學良不服從命令，才被委員長看管起來。縣長說，「馬大隊長，你會錯意了。是張學良

將蔣委員長看管起來了，這是我剛才從收音機中聽到的南京中央廣播電臺新聞報告。」

自此，父親才知道收音機的功效是如此地快速。那個時候，民間有收音機的還不是很普遍。於是，父親想辦法買了一個用乾電池的短波收音機帶回家中，一時全家人都轟動了，大家聚集在大廳裡。可是左聽右聽，就是聽不到廣播。最後試裝個很高的天線，比房子還要高，果然聽到了南京中央廣播電臺的播報新聞。於是我們天天在蘇北老家中收聽南京的新聞廣播。

有一天，一架日本飛機忽然在我們馬前河莊上空盤旋又盤旋了好久方才飛走，把我們大家嚇得要死。我們明瞭可能這個日本鬼子駕駛員懷疑我們家裝有國府的通訊電臺。飛機去遠了後我們連忙把天線拆了，從此以後，再也不敢去聽收音機廣播了。

汽　車

上面說過，自從父親去了重慶後，汪偽政府行政督察專員兼保安司令徐繼泰為表示友好，還曾經數度帶著衛士來馬前河莊向我的祖母請安，和二伯父閒話家常。他每次都是乘著幾部軍用卡車來的。因為我們鄉民們從來沒有看見過這種不用牛或馬拉的車子，一時很多群眾都圍繞著這些奇怪的車子，半信半疑地摸過不停。我們怎麼也想不通它們是如何會跑的，而且比馬車還要跑得快。

由於馬車在我們鄉間是不很流行的，那個時候，如果家

中很多人出門，都乘牛車。如果只是一個人，便乘獨輪車。人坐在車子前端，由推車人從後面將車子舉起向前推去。一九四五年我被共產黨趕出家門時，就是乘著這種獨輪車逃到尚在國民黨控制的城裡的。

鄉音未改

我十三歲時被共產黨掃地出門，以後在鎮江、南京、上海都曾經居住過，後來到了臺灣。那個時候臺灣正在推行說國語運動，希望臺灣民眾們都能說國語，事實上就是北京方言。坦白講，我一直以為我的國語說得很「清脆悅耳」，很標準的。一直到一九五零年初，有一次我偶然從錄音機中聽到了我的聲音，一時簡直不能相信。天啦，這不但不清脆，而且絲毫也不悅耳，當然更談不到什麼標準不標準了。為什麼？因為我的蘇北鄉音太重了。以後又聽到了香港電影明星蔣光超的揚州滑稽小調，從此後，我就不喜歡在中國人多的聚會場所去用我的國語（蘇北官話）高談闊論。近年來，我在美國休士頓僑社中時常會被臺灣來的老太太們問我講的是那國國語，因為她們聽不懂我的蘇北鄉音。

可是，一九六四年，我來美國西密西根大學讀書時，註冊沒多久，有天晚間，我接到一個美國中年男子電話。他說他知道我是新從臺灣來的中國留學生，他問我出生在長江以南還是以北？我據實回答了後，他高興地說，「你合格了。」我是一頭霧水，我問他，「我合格什麼？」

原來他是當地一所獨立學院裡的外國語文系系主任。他

們將在這學期開一門新課「中國國語」。他已經研究過了，出生在長江以南的中國人說廣東話（Cantonese），出生在長江以北的人說標準國語（Mandarin）。因爲我不是教授，他只能付我一堂課一元五角（實際上課時間是五十分鐘），那時我在學校餐廳裡洗碗，一小時（六十分鐘）一元。這個新待遇比洗碗工作又輕鬆又多一半，所以我立刻一口答應。

後來我寫信告訴臺灣的朋友們，他們笑說我的蘇北官話已經很難讓人一聽就懂，將來我教出來的美國學生在臺灣或中國迷路了去問路，肯定沒有人會聽得懂他們的中國國語的。

我離開馬前河莊已經六十七年了，迄今仍然鄉音未改。事實上，我自己何嘗不想也能說一口好聽的北京話語，是不能也，非不爲也。所以每次當朋友們問我爲什麼？我就假裝著胸脯一挺回答他們：我不改鄉音因爲我深愛我的家鄉啊。

唐代詩人賀知章所謂，「少小離家老大回，鄉音未改鬢毛衰；兒童相見不相識，笑問客從何處來。」我現在總算完全明瞭了這首詩的真正意義了。

後　記

雖然在那個時代裡，我的家鄉沒有電燈電話和自來水，沒有郵政局，沒有公共汽車等一切現代設備，可是我們沒有一個人感覺不方便。我們滿足我們的現狀，我們沒有任何怨言。我們的祖先住在那裡，所以我們也住在祖先留下來的房

子裡面，這是天經地義的事情。誰也不會想到有朝一日會去他鄉甚至於流浪異邦。如果沒有後來的共產黨把我們全家人掃地出門，我想我一定到如今仍然住在馬前河莊快快樂樂地當我的五少爺的，不，我可能早已升級為五老爺也許是五太爺了。

1982 年，中國大陸改革開放已經有好幾年了，我陪同思鄉的父親從美國出發去中國大陸探親，會見了很多住在南京上海一帶的前馬前河莊成員。

我們見到了大伯父的大兒子德書大哥的兩個女兒雲驤和雲弟及她們的「愛人」。德書大哥於一九四九年五月上海陷共前和我們一同逃命到了臺灣，大嫂留在上海，德書大嫂在我和父親抵達上海一週前病故。哥嫂兩人分離數十年，大嫂臨死前也未能見上大哥一面，這是時代的悲劇。

我們也見到了大伯父的大女兒德蘭姐的丈夫孫木三姐夫（德蘭姐已於前兩年過世）和他們的兒女崇儀、崇江、崇燕、崇滬、崇荷及他們的愛人，及大伯父的二兒子德佩二哥嫂以及哥嫂的兩個兒子景崑、景崙及他們的愛人，及二哥嫂在上海出生的女兒景瑜和她的愛人。（大伯父的三兒子德潛哥嫂時在臺灣。）

我們見到了二伯父的兒子德桓哥嫂，二伯父的三個女兒，德言、德容、德宇和德宇姐的愛人潘姐夫，及德言姐的兒女宗明、宗玲、宗偉，及德容姐的兒女大宏、大三、大寧，和德宇姐的女兒麗婭、麗莉、麗莎以及他們的愛人。

這是我們馬前河莊的成員們自從一九四九年後的第一次大會合，可惜不是在馬前河莊上。

　　那時母親身體很弱，不能長途飛行，所以和內人耀文及德文妹與妹夫砥中以及我們的兒女們都留在美國，沒有隨同父親和我去中國；臺灣那時還沒有和大陸可以互訪，所以德書大哥及德潛三哥嫂及他們的兒女們不能去中國；祖父、大伯父、二伯父和大伯父的二女兒德芳姐等都是在一九四九年前早已過世了；可是，祖母、大伯母、二伯母、德書大嫂、德蘭大姐、德言姐的袁姐夫、德容姐的葉姐夫等人都是在一九四九年後病故的。否則的話，馬前河莊真的是完全團圓了。

　　哥嫂們說因為我們家的黑五類身份，馬前河莊早已被共產黨剷為平地了。我說我想去空地憑吊一番，他們回答因為我拿的是美國護照，政府當局是不允許我去那些尚未對外開放的地方的。

　　數十年不通音訊，感謝鄧小平的開放政策，如今我們又能見面了。大家歡聚了差不多兩個星期，然後我又請堂哥嫂堂姐們陪著父親大家一同遊覽了北京和萬里長城，方才飛回美國。

　　以後中國那些原來屬于不開放的地方終於一處處對外開放了，可是我們每次返國都是跟隨旅行團，沒有機會單獨行動。

　　2002 年我與內人趙耀文去中國旅遊四個月，因為時間從容，於是我決定回到我的出生地馬前河莊空地一遊。由德容二姐的大兒子大宏替我們租了一部紅旗轎車並陪同我們從南京直開馬前河莊舊址，果然那兒已經是一片廢墟。我在舊址空地上徘徊又徘徊，往事如煙，不堪回首，一直到讓內

人、大宏及司機等三個人等得實在太久而感覺不好意思，方才依依不捨地上車離開了我的出生地方馬前河莊空地。

如今馬前河莊的成員大都過世了，母親於二十年前在懷俄明州逝世，父親於十一年前在休士頓病故。我已經八十高齡，對于當年的出生地，愈老也就愈有一份說不出來的懷念。馬前河莊早已經不存在這個世界上了，為了表達我這份深切的懷念，我寫了一篇英文短篇小說 Uncle Du（杜老伯），把男主角杜老伯的出生地就放在我的江蘇省灌雲縣境內「前河莊」上，是一個佃戶的兒子。我把這篇小說最初發表在我的美國英文報紙專欄中。後來我又將這篇小說收錄在我的一本英文中短篇小說集裡，由美國 Helm Publishing, Inc 出版公司於 2009 年出版，書名 A Visit to Heaven。出版後我又將這本英文書翻譯為中文，由臺北的文史哲出版社於 2010 年出版了漢英對照本，書名「天堂遊」。

至於我為什麼不在「前河莊」前面加上我的姓「馬」字呢？因為我小說中的莊主不是個好人，而當時的一個壞人姓「周」（詳前文「我們家的第一把保護傘」），所以我小說中的「前河莊」主變成姓周而不姓馬。不管怎樣，「前河莊」又復活了，它不在江蘇省灌雲縣境內，它存在於我的一本英文書及一本漢英對照書中了。

（本文初稿曾由比我年長四歲和我一起長大的德容堂姐審核，併此致謝。）（本文曾經發表於 2012 年五月份臺灣傳記文學月刊上）

馬家黃豆

我承認我不是名廚。

好像不管是那一個名廚所燒的菜，不見得人人都會喜歡吃。

據說法國菜很受國際間高層次的政商名流欣賞，又據說美國的現任總統柯林頓可就不太喜歡。有一次，我與一位好朋友在芝加哥的那棟一百多層高樓的最上層豪華法國飯店裡用餐。菜上桌了，也很好看，而且我們那天肚子也很餓，可嚐了一口就無法下嚥；結果付了帳，留下小費，趕緊下樓到街上去找家美國披薩店，飽餐一頓。

咱們的中國菜色香味俱全，在世界上的任何地方幾乎都可以找到中國飯店。可是，我有好幾位美國好朋友，咱們的交情沒有話說，然而他們就是不喜歡和我去中國飯店用餐。

美國的漢堡熱狗似乎人人都愛吃，至少能夠用以充飢；可是很多老一輩的中國長者像家母及她的朋友們，就是說什麼也不願意去嚐一下。

有的菜餚年長的人非常愛好，可是，小孩子們連碰都不想去碰一下。有的食物小孩子們百吃不厭，可是，年紀大點的人看都不看一眼。還有些菜男人喜歡，女人不愛。又有些菜，女人歡喜得不得了，可是男人很討厭吃。

　　總而言之，統而言之，世界上很少會有這麼一道菜能夠獲得男女老幼，中外人士一體公認好吃的。

　　可是，我會燒一道菜，到目前為止，已經贏得了中美兩國男女老幼一致稱好。

　　在說明我這道特別可又平常的菜餚前，請讓我將這道菜的歷史背景先行敘述一下。

　　自從家母於十年前過世後，我就負責家父的一日兩餐（家父晚起，不吃早飯）。我燒了一大鍋「馬家黃豆」放在冰箱裡。家父每次用餐時，我就盛一小碗與其他的菜餚一起佐餐，家父從來沒有吃厭過。內人與我有時也會弄上一碟，每次都吃得精光。

　　有一次，我讓一個在美國出生的中國朋友的小男孩嚐了我的「馬家黃豆」，這個不過八、九、十來歲的小孩居然非常喜歡。回家後，他要他的母親如法炮製，因為朋友的太太沒有我的食譜，當然做不出我的「黃豆」。

　　又有一次，我的美國鄰居畢爾、舍泊大先生幫我修理汽車房門，那天我正在家中炒黃豆，我送了他一小碗。當天晚間，舍泊大太太來我家問我要那好好吃的東西的食譜。

　　又有一天，居住上海的前交通大學教授梁捷抒鄉長來美國探親，探完了親來我家訪唔家父，小住數日暢敘別後三十多年的離情。我每天早上招待他的早飯菜之一便是我獨門秘製的炒黃豆。梁鄉長說他在中國吃了一輩子的黃豆製品，可就從來沒有吃過這麼好吃的炒黃豆。

　　夠了，我不再繼續舉例下去了。總之，到目前為止，凡是嚐過我獨門手藝抄黃豆的人，還沒有一個人不說好吃的。

究竟我是如何發明這道人人喜愛的名菜的，這話還得從四十多年前說起。

民國三十七年秋季，我在南京中央大學附屬中學讀高中一年級，那時家父母住在鎮江。我一個人在南京上學，住在學生宿舍裡，當然也在宿舍裡搭伙食。剛開學的時候，好像是六個學生一桌。早餐是稀飯，佐菜有醬菜和豆腐乳。午飯和晚飯是四菜（兩葷兩素）一湯。

那時國共兩黨正在爭天下，國民黨原來佔上風，不久便居劣勢了。執政的國民黨軍政大員們每天在首都南京研討國家大事。我們十多歲的毛頭小伙子們只知道念書和吃飯。可是慢慢地，書還是照念，可是飯硬是吃不飽了。也不知道什麼原因，早餐的稀飯好像老是不夠吃的；於是，當大家的第一碗飯搶到手後，無不以最快的速度吃完，好去搶第二碗；這種搶飯的鏡頭就好像今日美國的足球比賽一樣。四十七個年頭過去了，我現在還記憶猶新。同時，午晚兩餐的四菜一湯也減為兩菜一湯，質與量也與日俱下，再加上乾飯也不充足，結果人人吃不飽。

既然飯都吃不飽了，那還有精神去念書？於是，一些學生們（事後知道那些都是共產黨的「職業學生」領頭鬧事的）便到大街上去攔國民黨政府高官的汽車「要飯吃」，據說有一次還攔住了蔣夫人宋美齡的專車。

家父母在鎮江聽說我每天吃不飽飯，營養不良；家母乃將黃豆洗乾淨後，放在大鍋內用文火不停地炒，一直到將黃豆炒得又香又脆了，然後加上蔥花及大碗的豬油和醬油再炒使得調味品都浸到黃豆裡了，吃起來是又香脆又有味道。然

後將炒好的黃豆放進一個大的罐子裡，由父親送來南京交給我。我將它藏在宿舍內我的床舖底下。每天吃飯前，我就先盛上一小碗帶去飯廳。以後我只管去搶飯而不再搶菜了。豬肉炒黃豆碰到熱飯，果然味美無比。於是，我的吃飯問題解決了，便一心一意去念書。

可是天不從人願。不多久，江陰要塞司令戴戎光叛變，共軍眼看就要渡過長江了，一時南京人心惶惶不可終日，學校當局乃匆忙提前將那一學期結束，連期終考試也免了，讓大家逃命去吧。

我乘火車回到鎮江家中，把父母親嚇了一大跳，因為我不但沒有因為學校的伙食不好而面黃肌瘦，結果反而是白白胖胖比一般年輕人胖多了。原因無他，完全是家母的那一大罐子豬油炒黃豆吃胖的。

一九七九年，家父在臺灣退休了。我將父母親從臺灣迎來美國奉養。五年後，家母病逝（Nov. 20, 1984）。從此我便完全負責備辦家父的飲食。我炒了一鍋黃豆放在冰箱裡。因為現代的健康常識豐富，人們不吃豬油炒的食物了，我乃將豬油換成芝麻油，其餘的炒法一樣。這就是我的獨門秘方炒黃豆的食譜。

家母過世迄今剛好十年，我現將她老人家傳授下來的炒黃豆食譜公之於世，並予以一個香噴噴的名字「馬家黃豆」，籍以懷念我的老母。（發表於 1994 年美國世界日報）

我的六十三年前的日記

前　言

　　我一生中寫過三次日記。

　　第一次從一九四九年五月十五日（開始寫的那天，我還住在上海）一直寫到那年的九月二十日。這時候，我到達臺灣已經四個多月了。

　　第二次寫日記從一九六四年一月寫到同年五月中旬。嚴格說來，這實在不是一般的日記，是我在美國西密西根大學讀書，選讀英文系裡的「各體文習作」（Advanced Writing）一課時的功課之一。教授 Miss Anton 是位老小姐，她不但教我們如何寫小說、散文、詩歌、書評等，還要我們每個星期繳三篇以上的日記。日記的內容不可以千篇一律地什麼時候起床、吃飯、上課等例行事務。換言之，每篇要有東西，要言之有物，與其說是日記，不如說有點像中國文人寫的隨筆。于是乎我把我國的儒家、道家、和佛家的思想都寫進了我的日記裡。Miss Anton 可能從未讀過咱們老祖宗留下來的寶貝，一時認為奇文，不但經常給我個「A」字評分，更有時叫我走上講檯去向那些全是土生土長的同班

美國同學們宣讀我的日記。托老祖宗的洪福，每次我都感覺到飄飄然的。

　　第三次寫日記從一九七七年三月初寫起一直寫到一九八七年八月中旬。這次的日記和上兩次的又都不同；在性質上，和第二次的比較接近，儘可能篇篇都言之有物，而且也是用英文寫的；在次數上，和第一次的相同，也是天天寫；可是時間特別長，一共持續寫了十年以上。那時我和家人住在懷俄明州。懷州地廣人稀，中國人更是鳳毛麟角。因此除了家人外，完全沒有中國朋友往來。那時候，世界日報、國際日報等中文報紙都還沒有創刊，我唯一的精神食糧就是訂閱台灣的中央日報航空版和當地的一份英文日報。每天空下來的時間仍然很多，真不知道如何去消磨。為了打發我太多的時間，我開始用當年在西密西根大學讀書時所寫的方式去寫日記。寫了十年後，本來還想繼續寫下去的，因為當地的英文日報，The Ranger，開始採用了我精選過的一小部份日記作為他們報紙上的專欄，於是我就不再寫日記而去專心寫我的每週專欄了。一共寫了十四年半（搬出懷州後仍繼續為該報寫了好幾年的專欄），一共發表了六百多篇的英文雜文，又出版了五本英文書，把我帶進了中國人在美國從事英文寫作的一條「窄巷」。抱歉，這些都是題外話，不在本文的範圍之內，不再囉嗦了。

　　現在我要發表的是我第一次寫的日記。因為寫日記時我還是個十七歲的青少年，而且又值一九四九年間兵荒馬亂之際，如今年已八旬，身處太平盛世的美國數十年，重溫當日年少時所寫的日記，怎不叫我感慨良多。第一，日記中的人

物多已過世多年；第二，今日的中國大陸和臺灣與六十三年前相比，不論在那一方面，都有天壤之別。我雖然是個極普通的一介平民，然而白頭宮女話當年，何嘗不也是個芝麻大小的歷史見證呢。

　　下面就是我生平第一次寫的日記。

民國三十八年五月十五日（農曆四月十八日）星期日

　　連日來，戰雲一日濃似一日，槍炮聲飛機聲也不絕於耳，此地（金家橋）屬于戰爭區域不太安寧，父親決定搬到滬內，避免炮火災害。於是我們整理行裝，於午飯後起程，當晚八時抵達德書堂兄家。

　　行走途中，父親遇到一位過去在軍中服務時的好朋友，告訴父親次日將有一艘運兵船「大江輪」直開臺灣，我們家男子可以冒充說是他的部隊隨同赴臺，因此送了父親三套軍服。

　　到達德書堂兄家後，我們立即開了個緊急家庭會議，上海是保不住了，共匪馬上就要殺過來了，父親和德書堂兄是國民黨老幹部，被共匪抓住，必死無疑。我是國民黨老幹部的兒子，也是凶多吉少的。因此決定讓我們家三個男子，父親、堂哥、和我，先逃。婦女們，祖母、母親、堂嫂、文妹及堂哥嫂的兩個女兒、雲驤和雲弟、都暫留不走，託一位住在上海多年的族兄照顧，因為我們相信不久的將來局面總會平靜下來的。雖然是暫時離別，可又好像是「生離死別」一樣，但也是沒有其它更好的辦法了。我們三個男子決定明天一早離家，跟隨運兵輪船先行逃命去臺灣。

民國三十八年五月十六日（農曆四月十九日）星期一

早晨八時許，我們三個人都穿上了軍服。與家人抱頭痛哭後就揮淚離家，一時大家心如刀割，然仍強顏互慰，淚流滿面。

晚九時多尚未能登船，其時大雨如注，狂射不已，我們的衣服內外盡濕，兼之乘客十分擁擠，前呼後擁，更雜以哭聲叫罵聲嘈成一片。就這樣共達四個鐘頭，一直到下半夜了，大家方始登上輪船。

民國三十八年五月十七日（農曆四月二十日）星期二

一覺醒來，發現船已開出吳淞口外了。簡單吃了午飯後，登上艙頂閒眺，水碧如黛，美極了。此時風不大，浪不高，船也不顛，遠山近水悉收眼底。站望稍久，特感頭暈目眩，乃急忙返回艙內，速服八卦丹。結果仍不見效，終于嘔吐了半碗酸水。然後鬱然入睡，一直睡到晚間六時許方醒。

民國三十八年五月十八日（農曆四月二十一日）星期三

由於昨夜嘔吐了，今天不想走出艙外一步。艙內旅客中有人會滑稽表演及善歌唱，各音各調幾乎都有，其中更有人要弄口技學雞鳴及狗吠，維妙維肖，一時大家都忘記了目前的處境及今後的茫茫，倒也算是苦中作樂，只顧目前。所以船行仍有一些顛簸，也不覺得太難過了。

因為行走匆忙，沒有多買些食品，僅帶了蛋糕及麵包兩三斤上船，後又被雨水滲透，多半腐爛，不能再吃了。因為

暈船關係，我也沒有一點胃口。這一天裡，我一口東西也沒
有吃，僅喝了點水而已。

民國三十八年五月十九日（農曆四月二十二日）星期四

　　清晨六時左右，船已停於基隆口外，八時進港。

　　「好了，到了臺灣了！」

　　「呀，這就是臺灣啊！」

　　一時歡聲四起。自十六日下半夜啓航，共歷五十個小時
方始抵達這一世外桃源。我們平安了！

　　午後三時，我們三人終于在基隆街道上行走閒逛了。但
見臺灣的婦女們都穿著木屐長裙，走起路來都發出「七達七
達」的聲音，真是別有風味。臺灣的房屋比起大陸都市上的
好像都要矮些。其它似乎沒有什麼不同。不過天氣比較熱多
了，滿街上都有西瓜等水果在賣。

　　是日晚，我們就宿在河濱風涼處。晚風徐來，談臺灣之
歷史，慶我國之收回國土，不知不覺中就都睡著了。

民國三十八年五月二十日（農曆四月二十三日）星期五

　　由於輪船上之乘客太多，及赴目的地（臺灣南部）之火
車太擁擠，於是我們三人決定仍回船上，隨船前往。

　　下午四時上船，六時啓程。

　　因為天氣太熱，我們此次就睡在船艙上面。眼望著輪船
離開岸上，不多久後，再回看仍停泊在港口的其它輪船，一
個個小如栗子，前往遠山，又隱隱約約如同土堆。古人云
「滄海一粟」，果不虛言。

民國三十八年五月二十一日（農曆四月二十四日）星期六

久聞海上看日出是一件賞心悅目的事情，上次從上海來基隆，我們是藏身在船艙內，如今從基隆去南部高雄，我們是在艙面上。我一早就起身，扶著欄杆向東方望去，不想朝陽為遠山所阻，看不到什麼綺麗風光。既然日出無法欣賞，那就等看日落吧。

晚七時，我果然看到了日落的美景。紅色由淡而濃，由遠而近，煞那間，半個海面都呈現在火海中，好似連白雲也變成了紅雲。彩虹反映在水面上，閃動中發出異樣光芒，真是美不可言。如果此時不是逃難，如果家人都在身邊，如果這是一家人在歡度假期，想到這裡，我不由得心情沉到了海底。啊，老天爺呀！

民國三十八年五月二十二日（農曆四月二十五日）星期日

昨晚船抵高雄港外，今晨八時進港，一直等到十時後我們才得下船。下船時又被當地部隊留難，好不容易才得脫身。

走在街上，發現高雄的天氣熱得真叫人昏昏欲睡，我們三人買了數杯冰水狂飲，方才稍感舒適。既而飢餓難擋，又在一小飯店內各食炒米粉兩碗。然後找一小旅舍，發現房間裡沒有床鋪，只有草蓆。我們躺在席上休息，聊以恢復數日來的身心疲勞。晚間各人又用冷水洗了一個澡，並將隨身衣服洗了。這天夜晚是我們離開上海後睡得最安適的一夜。

民國三十八年五月二十三日（農曆四月二十六日）星期一

　　昨天下船時，因為我們三個人不是孫立人所要的新兵，曾經被部隊留難。今天上午父親去拜訪孫立人的副總司令賈幼慧。

　　若干年前，賈幼慧是稅警團裡的少校營長，住防在蘇北父親在當少校縣保安大隊長的那個縣裡，那時我的大伯父（書哥的父親）當區長，因此父親和大伯父都和賈幼慧很熟悉。以後在重慶時，賈幼慧又曾和父親同住在父親的表哥方少臣表伯的公家宿舍裡好多天，所以他們有私交。

　　父親回來後告訴我和書哥，賈幼慧還很念舊，他們談起了當年的種種趣事，問父親今後何去何從，父親回答計劃先到臺北再作打算。賈幼慧想留父親吃午飯，父親看他實在軍務繁忙，就告辭了，他乃派吉普車送父親回到旅館。

民國三十八年五月二十四日（農曆四月二十七日）星期二

　　今天上午父親與德書哥出去辦事。我一個人留在旅舍內，因得有充份時間仔細觀察這家旅舍。

　　這家旅舍完全是日本式，共有二十多個房間。每個房間裡都沒有床鋪只有草席子，名叫榻榻米（好奇怪的名字）。要進房間前，必須將鞋子脫了放在門外面，房間裡也沒有桌子或椅子，只有張很矮的小茶几。我就坐在草席子上靠著小茶几看書寫字。

　　房錢是按人頭計算，每人每天四萬元臺幣。

民國三十八年五月二十五日（農曆四月二十八日）星期三

　　因為一時找不到工作，父親和書哥認為住旅舍太貴，我們必須找一個免費的住處，好作較長期的安排和打算。最後終于找到了一處地方。該房是一福建商人所蓋尚未完工，即為一些無家可歸的外省人強行搬入居住，男女老幼都有，嘈雜萬分。於是我們也擠了進去，總比流浪街頭好多了，因為這是免費的啊。

民國三十八年五月二十六日（農曆四月二十九日）星期四

　　晚沐浴於一公共浴室。未進去時就聽說臺灣的公共浴室與我們內地的不同。洗完後，發現果然不同。

　　每人先到脫衣室，脫掉外衣，只穿短褲頭，然後拿一小藍子放待換的乾淨衣服及自備毛巾，走進浴室去洗澡。洗完穿上衣服後，出來付錢走路。這裡沒有地方可以躺下，更沒有擦背、捶腿等浮華作風。我很喜歡。

民國三十八年五月二十七日（農曆四月三十日）星期五

　　白天父親堂哥出去辦事，我一個人在家。

　　閒暇無事，我乃到附件一公共圖書館閱讀書報。看書人並不是很多，因此非常清靜，兩個大房間，空蕩蕩地，比戶外涼爽多了。有這麼一個好地方，為什麼人們不加以利用？如果我的生活可以安定下來，我一定天天來此。

民國三十八年五月二十八日（農曆五月一日）星期六

　　住處房主人說要將房子蓋好，派人來趕我們搬出去。幾經交涉無效，本來嘛，我們是沒有理由再住下去的。

　　再回去住旅館，那又要花大錢。怎麼辦呢？窮極生智，今天晚間我們三個人就索性睡在一家銀行的大門口地上，不但不要一文，而且也比戶外涼快。

民國三十八年五月二十九日（農曆五月二日）星期日

　　父親和他的警官學校最要好的同學，又是後來在軍警界服務的同事張景琦伯伯，昨天終于聯繫上了。張伯伯在臺北有個很好的工作，擔任樹華公司臺灣辦事處副主任，邀請父親帶著我去他家中小住，商量今後如何生活。於是我們父子兩人決定今天乘火車去臺北，大書哥一人暫留南部，與我們保持密切聯繫。

　　這是我們來到臺灣後第一次乘坐火車。一路上遙望火車外面，但見滿目春意，到處都是青綠色，煞是怡人。不多久，火車進入一山洞內，而洞內居然電燈明亮一直到火車又走出了山洞，這是我一輩子第一次經歷這種偉大工程。

　　晚六時左右，我們到達張伯伯家，收到了他們全家的熱誠招待。張伯伯一家住在公司二樓，張伯母安排我們住在他們三樓閣樓上的一個小房間裡。

民國三十八五月三十日（農曆五月三日）星期一

　　張家小弟名有衡甫八歲，讀小學二年級。與我相處非常愉快。他喜歡聽我說故事，我為他說了一個聊齋裡的鬼故事後，他迷得不得了，要我不停地又為他說了好幾個鬼故事方才作罷。

民國三十八年五月三十一日（農曆五月四日）星期二

　　我們自從本月十六日離家，半個月來，從來沒有安定過一天，更曾經露宿街頭好幾天。如今能夠有個小房間可住，每日三餐完全與張伯伯一家人一樣在張伯伯服務的公司裡包伙食，不飢不寒，總算稍稍安定下來。雖然這也不是個永遠的辦法，但是也沒有其它更好的辦法了，只能過一天算一天吧。

民國三十八年六月一日（農曆五月五日）星期三

　　「馬哥哥，快起身啊！今天是端午節，我們有粽子吃了。」張家小弟興高采烈地走進我們的房間，他把我叫醒了告訴我。

　　我一躍而起，精神大振，為半月來所僅有。

　　每逢佳節倍思親。不知道現在上海的祖母母親文妹等也有粽子吃否？戰爭真是世界上最可惡的東西，它把我們一家人硬生生地分散在海岸兩邊。突然間，我吃粽子的胃口沒有了。

民國三十八年六月二日（農曆五月六日）星期四

　　夜蘭人靜，我與父親洗了澡後，我們坐在天井裡納涼。望著滿天星斗，我們沒有說一句話，因為我們的心都飛回了上海的家中。啊，老天爺呀，什麼時候我們才能夠一家團圓？

民國三十八年六月三日（農曆五月七日）星期五

　　兩個月前我們還住在上海浦東。有一天於放學回家的途中，我和兩三個同學高聲叫喊著玩時，突然我吐了一口鮮血。後經書哥請來了他的縣政府醫務室主任黃清華醫生診治，打了針，又服了藥。以後血也沒有再吐。

　　由於今天感覺胸部有點微痛，父親乃帶我到附近的新生內科醫院求診。醫生為我照了一張 X 光片子（五十萬元臺幣）。說好明天會有結果。

民國三十八年六月四日（農曆五月八日）星期六

　　今天一早，父親和我就回到新生內科醫院聽昨天所照的 X 光片子的結果。院長陳藍田醫生用他那濃厚的臺灣國語告訴我們，我的左肺尖有點結核現像，不過還並不是很嚴重。

　　肺結核不就是肺癆病嗎？這是個會要命的大病呀。煞那間，我的心一沉，感覺到我已經走到了世界的末日。父親當然也是驚駭，可是，他還是安慰我醫生一定會有辦法治好的。

　　陳醫生說，我不但要打針服藥，還要打空氣針，才可以把肺結核鈣化了，就是說病好了。

　　我們告訴醫生讓我們回去好好研究。

民國三十八年六月五日（農曆五月九日）星期日

　　報載清源醫院負責人放射科及內科專家吳靜醫學博士如何如何。於是父親帶我去看吳靜醫生。

　　吳醫生看了我們帶去前天在新生內科醫院所照的 X 光片子後說，「左肺尖上是有肺結核，不過並不是非常嚴重。

但是必須治療，不讓它傳染到右肺。"

「大概要多久才可以痊癒？」我們問他。

「先打針服藥一個月再說吧。」

至於醫藥費，經過我們一再懇求，答應每天十五萬元。每天十五萬元在我們現在的經濟環境中的確是個不小的問題，不治又會要命，這真叫我們愁死了。

民國三十八年六月六日（農曆五月十日）星期一

今天聽人說松山有個臺灣省立肺病療養院。既然是「省立」的，費用一定不會太貴，而且又是肺病專科。這下子，我們有救星了。數天的憂慮一下子減輕了不少。

民國三十八年六月七日（農曆五月十一日）星期二

我們今天找到了臺灣省立肺病療養院。在臺北市內還一有個門診所。

我看了門診。醫生說肺結核病最有效的醫治方法是打空氣針，又稱人工氣胸，就是將空氣打進有病的肺裡面，壓束肺部，使病情不能擴大，然後再用藥物使其鈣化。

我們接受肺病專家的診斷，決定不再去看什麼放射科及內科專家吳靜了。

民國三十八年六月八日（農曆五月十二日）星期三

今天下午我們到達臺北市結核病防治中心，又看到了醫生，要我明天去驗血及痰，週六開始打空氣針。

民國三十八年六月九日（農曆五月十三日）星期四

午飯後去臺北市結核病防治中心驗了血和痰。

去時就發現天氣不是太好，等到驗血和痰後於回來的路上，突然大雨如注，我們連忙躲雨在省政府的屋簷下。等了好久，發現這場雨好像一時還不會停止，沒有辦法，只好叫了部三輪車回到我們暫住的張伯伯家。

民國三十八年六月十日（農曆五月十四日）星期五

早飯後，大哥突然由南部來了，告訴我們某人要父親速去見他。我們一家三口同時從上海逃難來臺，如今又見面了，一時真有好多話要說。

午飯後父親與大哥就去南部了，留下我一個人住在張伯伯家，一時備感孤單。

民國三十八年六月十一日（農曆五月十五日）星期六

今天上午去臺北市結核病防治中心打空氣針。每針收費三萬元，比起私人診所真是便宜多了。打的人比我想象中的多多了，大約有二十多個人，其中還有臺大的學生們。大家談起來，都很親切，因為我們是同病相憐嘛。

未打時，我問那些打過的人是不是很痛，大家都說還好嘛，要我不要害怕。等到我打的時候，我又問打的醫生真的不很痛嗎，他笑著安慰我不用怕，是真的不很痛。

醫生和那些打過的人沒有騙我，打的時候真的不痛，比一般打針還輕微呢。這真不可思議，那麼長的一根粗針子直接打到肺裡面去居然並不很痛。

民國三十八年六月十二日（農曆五月十六日）星期日

早飯後，我閒步戶外，發現滿街道上的人不是去上班就是去上學，似乎只有我一個既不要上班也不要上學的。

啊，老天爺呀，那一天我也能又回到學校去上學？

下午，我去理了頭髮（五萬元）。理頭髮人多為年輕女孩子，這在大陸上是很少見到的。臺灣女子自食其力的方式使我欽佩。

民國三十八年六月十三日（農曆五月十七日）星期一

上午去書店裡想購買一本畫帖，用來學習作畫，籍以消磨我那太多的時間。一連跑了好幾家書店，可就沒有找到我所需要的畫帖。記憶中好像有本畫帖名叫「介子園畫譜」的，不知怎麼的今天就是找不到這本書。

民國三十八年六月十四日（農曆五月十八日）星期二

自從父親去了南部後，每天除了一日三餐外，大部份的時間都是我一個人睡在床上看書，有時看書看累了，又不知不覺地睡著了，真是飽食終日無所用心。

下午的午覺我又睡了足足兩個小時。醒來後，我就坐在椅子上發獃，不知道父親的南部之行是否有什麼收穫，同時我又想起了上海的母親祖母及小妹等人現在生活得如何。就在這完全沒有答案的情況中，突然有人敲門。開門一看，原來是父親歸來了。

民國三十八年六月十五日（農曆五月十九日）星期三

上午八時半，我們去結核病防治中心打空氣針。到達後，方才發現打空氣針的時間改為下午一時半，我們白跑了一趟。

下午又按時去打了針。

在返回途中，父親說要去拜訪楊大表哥，因為他曾經來看過父親數次都沒有遇見。父親要我在樓下等，他一個人上樓。等了好久，還不見父親下來；其時適有一賣肉丸小販經過，看他的肉丸子不錯，我叫了一碗（五個小肉丸子），價一萬元，味道果然不錯。

民國三十八年六月十六日（農曆五月二十日）星期四

午飯後，在樓下看見汪先生等人在下棋，一盤圍棋，一盤象棋。這兩種棋我都喜歡。象棋近年曾經下過幾次，圍棋則在離開蘇北老家後從未見過，不要說下了。如今「老友」重逢，幾有他鄉遇故知之感。我搬了張椅子坐在圍棋戰場旁邊觀戰。將來有機會，我一定也要提槍上陣。

午後接三哥致父親函，其中有句「當此山窮水盡之際，生活之艱苦，可以想及。」父親和我讀了後一時真是感慨不已，可又愛莫能助。啊，戰爭啊，這些都是無情的戰爭帶來的。

民國三十八年六月十七日（農曆五月二十一日）星期五

連日來霪雨紛飛，百無聊奈中，忽然想起投稿了。一年半前還住在鎮江時，我曾經向當地日報副刊投稿，也被編輯

採用過幾次，收到稿費後還買了本冰心的「寄小讀者」及巴金的「家」等書。如今身處海島，我一時靈感來了，又寫了篇「逃難記」，投寄臺北一報紙副刊。

民國三十八年六月十八日（農曆五月二十二日）星期六

今天去打空氣針，與二十多個同病相憐的病友聊天。大家都說肺病並不是如傳說中的可怕，要有樂天的心情才可以克服病魔。

因為打針的人太多，所以等我打完針回來後，在張伯伯公司搭伙的午飯已經開過了，我到外面的小店裡叫了一碗十錦麵，價四萬元，味道還不錯。

民國三十八年六月十九日（農曆五月二十三日）星期日

報紙上說，今天上午十一時將有小型颱風過境，要家家戶戶把門窗釘牢，並多備蠟燭，以防停電。

我在還沒有到達臺灣前，就曾經聽說過臺灣有颱風。如今終于身臨其境了。

奇怪的是十一點、十二點都過去了，外面仍然是風平浪靜的，一直到下午三、四點鐘，方才有一點兒小風小雨點點滴滴。天有不測風雲，這話也許還是有點道理的。

民國三十八年六月二十日（農曆五月二十四日）星期一

午飯後，大發哥與李大表哥來訪，蓋父親曾經去看過他們。大家晤談甚歡，談話的主題不外是今後如何生活下去。共同商討了兩個多鐘頭，結論是我們必須找間小房子，開個

小店謀生。

民國三十八年六月二十一日（農曆五月二十五日）星期二

　　政府已經公佈幣制改革方案了，現在我們所使用的臺幣將被一種新的臺幣所取代，叫做新臺幣，以前所使用的叫做舊臺幣。舊臺幣四萬元可以兌換一元新臺幣。舊臺幣可以使用到今年年底。一元新臺幣可以兌換兩角美元，換言之，一美元可以兌換五元新臺幣。這使我想起了大陸上的什麼銀元券和金元券了，在這以前還有什麼關東券等等，最後仍然是民不聊生。我好希望今日的新臺幣能夠永遠站住腳，不要再換來換去了。

民國三十八年六月二十二日（農曆五月二十六日）星期三

　　午飯後去結核病防治中心打空氣針。今天打針的人特別地多，總有四、五十位吧。大家在候診室內談笑風生，這那裡像一群癆病鬼。我是一個比較最年輕的病人，我在靜靜地聽著其他病人們的聊天。好像每個人對于肺病的治療都有其獨到的看法。我終結這些人的觀點，結論是治療肺病第一要達觀，也就是樂觀；第二要保持適當的營養和睡眠；第三，千萬不可以作激烈運動；第四才是打空氣針。

　　我今天打進了肺裡 250cc 的空氣。醫生說我以後只要每星期打一次就可以了。

民國三十八年六月二十三日（農曆五月二十七日）星期四

　　赤日炎炎似火燒，臺灣夏天的太陽似乎比大陸上的熱多

了。午飯後，我走到重慶南路書店裡面去看書，又可以躲避那外面如火燒般的陽光。而且在這裡不花一文，讀書還可以增長知識。奇怪的是，在這個絕佳的場所裡，並不是有很多的人。最後我想到了答案，因為人們不是要上班，就是去上學了。我是閒人一個啊。

民國三十八年六月二十四日（農曆五月二十八日）星期五

　　傍晚，好像暑氣稍稍消了一些。父親和我閒步到中山紀念堂一逛，我們坐在紀念堂外面的欄杆上，看到很多兒童在那裡嘻嘻哈哈地玩耍。好像他們講的話語並不是我們可以聽得懂的國語，父親說這可能就是臺灣話。事實上，這些臺灣人的祖先都是來自福建一帶，而福建是中國的一省，所以嚴格說來，他們和我們一樣也是從外省遷來臺灣的，不過時間上早晚而已。

民國三十八年六月二十五日（農曆五月二十九日）星期六

　　連日來，總感覺頭昏腦脹，今天與父親去結核病防治中心，我看了一位醫生。他檢查了我的血壓，告訴我也許是貧血，但不能確定，因為打空氣針是不會有這種反應的。

　　真是一波未平（我的肺結核病），另一波又起。一時憂心忡忡。

　　下午我又找到了一家公立醫院，省立檢疫所。醫生量了血壓，告訴我的確有點兒低，最好打點豬肝精針，每針七萬元。因為我身上只帶三萬元，只好作罷。

民國三十八年六月二十六日（農曆五月三十日）星期日

　　因為昨天夜晚下了一場大雨，今天天氣涼爽了許多，而我的頭昏腦脹也似乎減輕了一些。如果每日天氣都能如此，那該多好。聽說桂林四季如春，將來一定要去看看。轉而一想，現在桂林可能已經落在共匪手中，我又在做夢了。

民國三十八年六月二十七日星期一

　　我們到達臺灣已經一個多月了。父親連日來，往返南北，到處尋找工作，都沒有一點頭緒。據父親說，找工作一定要有門路，他的關係人都在大陸，所以到處撞壁。他在大陸上的最後一個工作是江蘇省淮安縣警察局局長，因為他是江蘇省警官學校畢業的，他說臺灣警界中沒有他的師長和同學。他後來投身軍政，可是，他的老長官們沒有一位在臺灣擔任要職，所以他說他可能要另謀生活了。我聽了很難過，只希望我們可以早日安定下來。父親反而安慰我說天無絕人之路，將來一定會安頓下來的。

民國三十八年六月二十八日星期二

　　今天上午父親帶我去檢疫所去看醫生，問他們我的頭昏腦脹究竟是怎麼一回事。醫生又量了我的血壓，高壓是102。並不算太低，建議我打葡萄糖鈣及維他命 D。兩針合共五萬四千元。父親同意，於是我當即被打了這兩針。

　　返回時，我們又買了一合奶粉及雞蛋七個，供我增加營養。

民國三十八年六月二十九日星期三

今天除了在看書外，就是睡在床上胡思亂想。假如我們沒有跟隨運兵的輪船來臺灣，我們當仍留在上海和母親祖母小妹等住在一起。全家是團圓了，因爲父親一生服務國民黨政府，現在整個的大陸差不多都陷入共匪手中，父親的生死，後果堪憂。目前我們父子兩人是平安了，只要父親能夠找到工作，我們就可以安定下來，將來再想法把上海家人接來臺灣，那不就是十全十美了。想到這裡，我的心裡突然好過了起來。

民國三十八年六月三十日星期四

傍晚，天氣特變。一陣狂風暴雨後，外面馬路上很多地方都因積水還未來得及退而變成了小溪了。我們站在門口看到幾個小孩在水中戲耍。看著他們天真無邪的快樂，一時我們一些大人們也不由得高興了起來。

民國三十八年七月一日星期五

下午，和張伯伯的同事汪先生下了兩盤圍棋。八、九年前，我們一家人住在蘇北老家「馬前河莊」時，我忘了記不得是誰教過我下圍棋。我們用一張大紙畫了棋盤，又用紅和黑色的西瓜仔子做棋子，就這樣地我迷上了圍棋。那時我不過八、九、十來歲光景。離開老家後，我就進入中學讀書，當然沒有機會再下圍棋了。如今在臺灣又能舊夢重溫，怎不高興。

我和汪先生共下了兩盤，第一盤我輸了三十來子。第二

盤我努力去下，居然只輸了十二子，使得汪先生大爲驚訝。

民國三十八年七月二日星期六

因爲昨天我的圍棋棋藝使得年長的汪先生驚訝，今天另一位比較年輕但仍比我大十來歲的宋先生向我挑戰。我們一口氣也下了兩盤。結果當然還是我輸，不過輸得很少。下棋猶如人生之奮鬥，一著走錯了，往往會影響一生的成敗。事實上，一個國家領導人如果一著走錯，對于國家之前途，又何嘗不是如此！

民國三十八年七月三日星期日

上午張伯伯全家去基隆探望張四老太（張伯伯母親）及張伯伯弟弟。公司裡做飯的下女昨天回家去了，所以今天不開飯。於是，父親和我到外面小飯店內用餐。中午我們叫了兩碗肉絲麵及四個包子，共價十五萬元。

飯後訪大發哥，看見他正在埋頭蓋小房子。想起當年在蘇北老家，他不也是個大少爺麼。如今面對現實，我們必須努力才可以活命。

民國三十八年七月四日星期一

閒悶中，我又把冰心女士的「寄小讀者」拿出來一再閱讀。這本書還是我一年多前在鎮江時，第一次向當地報紙副刊投稿所獲稿費買的。我從鎮江讀到上海，如今在臺灣我再度閱讀。這的確是本好書，聽說冰心女士也是靠這本書一舉成名的。

民國三十八年七月五日星期二

　　我沒有讀過小學，從五歲到十三歲離開老家這段時間裡，我與德容、德宇兩個堂姐在家中跟家裡請的老師周汝龍先生讀私塾。因為我們有七、八年的私塾底子，早已讀過很多古文詩詞，所以後來我們三人在鎮江讀初中時，國文一科永遠是名列前茅。周老師還教過我們很多詩詞。我依稀記得好像是辛棄疾（？）的詞中有句「少年不識愁滋味，愛上層樓，為賦新詞強說愁；如今識得愁滋味，欲說還休，欲說還休，卻道天涼好個秋。」

　　當年孩童時，周老師教我們這首詞時，還是不太完全明瞭。如今我十七歲了，處此海島，身染肺疾，前途茫茫，對于這首詞的含意好像一下子完全懂了。

民國三十八年七月六日星期三

　　商務印書館位於重慶南路一段，距離我們居住的漢口街不過一兩條馬路。這裡看書不花一文，是我經常光顧的地方。聽說商務印書館的總編輯就是聞名全國的王雲五先生。王先生好像沒有什麼學校畢業，完全靠自修，可是他的學問比任何一個大學教授都要高明多少倍。這真是一位了不起的學者！我應當向他學習。

民國三十八年七月七日星期四

　　今天是我國抵抗日本侵略的一個重要紀念日，所謂七七事變是也。七七事變發生於民國二十六年七月七日，從此以

後，蔣委員長帶領全國軍民抗日到底，終于取得民國三十四年的最後勝利。可是曾幾何時，不過四年光景，我們又退到臺灣一個小島。為什麼？為什麼？我真希望有人能夠告訴我。

民國三十八年七月八日星期五

父親經常出去找工作，所以大多數時間都是我一個人在家，因為伙食已經包在張伯伯的公司裡了，所以父親不必擔心我的吃飯問題。

下午我又出門閒逛，不覺又走到了中山堂。發現很多人在排隊，我上前去一看，原來中山堂裡在放映電影，今天的片子叫「金絲雀」。一時興起，我也買了張票（價四萬元）進去看，這是我在臺灣第一次看電影。

看完後，我認為這部片子做得並不好，至少它不合我的胃口。

民國三十八年七月九日星期六

大書哥從南部來，我們一家三口又聚在一起了。據大哥說，他想打進孫立人的新軍，因為他是陸軍官校十五期畢業的，孫立人畢業於美國軍校，對于陸軍官校畢業生沒有興趣，所以沒有成功。

因此，大書哥有點後悔來臺灣。父親對他說，由於他在勝利後曾經擔任過我們老家江蘇省灌雲縣保安大隊長，如果不及時逃出大陸，肯定地，共匪一定會把他押回老家交由人民公審，被活活地鬥死。至此，大書哥也沒有話說了。

民國三十八年七月十日星期日

下午，父親和我去大發哥處吃水餃。歸來時，因為曾經下過一場大雨，很多道路上仍有積水。看到一隻母雞站在路邊，不遠處有兩隻小雞泡在水中，已經不能行走了，老母雞很著急，可又沒有辦法。我的惻隱之心使我彎下腰去，用手將兩隻小雞抓住送到母雞處。母雞對我唧唧地叫了幾聲，好像在表示感激。

我想這是我最近所做的最有意義的事情了。

民國三十八年七月十一日星期一

最近幾乎每天下午都有一場大雨，因此，晚間就不太熱了。這使我突然想起了李清照（？）的一句詞：「晚來一陣風兼雨，洗盡炎光。」這話真是古今皆然。

民國三十八年七月十二日星期二

昨天夜裡有了一個可怕的惡夢，我夢回上海看到了母親，和祖母，可是不見小妹。以後又見到小妹，可是怎麼找也找不到母親。醒來後，仍然急得滿頭大汗，我不敢把這個惡夢告訴父親，我怕他會難過。

老天爺啊，究竟哪天我們才能合家團圓？

民國三十八年七月十三日星期三

報載臺灣大學即將舉行新生考試，又說沒有高中畢業的可以以"同等學歷"身份報考。父親和我商量結果，我不妨

一試。

民國三十八年七月十四日星期四

　　下午在書店看書時，突然想購買一冊書帖，回去好好練習書法，一連跑了好幾家，不是太貴了，就是不太滿意的。

民國三十八年七月十五日星期五

　　午飯後，閒逛至中山堂，參觀名家像片展覽。共有兩百多幅，都是一些臺灣各地的風景照，照像的技術沒有話說。可是我一看標價，把我嚇壞了，最便宜的也叫價二十五元新臺幣，那不就是一百萬元舊臺幣麼！

民國三十八年七月十六日星期六

　　今天去照像，準備去報名臺灣大學入學考試。共跑了兩家照相館，一家要十四萬元老臺幣，另一家只收費九萬元。我不求美觀，只求實用。結果在那九萬元的照相館裡照了像。

　　回來時，因爲天氣實在太熱，我去一家冰店裡以兩萬元吃了一碗麥片冰。

民國三十八年七月十七日星期一

　　對于一般人來說，今天是星期日，他們不用上班或上學了。可是，對于我來說，天天都是假日。

　　今天，張伯伯的老母親，我們都叫她老人家“四老太”，和張伯伯在基隆海關服務的弟弟和弟媳婦來看望張伯

伯和張伯母。看著他們一家人歡樂的團聚，我的心中真有說不出來的難過，可是，我還得強作歡喜的樣子去和他們週旋。我好希望我們一家也能和他們一樣地快樂團聚！

民國三十八年七月十八日星期二

不知怎麼的，我今天逛街逛到了一個名叫什麼美國圖書館的門口。因為是美國圖書館，裡面一定都是英文書，及看書的人一定又都是外國人了。一時間，我不敢進入。最後發現進出的人仍然是咱們中國人，於是我也走了進去。裡面有很多大的電風扇子，所以坐下來並不感覺到熱不可當。非常可惜，我看不懂英文書報，不過借看書之名乘風涼而已。

民國三十八年七月十九日星期三

早上，同鄉蒲先生從南部來拜訪父親。然後我們一同去看望李大表哥。不久，另一同鄉徐先生也來了。大家都是同鄉好友，如今能夠在這海島上相逢，當然有很多話要談。李大表哥招待我們午飯。飯後又繼續歡談了好幾個鐘頭。

民國三十八年七月二十日星期四

由於頭髮又長又癢，乃去一家理髮店理髮。到後發現門關了，於是又去第二家，結果也沒有開門。一共跑了三家理髮店，誰知道家家不營業。在第三家的門上，有張告示說每月五日和二十日是理髮店公休日。

午飯後去打空氣針，到醫院後，發現有一通告說自本月十八日起，打空氣針改為每週三、五上午打。於是，我又空

跑了一趟。

今天真不是我的日子。

民國三十八年七月二十一日星期五

午飯前整理證件，飯後父親帶我去報名臺灣大學的入學考試。

臺大是全臺灣最高學府，也是臺灣全島的唯一所大學。在光復前叫臺北帝國大學。據說在那個時代，全臺灣只有兩部小汽車，一部是臺灣總督乘坐，另一部是臺北帝大校長用的。

臺大校門看起來並不是十分莊嚴，可是，走進大門後，發現裡面一片綠蔭，非常有氣派。

報名的人很多，我們排隊了兩個鐘頭，方才辦妥。我填報的第一志願是文學院中國文學系，第二志願是文學院歷史學系，第三志願是法學院經濟學系。

民國三十八年七月二十二日星期六

今天到書店裡買了一些歷史參考書，在家臨時抱佛腳苦讀，以應下月初的臺大入學考試。

我報填的三個志願屬于乙組，不考理化，代之以歷史。因為我有七、八年的私塾底子，所以在這四門科目中，我認為我的國文比較有點把握。可是英文和數學應該是一塌糊塗，而且倉促間也無從準備。現在所能稍稍努力的只有歷史這一科目了。

民國三十八年七月二十三日星期日

父親去了一趟松山區三張黎，與左伯伯等老朋友研究如何營生之道。回來後告訴我前景很好。這個意思就是說可以在松山那兒買一塊土地，然後蓋一棟極小的房子，作為安身之所，再做點小生意，如此生活不就解決了麼。

民國三十八年七月二十四日星期一

上午父親又去找大發哥等人研究如何買地蓋小房子事情。我一人留在家中繼續讀前天買來的歷史參考書。

民國三十八年七月二十五日星期一

以前在大陸曾經看過跑江湖賣藥膏的雜耍玩意兒。真正想不到今天在臺灣又看到了這種江湖賣藝的行當。

下午，太陽已經西斜了，熱浪也不像中午那麼可怕了。在我們居住的漢口街一段馬路對面的空地上，有四個人，三男一女，在表演武術。開始時是兩個男子對打，一人手中有大刀，另一人是空手奪白刃。其躂、躲、跳、閃都很有功夫。最後一個不過十來歲的小女孩和一個年紀比較大的中年人比賽羅漢拳，居然非常熟練。表演完了後，他們開始賣一些跌打損傷的藥膏。也許沒有人真正需要這些藥膏，買的人並不是很多。

真是賺錢難啊。

民國三十八年七月二十六日星期二

今天一天沒有外出。在家苦讀歷史參考書。因為沒有老

師講解，事實上也無此必要。不過在背誦而已，能記多少就算多少吧了。

　　民國三十八年七月二十七日星期三
　　天氣太熱，我一手拿著一把蒲扇，不停地搖著，一邊在默記一些歷史事件及朝代變更之前後因果關係，幾乎達到了廢寢忘食的地步。事實上，我這次去應考臺灣唯一的最高學府的確是太匆促了。名已經報了，也就只能走一步算一步了。

民國三十八年七月二十八日星期四
　　早晨，父親赴松山交涉買地蓋房子事。
　　下午接三哥自福建漳州來函，那邊的情況也不是很好。處此亂世，我們這些小老百姓也只有聽天隨命了。

民國三十八年七月二十九日星期五
　　下午父親出去買牛奶粉，父親要我查看我們的記帳上次是那天買的。我查出了上次是六月二十八日，今天七月二十九日，奶粉是昨天吃完的，所以剛好是一個月。上次每合三十二萬元，這次是三十四萬元。

民國三十八年七月三十日星期六
　　晚飯後，父親和我去中山堂參觀國畫名家張大千扇面畫展覽。共兩百多幅，多爲山水，很少人物。另有兩幅大的山水畫，非常精彩，一看標價，嚇了我們一大跳，三百四十萬

元。

民國三十八年七月三十一日星期日

同鄉朱先生自松山來告訴父親松山區三張黎買地蓋房子的事情定了，就是說沒有問題了。我們終于很快有個自己的住家了。父親和我都非常高興。

我們請朱先生一起到外面一家山東飯店午飯慶祝。每人叫了一碗肉絲麵外加饅頭及豆腐乾，共價十一萬元。

民國三十八年八月一日星期一

閱報始悉今日為七巧日。我不知道臺灣民間對于這個民俗紀念日有沒有什麼活動。

我記得很清楚，當年在我們蘇北老家時，每到七巧日時，我們小孩子們都相信這是天上的牛郎和織女一年一度相會的日子。年長的家人們甚至於還像真有其事地向天空指出，告訴我們那個是牛郎星那個是織女星，“你們看這兩棵星今天夜晚不是聚在一起了嗎？”

如果這個神話是真的，這將是一個多麼殘酷的寓言故事，我是由衷地不喜歡這個騙人的鬼話。

民國三十八年八月二日星期二

咳嗽已三日，曾去西藥房買成藥吃了無效。今天去一家中藥房買了一劑中藥，回去煎了服。我不服中藥已經好多年了。小時候在蘇北老家時，那時候我們老老小小生病完全看中醫，服中藥。我國中藥已有數千年的歷史，當然有它存在

的價值。想不到今天在這海外的島上又服中藥了。

　　中藥煎了後服時很苦，可是良藥苦口利於病，沒辦法，只有一口氣服下。

民國三十八年八月三日星期三

　　今天又服了一天中藥，因為咳嗽好似有點兒見愈的樣子。

　　明天就是臺大入學試的日子了。所以今天在家除了服咳嗽中藥外，就是臨陣磨槍，努力溫習歷史參考書。

民國三十八年八月四日星期四

　　晨六時半，父親就把我叫醒。喝了牛奶後，父親就陪著我去和平中學應一年一度的臺灣大學入學考試。

　　途中，眼見很多青年男女，手中拿著書，行色匆匆。據說今天在這兒應試的人有一千多人。我稍微估計一下，發現女生不多，最多是五分之一的樣子。

　　當我坐定拿到考試卷子時，一時心在跳手在抖，「啊，這就是大學之門啊！用力叩吧！」

　　今天考兩科目，數學和國文。

　　數學有四個題目，我只回答了一題。

　　國文是兩大題，一是翻譯，翻譯一小段古文及一句詩經和一小段論語。另一大題是作文，題目是「我的母親」。

　　早飯和午飯都由考場供應，包括在三十二萬元的報名費裡面。早飯是香蕉一根，雞蛋糕一塊。中飯是香蕉兩根，麵包一個，餅乾和糖果一袋。

民國三十八年八月五日星期五

今天續去和平中學應臺大入學考試。

先考英文，分六大題：選擇、填空、翻譯、問答、相反字，及作文。作文題目是 Tomorrow。

下午考歷史，共分四大題。

今日考場供應的早飯是蛋糕兩塊，午飯是麵包兩個，餅乾一袋。

總結兩天的考試，一切果如我原先所預料的，除了國文一科目還算滿意外，其它三科目一定是考得非常不好。

民國三十八年八月六日星期六

久聞曇花一現這個奇觀，惜從未親目見到。今日終于開了眼界了。報載植物園有曇花將於今天晚間七時開花，報紙上又詳細介紹：曇花之原名叫優曇缽花。南史謂「優曇花乃佛瑞應，三千年一現，現則金輪出世。」

中國的有記錄歷史不過三四千年，如今曇花又在臺北「一現」了，真是千載難逢的機會。於是晚飯後，父親和我便去植物園參觀這三千年才一現的曇花。參觀的人可真不少。花開了，呈白色，長數寸。最奇者是花生於花葉上，未開時，成鉤狀，開時有異香。

至於「金輪出世」的金輪究為何物，好像有人在討論，可是沒有答案。

民國三十八年八月七日星期日

　　傍晚搬一小椅子坐在大門外閒眺。見一外國男子與一中國男子親親熱熱地併肩逛馬路。奇怪的是這個外國人剃得光頭，而這個中國人卻是梳得一頭油光閃閃的西洋頭。

　　轉而一想，現在是什麼年代了，每人有每人的自由去打扮嘛。如果一天，有人把褲子套在頭上走，那才叫奇裝異服呢。

民國三十八年八月八日星期一

　　臺北市羅斯福路有政府配賣攤販場地出售。每間長十二尺，寬九尺，售價一千五百萬元。

　　父親與大發哥商量了好幾天，認為不失為一個可以謀生的好地點。於是忍痛買了一間，準備做點小生意。

　　我們是又喜又愁，喜的是我們父子終于有了一個小窩了。愁的是今後做什麼小生意呢？

民國三十八年八月九日星期二

　　睡夢中，我和父親被李表哥叫醒了，告訴我「書老表來了，還帶來一位油條師傅。」

　　我們立刻起身，跟隨李表哥去他家，書哥連忙為我們介紹他帶來的油條師傅衛先生。於是，我們隨即開始試驗炸油條。

　　結果一共試驗了四次，都沒有成功。衛先生更是覺得難堪。他一再自言自語，「三礬、四鹼、四鹽……我記得清清楚楚的，怎麼不靈了？」

　　一時大家都垂頭喪氣的。想炸油條謀生都不是一件容易

事情，老天爺啊，你對我們真是太薄了！

民國三十八年八月十日星期三

經過了一夜的思索，衛先生的油條今天終于試驗成功了。我們一邊吃著那金黃色又鬆軟又清脆的油條，一邊談論著今後的計劃，一直到下午方散。

民國三十八年八月十一日星期四

今天在商務印書館中看到了一本名叫「靜坐法」的書，謂「坐即古拳術中之內功也，不但可使身體健康，並可治病。」

我有一百個心願去學靜坐，可是，單憑一本書，我無法入門。還是等生活安定下來後再談吧。

民國三十八年八月十二日星期五

晚飯後，隨父親去羅斯福路察看我們新買的新居，因為昨天夜晚曾經有過一場暴風雨。

誰知不看還好，看了後真叫我們傷心欲絕。屋頂已被暴風吹倒了，只有一半還連在房子上。吹倒在地上的那一半，又被往來的汽車壓得面目全非，慘不忍睹。

啊，老天啊，你在逼我們走上絕路嗎？

民國三十八年八月十三日星期六

又是一個慘淡的晚間。父親、大哥和我三人坐在羅斯福路的馬路邊草地上，我們又在商討如何生活的難題。嚴格

說，是父親與大哥兩人在討論，我不過是旁聽而已。

民國三十八年八月十四日星期日

早飯後，父親出去辦事了。我一個人留在家中。

今天是第十屆空軍節，怪不得有很多架飛機在天上飛來飛去。眼望著一架架這麼苯重的金屬東西，居然能夠在天上飛得比老鷹還要快，這件事情如果在兩百年前說起，人們一定會說說這話的人準是瘋子。「西夷」的科技真是太可怕了。

民國三十八年八月十五日星期一

父親上午出門前對我說，如果我覺得無聊，可以到圓山動物園去走走。於是我今天獨自一人去玩動物園。

說真的，這還是我有生以來第一次去動物園。蘇北老家當然沒有動物園，抗日勝利後，父親把我們接到鎮江居住，鎮江也沒有動物園。以後去南京讀書不過數個月，便逃難去上海，沒有多久便來了臺灣。

來臺灣已經三個月了，生活一直沒有安定下來。如今去動物園參觀，自然非常興奮。

臺北市動物園建立在圓山上，裡面有很多動物，包括大象、獅子、狗熊。聽說以前還有一頭駱駝，不久前剛死了。其它較小動物如孔雀、鸚鵡、仙鶴、鴛鴦等鳥類及水簇動物都很多。動物園中的動物有專人照顧牠們的飲食和居住環境的安全，嚴格說來，牠們應該比在深山中的野生動物要幸福得多了，唯一的損失是自由。可是，一句名言「不自由，無

寧死。」可見自由之可貴。

　　動物園的門票是一萬三千元。

民國三十八年八月十六日星期二

　　昨天去逛動物園，今天去參觀博物館。

　　博物館位於臺北市一公園內，內分兩部份，一爲臺灣史跡，一爲動物標本。

　　在臺灣史跡部份裡，首先進入眼中的是鄭成功模型像，及清朝的公文和一些字和畫。處處都表示出臺灣原來是中國的領土，最後被割讓給日本的事實證據。如果當年的開羅會議中蔣委員長沒有特別提出對日戰爭勝利後，臺灣要歸還中國這件事情，今日的臺灣又不知道是屬于那個國家的。果如此，我們現在還能站在這裡嗎？

　　我想蔣委員長當年在開羅會議中提出這個議題時，他是做夢也不會想到將來的國民黨政府會退到這個小島上的吧？

民國三十八年八月十七日星期三

　　日前不知在那兒撿到的一本「豐年」。今天百無聊賴中打開一讀。

　　「人類的生命是人要不斷地燃燒，否則即將毀滅。」

　　這是本什麼樣的書？我愈看愈覺得消沉。我現在的處境已經夠憂悶的了。一氣之下，我把書甩到床下，下樓來走到門外。發現外面是月光如水，星斗燦爛，我的心情突然平靜了下來。

民國三十八年八月十八日星期四

下午大哥來訪，他生病了，好像是「打擺子」。父親和我陪同他去臺北醫院，到達後，發現他們已經下班了。

後來去一家私人診所，醫生說，看病後要打針，共為五十六萬元。大哥說太貴了，決定明天再看臺北醫院，因為那是公家辦的，一定要便宜多了。

民國三十八年八月十九日星期五

今天早上我陪大哥去臺北醫院看病，大哥當即打了一針。走出醫院，我們經過一城隍廟，看見裡面仍有香火，我們也走了進去。

發現城隍老爺端坐在高高的臺上，兩邊是文武判官，左邊還坐著城隍夫人，像貌都很莊嚴。前面有張供桌，上面有竹籤。大哥和我都向城隍老爺跪下磕了頭，然後每人抽了一籤。大哥拿到的是七十二號。我拿到三十一號。再查籤本，說三十一號是中平，解釋籤文，大意是蘇武牧羊看上去是山窮水盡，最後仍會柳岸花明又一村的。

那我就等著「柳岸花明又一村」吧。

民國三十八年八月二十日星期六

今天我發現了一個公立圖書館，大喜。進去一看，發現裡面看書的人很多，兩百來個座位幾乎都有人坐著或看書或看報紙。有的好像是學生在做功課。

我在書架上看到了一本「林沖夜奔」劇本，好像寫得不錯。因為中午開飯時間快到了，我趕回來用餐。午飯後我又

回到圖書館，想辦個借書證把這本書借回家看，再找「林沖夜奔」發現書已被人借走了。

民國三十八年八月二十一日星期日

父親決定將上次在羅斯福路購買的攤販場地轉手出售，收回了一千五百萬元的定金，用之仍去松山區三張黎買地蓋一小房子做小生意，同時也可以當住宅。所以他今天又去三張梨了。

民國三十八年八月二十二日星期一

由於父親昨天去松山區三張黎一夜未返，我邀約大發哥和我一同去松山看望父親，並想知道事情進行怎麼樣了。

我們先乘公共汽車至松山站，後再乘小火車（即人力車行於小鐵軌上）方抵達父親所要買地的地方。遇到了左伯伯，說父親剛走了不久。

後又去察看我們正在蓋的小房子，發現蓋房子工人正在蓋瓦牆中，尚未完工。據說三、五日後就可以完全蓋好了。

民國三十八年八月二十三日星期二

以前在大陸上中學體育課時，我也曾經打過籃球和足球，前者是用手拍，後者是用腳踢。如今我又看到了一種運動叫做橄欖球，是可以把球抱著跑，也可以用腳踢。我在公園旁邊球場裡看到了這種運動，球呈橄欖形，所以叫做橄欖球。算是我又開了一次眼界了。

民國三十八年八月二十四日星期三

清晨，我以幾乎顫抖的手打開了「新生報」，今天是臺灣大學新生放榜的日子。雖然我早已知道我不會考中的，可我還是抱著萬一的幸運，因為這將是會改變我一生的事情。

我仔細看了錄取名單兩遍，特別是我填寫的那三個志願，果然，我名落孫山了。

我發誓我將來一定要捲土重來，考取臺大。

民國三十八年八月二十五日星期四

我自幼就喜歡看小說。十三歲離開蘇北老家前，家中藏書櫃中的通俗小說如七俠五義、小五義、包公案、施公案等我都愛不釋手。以後進城讀書，當然又看了很多現代作家如巴金、老舍等人寫的書。

我居住的左邊鄰居有一位顧先生，看樣子他比我大十來歲。今天我們談起了看書，想不到我們都是小說迷。一時間，我們之間的距離立刻拉近了不少。在這人生地不熟的臺灣，我終于找到了一個朋友了。

民國三十八年八月二十六日星期五

晚飯後，父親說他有事情要做，於是，我一人去拜訪三震叔。

回來時，不過七點多快八時光景。我忽然聽到路邊有小孩哭泣的聲音，接著我發現一個十歲左右的小男孩，身旁一個賣冰棒的小箱子，他哭泣因為他今天賣冰棒的十五萬元弄丟了，回家肯定會被父親痛打。看他哭得怪可憐的，我一

時不忍，把我身上僅有的五千元送給了他。

誰知剛一轉身，忽然又有一個小男孩不知道從那裡來的跑到我的面前要錢。我告訴他我的口袋裡沒有錢了。

快到家時，我突然懷疑起來那第一個小孩的錢掉了是不是真的，是不是要錢的一個把戲？如果是的，那這個世界真是愈來愈可怕了。

民國三十八年八月二十七日星期六

今天是教師節。

我從上海來臺前一天買的小日記本子，昨天是最後一天，所以我今天必須買一本新日記本子。跑了好幾家書店，終于買了這本，價四萬元。也算是紀念我到臺灣後的一個紀念品。

民國三十八年八月二十八日星期日

今天是星期日，在公司吃包飯的人像張伯伯一家人都出門遊玩去了，所以今日的午飯就是父親和我兩個人吃。三個菜、一盤魚、一盤肉、一盤豆腐干燒竹筍，另有一大碗黃豆芽豆腐湯。我們父子兩人吃得真是痛快。可惜，我們不能夠永遠有這個享受，這是臨時的。我們必須儘快搬出到我們自己的天地。

民國三十八年八月二十九日星期一

大哥的病時好時壞，父親認爲不能再拖了。經多方打聽，據說在鄭州街有家省立醫院。既然是省立的，費用一定

不會太貴。父親先去排隊掛號，我陪著大哥隨後就到。

　　經過醫生檢查，認為是惡性瘧疾，必須住院醫治。三等病房，每日需要一百七十萬元。我們回家後商量，父親說我們必須不顧一切，先把病治好。決定明天去辦理住院手續。

民國三十八年八月三十日星期二

　　上午八時半，父親和我就陪著大哥去省立醫院辦妥了住院手續。大哥的三等病房是 225 號，裡面收拾得很整齊清潔，院外有花樹，環境很好。

　　下午父親和我又回到醫院，把大哥的衣服牙刷等送給大哥，並買了麵包和及幾包香煙送去。

民國三十八年八月三十一日星期三

　　我們在松山所蓋的小房子終于蓋好了。決定明天搬家。自從五月二十九日起，我們一直住在張伯伯家三樓的小閣樓上的一個小房間裡，在張伯伯服務的公司裡搭伙食，三個月來，承張伯伯熱情招待，終生難忘張伯伯的恩德。

　　現在，我們要有我們自己的家了，一時心情非常複雜。

民國三十八年九月一日星期四

　　天邊一亮，父親和我就起身收拾行裝，打成包袱，一直忙到中午才終於將行李運到新家中。

　　下午，又去省立醫院把大哥接回了我們的家。

　　接著買菜買米做飯。雖然沒有大魚大肉，可是我們吃得很香很飽。為什麼？因為我們是在我們自己的家中吃自己做

的飯菜。

民國三十八年九月二日星期五

一覺醒來，門縫中已透曙光，我起身走出門外，但是景色幽靜，就是連空氣也比城內新鮮。

突然間，我又想起了上海的家人及我們蘇北的老家。這三年來，我從生長的蘇北老家，搬到鎮江，然後上海，現在又在這孤島上一名叫松山的小地方落腳，我的變化真是太大了。不知道三年後，又是個什麼樣子。

民國三十八年九月三日星期六

近兩日來，都是父親和大哥收拾房間，我做飯。

想想真好笑，從來沒有人教過我，我如今也能煮乾飯和燒菜了。我不知道如何調味，只知道把青菜洗乾淨切成小塊，放在鍋裡，再加點豆油和鹽巴，等到煮熟了，我就說飯好了，可以吃了。

民國三十八年九月四日星期日

昨天的乾飯我做得不夠爛，好像有點半生不熟，所以今天我特別小心，居然大有進步。

信不信由你，今天的午飯，我竟然吃了五碗飯。是我做的飯菜太好吃嗎？當然不是的，因為這是在我們的家裡吃我自己做的飯啊！

民國三十八年九月五日星期一

　　我們的小房子後面有一條小溪，裡面有很多小魚，遊來遊去，可愛極了。我用手想去抓幾條，誰知這些小東西跑得真快，有幾次好像要抓到一條了，等到我把手張開一看，又是空空如也。最後我也想通了，小溪裡面有水，那是牠們的天下。就好像我們人類的天下是在地球上，如果太空怪人把我們抓到太空去，那多殘忍！想到這裡，我決定永遠不再抓小魚了。

民國三十八年九月六日星期二

　　一連幾天，我們都吃米飯，今天我們想換個口味，想吃母親和大嫂常做的家鄉菜餅。我們買了韭菜、小蝦米、及豆腐乾，又買了半斤麵粉。就這樣我們居然無師自通的做起菜餅來了。

　　坦白說，我們的菜餅做得很不成功。最後我們把不成功的菜餅弄碎了，放在鍋裡把它炒熟了，竟然也蠻好吃的。

民國三十八年九月七日星期三

　　明月皎潔，猶如白晝。我想起了今天是中秋節。每逢佳節倍思親。啊，我的祖母，我的母親，我的小妹，不知道你們今天是怎麼樣過這個佳節的？是誰使我們骨肉分離的？使我們骨肉分離的人也有骨肉嗎？一瞬間，我對這些所謂政治家們感到無比的厭惡。

民國三十八年九月八日星期四

　　自昨天開始，不知從何而來，蒼蠅就揮之不去。不僅此

也，每到晚間，蚊虫就不絕於耳。

這兩種小動物欺我們無業無靠的外地人，簡直就如同共產黨一樣的可恨。莫非這世界上真的沒有樂園了麼？

民國三十八年九月九日星期五

報載今天是體育節。

體育就是運動。我在鎮江讀初中上體育課時，也跟着老師打過籃球，可是我也許沒有什麼體育細胞，我的籃球永遠打不好。對于其它的運動，可以說是一無所知，所以也沒有什麼太大的興趣。

體育節就是體育節，對我來說，毫無意義。

民國三十八年九月十日星期六

今天下午，我在附近看到有小孩在放風箏。

以前住在蘇北馬前河莊時（我是十三歲離開老家的），每屆清明節左右，據說那時陽氣上揚，我們就會放風箏。如今是陽曆九月陰曆七月中，此地竟然也可以放風箏，難到臺灣真是個寶島？

民國三十八年九月十一日星期日

今天是星期日，張伯伯不要上班，和張伯母、及有衡小弟來我們的小房子拜訪。當父親和大哥陪著張伯伯張伯母談話時，我把有衡小弟帶到小房子後面不遠處的小溪邊看小魚。有衡小弟高興得不得了，他和我一直在小溪邊玩耍，直到他的父母親走來要他回家了，他方才依依不捨地和我話

別。

民國三十八年九月十二日星期一

坐吃山空，絕對不是辦法。父親和大哥到處找事，迄今都無著落。我們終於想通了，還是做個小買賣，自食其力吧。打聽結果，生黃豆芽去賣，倒也可以維持生活。一斤黃豆，本錢是三萬元，可以生出豆芽四斤，每斤可賣一萬八千元以上。如果一天可以賣出八十斤豆芽，不就可以獲得差不多一百萬元的利潤了嗎？

生豆芽的基本條件是要空氣新鮮、不可讓日光曬，不可讓風吹，每四個小時必須要澆一次水，四天四夜，豆芽就可以成功了。

民國三十八年九月十三日星期二

生豆芽的第一條件是空氣新鮮，我們住在郊外，這沒有問題。不讓日光曬，不讓風吹，也沒有問題。每四個小時必須要澆一次水，我們小房子後面有小溪，所以水也不是問題。

今天父親和大哥去買了木板，搭了生豆芽的架子。忙了一天，總算完成了。然後又去買了兩個木桶，作為提水之用。

民國三十八年九月十四日星期三

以前好像聽說過臺灣每年夏秋之間有颶風名叫颱風，今天我們領教了。我們事先也用木版把門窗釘牢了，結果，還

是把我們幾乎嚇死了，我們害怕這無情的颱風會把我們的新窩小房子吹倒了。託祖宗的洪福，到我在寫今天的日記時，還是有驚無險，房子沒有被吹倒。

民國三十八年九月十五日星期四

天色大明時，風勢終於轉小了。房子沒有被吹倒是大幸事，可是房子上面的瓦片有十幾二十片不見了。雖然如此，我們三個人還是有死裡逃生的感覺。

民國三十八年九月十六日星期五

我們今天的主要工作是詳細檢查颱風帶給我們的損失，發現除了房子上面的瓦片少了二十來片外，小房子外面的竹子籬笆也完全不知去向了。還有一些這裡那裡的小破壞。老天爺啊，求求你千萬不要再刮颱風了，讓我們喘口氣吧。

民國三十八年九月十七日星期六

早上，父親去松山街上買瓦片、竹子等，忙了幾乎一整天。如何修補，明天再請人來幫忙。

民國三十八年九月十八日星期日

請來了兩個人來家幫忙我們修補颱風帶給我們的損失。我忙著燒飯照待大家。這兩人也是從大陸來的，我們都是同路人，大家一邊工作，一邊聊天。一直到下午方才告一段落。

民國三十八年九月十九日星期一

　　颱風災難總算過去了。父親到處打聽去那裡買黃豆，準備生豆芽。據說北部的黃豆都是從大連來的，時間上很久了，生豆芽可能不理想。臺灣南部新營出產黃豆，比較新鮮多了。我們的老本錢，經颱風一鬧，只存下五百多萬元，又不夠買黃豆了。附近有個老鄉高大爹願意做我們的股東，他出四百五十萬元。

民國三十八年九月二十日星期二

　　今天上午高大爹和我們商量去新營買黃豆細節。最後決定父親和他乘今晚九時之特快火車去南部，估計明天早上就可以到新營了。預計二十三、四日回來。

後　記

　　我記不得為什麼一九四九年（民國三十八年）九月二十日以後我就不再寫日記了。可是我記得那年的十一月一日，我就由張伯伯的介紹進入了中本紡織公司擔任文書助理員的工作。中本紡織公司的待遇非常優厚。三年後，我毅然決然地辭去這份待遇優厚的工作，積極準備再考大學。其時我在公司的底薪已是每月一百元新臺幣，而臺大畢業生之入中本紡織公司工作者斯時已經有好多位，可他們的底薪不過是六十元。前國營事業中國鋼鐵公司董事長向傳琦先生，就是從臺大畢業後進入中本紡織公司擔任底薪六十元的一位技術助理員。（向先生後來由前中本紡織公司總經理趙耀東奉命籌

辦中鋼時帶去中綱的。）父親和我一致同意，不能貪圖眼前
舒適，我必須不顧一切考入大學讀書。這個時候，祖母已經
在大陸過世，母親和德文妹也從舟山群島輾轉來臺，父親的
工作也完全安定了下來。大哥也早回到軍中服務。我請了兩
位板橋中學老師（我們住在板橋）分別爲我補習數學及英
文，我要準備充足，捲土重來再考臺大。

　　一九五三年，我終于考取了國立臺灣大學、省立師範學
院、私立淡江英專（其時尚未立案）、及東吳補習學校（東
吳大學之前身）。我註冊於臺大。一九六四年，我來美國留
學，因而得以第二次又寫日記。十二年後，我第三次重寫日
記，詳見本文文首之說明。

　　若干年後，中本紡織公司倒閉，一千多位員工都失業
了。我當年的毅然決然辭去待遇優厚職務去考大學，證明是
完全正確的。

　　如今年已八旬，重溫青少年時第一次寫的日記，往事歷
歷又重新浮上了腦海。現今人事全非，就連整個的世界在這
以往的六十三年間也翻了好幾次身了。這是什麼？這不就叫
做歷史麼？前賢胡適之先生他自己有寫日記的習慣，也鼓勵
別人寫日記。前國府總統蔣公中正生前也寫日記。他們兩位
的日記已經成爲重要的歷史文獻了。我是個升斗小民，無權
無勢，我的一甲子前的日記雖然不能稱之爲一種歷史記錄，
但如也能算是一種野史傳記，那我也就非常滿意了。

不可以說謊

　　臺灣的國府前總統陳水扁最不可以原諒的污點之一是公開說謊。美國前總統克林頓（Bill Clinton）貢獻國家良多是有目共睹的；可是，他最不可原諒的地方是，當他被發現曾經與白宮裡一位年輕女子發生了不正常的性關係時，他堅持說沒有；一直到證據被找到了，他才沒有辦法掩蓋他的謊言。

　　我是一個最平凡不過的亞裔老人。我最恨人說謊。我有兩男一女，大兒子我取名「景誠」，二兒子取名「景實」。我告誡我的兒女做人一定要誠實，千萬不可以說謊。

　　可是，我自己卻曾經說過謊，而且還不止一次，共發生過兩次。如今年已八旬，身體一年不如一年，有時獨坐檢討我的一生言行，覺得如果再不公開我的兩次說謊經過，很可能將來就會帶著謊言到我的棺材裡去，而永遠沒有機會誠實招認了。

　　第一次說謊發生在一九六七年。那時我在臺灣擔任一家國營企業中本紡織公司業務處副主任兼外銷課長。中本公司業務萎縮實在無法經營下去，眼看就要倒閉而員工們必須各奔前程了。有一天我在聯合報的分類廣告中，看到了一則「某金融事業機構公開召考國際貿易英語文人才」的廣告，

並指明應徵者必須到徐州路「語言中心」去報名應試。

　　我那時和其他中本公司員工一樣，天天在留意擔憂公司倒閉後的去路。於是我請了一天假，悄悄地去語言中心報名應試這個職位。坦白說，這完全是以死馬當作活馬醫的心態去應試的。好像連家人也沒有告訴。

　　也許我的時運真的來了。大約十天半個月後，我突然收到了臺灣第一商業銀行人事室的通知，告訴我我應試他們的國際貿易英語文人才被錄取了，要我某月某日某時去接受面談。

　　銀行工作在那數十年前的臺灣是眾所公認的金飯碗。我當然準時去接受面談。主持面談的共有三個人：第一銀行郭建英總經理、人事室鄭主任和國外部羅吉宣經理。他們那天問了我什麼問題，我早已忘記得一干二淨；可是有一個問題我是永遠都記得的。那就是郭總經理問我，如果他們決定錄用我了，我將為銀行幹多少年。這是個做夢也不會想到的金飯碗，我頭也不抬地大聲回答他們：一直幹到我年老退休為止。好像郭總經理非常滿意我的答復，於是宣佈散會。

　　第一銀行旋即派我為國外部二等專員。負責撰寫銀行外匯業務的英文函件、協助國外部經理接待國外通匯銀行家之來訪，及審查重要進出口文件等事項。

　　三年後，又晉昇我為一等專員。可是數個月後，因為有一個意想不到的機緣，我向銀行辭職重新來到了美國（我以前曾經在美國讀過書）。我當初答允郭總經理為銀行幹到年老退休為止，如今只工作了三年就跑了。說到沒有做到，這就是說謊。這是我的第一次說謊。

一九七二年，我應徵美國田納西州一家棒球公司（據說是美國最大的棒球公司）牙買加國（Jamaica）工廠副廠長。因為棒球製造需要人工多與機器，所以這家公司在貧窮落後的黑人國家牙買加也成立了一個工廠，委派一個公司職員去做廠長，僱用了四百個當地黑人為他們製造棒球，運回美國總公司去向世界各地銷售。

貧窮落後的黑人國家那有什麼樂趣可言，所以開工十二年，就換了六位廠長。這次他們特別為我增設了一個副廠長職位，說明六個月後等我熟悉業務了就升任我為廠長，由我一個人在那裡獨擋一面。

當我去應徵這個職位時，該棒球公司總經理和人事部門主管特別問我：如果他們決定僱用我，我可以為他們幹多少年。

坦白說，我那時只想找個待遇不壞且又安定的工作。牙買加棒球製造廠的廠長待遇是非常的優厚，而且工作又是如此的安定，於是，我頭也不抬地大聲回答他們：一直幹到我年老退休為止。該公司總經理非常滿意我的答復，要他的人事部門主管立刻簽發我的任命文件。然後立即電話牙買加棒球製造廠的廠長 Jack（我忘了他的姓氏了），要他馬上飛回來帶我去走馬上任。

到了牙買加工廠後，Jack 迅速召集各級正副主管二十餘人開會，傳達了我的人事命令，希望他們今後像服從他一樣地也服從我。因為他們都了解六個月後，Jack 將調回美國，到時候我就是他們的唯一老闆，所以我與黑人員工之間的關係一時間還處得蠻愉快的。還有一件事情，使我今後的

地位似乎更為順利。

　　牙買加人酗酒，Jack 三令五申，醉酒上班者立即開除。我到職後的第二個月，一個粗暴的男性工人醉酒得東倒西歪也來上班。Jack 立刻下令開除。第二天，這個被開除的工人在工廠外面大吼，「Jack, I'm going to shoot you to death。」牙國槍枝泛濫，時有凶殺新聞，如今工人威嚇，能不重視。Jack 告訴我他要去買兩支手槍，讓我們兩人每人身帶一支。我問他為何不去報警。他回答我，在這個工廠裡，只有我們兩個是外國人。等警察來到時，很可能我們早已經躺下了。於是我要求 Jack 來讓我處理這件事情，然後再去決定是否要買手槍。

　　獲得 Jack 同意後，我出去和那個被開除的工人談話，告以酗酒的很多可怕後果。如果他向 Jack 認錯，保證以後永遠不再醉酒上班，我可以要求 Jack 讓他復職。

　　結果他同意，Jack 也讓他復職，而我們也不要去買手槍了。這件事情以後，我贏得了黑人員工們的一致讚揚。

　　看起來一切是多麼地順利愉快。可是後來呢？四個月後，我就辭職又回到美國來了。雖然原因很多，可我答應棒球公司總經理要幹到年老退休為止的，說到沒有做到，我又說謊了一次。

　　如今八十高齡，我是不會再去應徵什麼工作了，所以也不會有第三次的機會去說謊了。我也可以挺起胸膛，告誡我的兒女做人一定要誠實，說了就一定要做到；否則，就叫做說謊。千萬不可以說謊啊。

老　表

　　我的老表昨天火化了。

　　「你的老表是誰？」

　　「雖然在殯儀館裡所有他的英文喪葬文件上都是我以親屬身份簽字的，可我並不知道他的中文名字，只知道他的英文姓名是 David Yen。今年八十二歲。」

　　「這究竟是怎麼一回事？」

　　真是說來話長。

　　一九九六年底我們由外州搬來休士頓後不久好像就認識了 David，大家都叫他嚴（？）先生。休士頓中華老人協會向休士頓市政府申辦老人營養午餐計劃被核准後，每星期五天中午就在休士頓華僑文教服務中心一個房間裡供應會員們吃午飯。我就是在那裡認識嚴先生的。

　　慢慢地，我們明瞭了這個似乎沒有什麼朋友的嚴先生個性很孤獨，不太喜歡和人交際聊天，幾乎都是獨來獨往。最後傳聞開了他曾經結過一次婚後來又離婚了，只有一個女兒，在佛羅里達州中學讀書時被一場車禍撞成了植物人，生死不明。至於他本人又是如何及何時來到休士頓，以及是否還有其他的家人譬如兄弟姐妹等，沒有人知道；也沒有人知道他的出身、教育程度、和以往做過那些工作。可是我們知

道他是從臺灣來的移民，不開汽車，英文不是很好，經濟情況很差，一個人住在公寓裡，早已歸化爲美國公民，靠著聯邦及州政府的各種低收入福利維持生活。

我記得第一次和嚴先生打交道好像是五年前。有一天下午大約一點多鐘，我在僑教中心乒乓球室打完乒乓球準備回家時，櫃檯工作人員告訴我，吃營養午餐的嚴先生住進了醫院，剛才來電話發了很多牢騷。問明白是那家醫院後，我就立刻開車去到了那家醫院，West Houston Medical Center。到了醫院的停車場上，我忽然想起我還不知道他的英文名字呢。於是我先到詢問處打聽了一下，最後終於找到了，原來他的英文名字叫 David Yen。

我一腳踏進他的病房，發現他鼻青臉腫地正坐在病床上吃飯，膀子上也是傷痕疊疊的。我連忙問他這究竟是怎麼一回事。

他放下了飯碗回答我，「我在街上走路，眼睛再一睜，就睡到這裡了。」接著他反過來問我，「這究竟是爲什麼呀？」

我說，「你是不是被車子撞倒了，後來又被什麼人電話救護車把你送到這裡了？」

他一臉無奈地說，「大概是的吧。」

就在這個時候，一個黑人女護士走了進來。看到我在和他講話，非常高興地說，「我們正愁無法與他溝通，請你問問他是怎麼倒在馬路邊的。」

我回答她我們正在猜想可能是被汽車撞倒的。突然間這個護士緊張了起來，她連忙詢問什麼地點和什麼時候，及是否能夠記得是什麼車輛或是什麼樣的人撞他的。她說像這類

事情，他們應當立即向政府報告的。

　　可是，不管我如何再詢問嚴先生，他就是怎麼也不再就這個題目上說話了。他的理由是就是把這個肇事的司機送到牢房裡對他又有什麼好處。於是他改變話題要我問護士爲什麼一再給他打針吃藥？護士回答說病人有嚴重的糖尿病，她給他打應素靈。接著我問護士他的 X 光片結果如何。回答骨頭及身體內部沒有受傷，不過驗血的結果還沒有收到。

　　談了十幾二十分鐘後，發現他沒有什麼大的問題，我也就放心了。於是我把我的手機號碼留給他，請他隨時和我連繫，便離開了他的病房。

　　第二天下午，怕他有語言困擾，我又去醫院探望嚴先生。我沒有看到他，可我又遇到了昨天的那個護士，她以極端不解的口吻告訴我，「你的朋友走了，沒有和我們任何人打一聲招呼，也不辦任何手續，就這麼樣地離開醫院了。」

　　我唯恐他又發生了什麼事情，連忙趕到他的公寓，敲門後他開的門。我問他怎麼這般匆忙不和我連繫一下就出院了？你知道嚴先生如何回答我，他輕描淡寫地說，「我不喜歡麻煩別人。因爲我討厭那個地方，所以我回家了。」

　　多麼純真可愛而又自愛的一位中國老人！

　　不多久，他又回來吃營養午餐了，對於上次住醫院及不告而別的事情絕口不再提及。因爲他不喜歡別人「麻煩」他，我也就不再問他這個那個了。

　　慢慢地，我從他走路的姿態看來，明瞭他的健康情況好像是每況愈下了。可他不願意和任何人談他的病情，不，這話並不對，因爲後來我發現還是有例外的。中華老人協會前

任會長張之平先生於數年前過世以前，曾經叮嚀他的女兒，在僑教中心服務的張瑞蓮小姐，告訴她老人協會裡的年老會員嚴伯伯身世淒涼無親無友，要她以後多多照顧他。張小姐真是她父親的孝順女兒，她照顧嚴先生猶如她的嫡親伯父一樣，可以說是無微不至，而嚴先生似乎也把她當作親人一樣地信賴。所有關於嚴先生的病情，因為他自己從不告訴我，我都是從張小姐那裡聽來的。

兩年前，有一天，於一同吃過營養午餐後，我走在他的身旁，看他實在是步履維艱。我關心地問他健康情況如何，這次他回答我了，他皺著眉頭向我說，他真想不如早點死掉讓一把火燒了不就一了百了。

聽了這樣的回答，看到他如此的情況，我倒真的擔心起來，如果他突然亡故了，那怎麼辦？於是那天下午我不直接回家，先去拜訪永福殯儀館負責人羅大愚先生。我告訴他我認識一個中國老人，他沒有任何親人連親戚也沒有一個，又沒有錢，身體壞透了，隨時可能死亡。我問羅先生如果他死了，我們如何處理他的後事。羅先生回答我，沒有什麼錢不是個問題，最大的問題是必須要有一個家屬或親戚在喪葬文件上簽字，然後他們才可以去火化，這是德州州政府的法律，絕對不能違背。

一煞那間，我傻住了。原來處理孤獨老人死亡並不是一件簡單的事情。幾經磋商，最後我和羅先生終於達成了協議：我裝扮為嚴先生的老表，老表的英文是 cousin，因為 cousin 在英語世界裡是可以解釋為親戚（relative）的。口說無憑，我乃決定為嚴先生訂立一份英文遺囑（我在僑社擔

任英文義工十多年，爲人編寫英文遺囑是我的服務項目之一），授權我這個「老表」處理他身後的一切事務。

回家後啓草嚴先生的遺囑時，我又想起來了，遺囑簽好了以後，如果嚴先生過世時我正在國外旅遊，那麼他的屍體不就又不好處理了麼。於是我建議照顧他甚力的張瑞蓮小姐，及嚴先生所參加的唯一僑社團體中華老人協會的現任會長朱文強先生也做他的老表。換言之，在嚴先生過世的時候，只要我們三個老表中有一個人在休士頓，他的喪事就好辦了。

我們三個人達成了共識後，我去告訴嚴先生並爲他分析這個必要。嚴先生欣然同意。於是我爲他立了三份內容完全相同的遺囑，分別授權我們三個人以他的老表身份辦理他的後事。爲求正式起見，我們還是在公證人面前簽的字。於是一切手續都已辦妥，就等我們的「老表」升天了。這是二零零八年八月十八日的事情。

接著我告訴主持營養午餐的梅麗小姐，如果一連三天沒有看到嚴先生來吃午飯，請告訴我，我就會去嚴先生住的公寓（那時候他還住在漢明頓公寓）敲他家的門。如果沒有人回答，我就去找公寓經理來開門，因爲他既沒有手機也沒有電話，我怕他一個孤寡老人萬一在房間裡有個三長兩短是沒有人會知道的。

世界上的事情往往都是這樣子的；如果你沒有準備，它就會突然發生；如果你準備妥當了，它就不會發生。嚴先生的情況好像也是這個樣子的。自從他把他的遺囑簽字了以後，他的身體狀況好像一天天又見好了起來。不但每天都來吃營養午餐，有時吃了飯後於走出飯廳時，他還會哼些小

調。他的小調雖然唱得不敢恭維，可我聽起來比臺灣的歌星費玉清唱的還要好聽。爲什麼？因爲這表示我的老表精神狀況很愉快，那健康一定也是很好的了。老表身體健康是最好也不過了的事情。慢慢地，我們就把遺囑這件事情淡忘了。

　　一直到今年六月間，有一天張瑞蓮小姐忽然告訴我嚴先生在他的公寓裡跌倒，不能行動了，她已經把他送進了 Harwin Drive 街旁的一家療養院，因爲在那裡二十四小時都有醫護人員照顧他。

　　第二天下午，我去療養院看他。他躺在床上和我說話，好像有一肚子的憤怒。他問我爲什麼要把他送到這個鬼地方來。我問他是否可以站起來像幾年前住醫院一樣走回家去？他不回答我的問題，看情況他連下床去廁所都要人去照顧。一時間，我們相對無言。接著我又和他隨便聊聊，很快地我就發覺他的神志很有問題了。我真爲他擔心，可我也沒有什麼其他的好辦法。

　　一個多星期後，我正準備再去療養院看他時，張小姐告訴我嚴先生天天在療養院裡亂發脾氣，屢次把床頭的東西甩向去照顧他的醫護人員，使得療養院人員傷透腦筋。最後療養院負責人認爲他有精神病，把他送到西南紀念醫院精神科去了，並不准朋友去看他。張小姐說她現在幾乎每天都和醫院人員用電話連繫。

　　又兩個禮拜過去，張小姐告訴我嚴先生已經由精神科轉到加護病房，因爲他的糖尿病和肺炎情況非常嚴重。醫院方面現在同意我們去看望他了。於是我們三個嚴先生的老表，張小姐、老人協會朱會長和我、便約好一同去看他。到了他

的病房後，遇到了以前曾經照顧過他的中國護士黃馨銓小姐及社安工作者林美絢小姐，大家都關心他來看望他。可是嚴先生雙眼閉著，已經不能言語了，身上有很多根管子。好像神志已經模糊不清。朱會長因有其他事需要在醫院一樓辦理先走了以後，我和張小姐又和照顧他的醫生護士談了一些，並表明了我們和他的老表關係及留下了我們兩人家中電話及手機號碼，請他們隨時和我們連繫。

因為看情況嚴先生真的可能隨時過世，我於離開醫院後，又去拜訪永福殯儀館負責人羅大愚先生。羅先生出國去了，我和殯儀館總經理鄧樹良先生研究一旦嚴先生走了後的事務。鄧先生把嚴先生簽的那份授權我辦理他後事的遺囑連同我的個人資料都復印了存檔，他要我在嚴先生斷氣後立刻通知他，他就會迅速派靈車去接來嚴先生的遺體。

以後的兩三個月中，嚴先生的情況時好時壞。不管怎樣，他都還活著是事實。他由西南紀念醫院轉到糖城醫院，又經過了好多次的大大小小手術。每次手術及做重要檢查時，我的手機就響了，醫護人員要徵求我的同意，因為我是他的親屬、老表。

不太久前，九月十七日，張小姐高興地告訴我，醫院裡認為嚴先生已經脫離危險情況了，應當送回療養院去長期療養。這真是個天大的好消息！張小姐並特別為他選好一處環境幽美新蓋好不久的療養院 Westwood。於是我們兩個老表去 Westwood 療養院辦公室為他簽妥了數十頁的住院文件。我們兩人都慶幸嚴先生的命真大，經歷了這麼多的風險都被他闖過來了。

可是人算究竟不如天算，誰也沒有料到九月二十一日，清晨五時四十七分，我們還在睡夢中，家中的電話鈴聲突然響了。聽口音對方是個美國女子，她先問我的姓名及與David Yen的關係，然後告訴我我的cousin,Mr.Yen剛才過世了。

根據我後來收到的有醫生簽字的死亡證明書，嚴先生仍然死於肺炎。我的遺憾是為什麼他在醫院裡住了這麼久也沒有亡故，而搬回到療養院才不過三天多一點就發生了，難道這一切的一切都是閻羅王早已安排好了的？既然是閻羅王的旨意，我們做老表的也就無能為力了。

以後的事情我和張瑞蓮小姐便按照準備好的既定方案，把嚴先生的後事按步就班地分別辦妥，並於九月二十九日下午二時舉行了一個簡單的告別式，除了我們三個老表外，內人耀文也以表弟媳身份出席，朱會長夫人、梅麗小姐、護士黃小姐、老人協會、晚晴公寓、僑教中心等都有代表參加。我們又請了華嚴蓮社乘瑄法師及四位師姐和八位慈濟師兄師姐為他唸經唸佛，希望他在他現在的世界裡無病無痛，像以往一樣地可以到處走動。三時整，按照他生前的意願把他的遺體火化了。

在處理他的喪葬費用及其他的債務帳單時，我又獲得首都銀行經理陳蓮影女士鼎力相助，併此致謝。

末了我還要告訴嚴先生的，就是我已經和張瑞蓮小姐約好，明年你的第一個忌日那天（二〇一一年九月二十一日），我們一定會到 Memorial Oaks Cemetery 你的骨灰盒子前面看望你的，因為你是我們的老表嘛。（這篇文章曾經發表在 2010 年德州休士頓美南周刊上）

賽珍珠的一生及其中國情結

　　為寫這篇兩萬多字的長文，我把當今美國書市上有關賽珍珠一生的英文書籍（特別是近年來出版的書）都找來讀了，相信這篇拙作中的很多資料都是前人（中國作者們）所沒有報導過的。這篇拙作已發表在 2009 年十月份的臺灣傳記文學月刊上。2009 年 11 月至 2010 年 3 月間又在休士頓美南新聞美南週刊上轉載過一次。

寫在前面

　　據說，魯迅、林語堂、好像沈從文也是、等好幾位早期中國文壇巨擘都曾經被考慮過或提名過為諾貝爾文學獎的候選人，很可惜最後他們之中誰也沒有獲得這個大獎。可是和他們同一時代而且和他們、特別是林語堂、很熟悉的一位在中國住過四十年，除了長相不像中國人外，也能說流利的中國話，熟讀中國通俗小說，並且也能寫中國字的美國女小說家 Pearl S. Buck（賽珍珠），因為她用英文撰寫的中國故事非常出色而於一九三八年獲得了這個舉世作家們所最欽羨的文學大獎。

　　雖然賽珍珠不是中國人，可是她能把中國的《水滸傳》

翻譯爲英文，及她所寫的英文小說特別是早期的許多小說中的人與事都是道道地地的「中國人和中國事」，還有她好像曾經和一位當代中國名詩人似乎一度發生了難以說得清楚的兒女私情，幾乎變成中國人的媳婦或者說是個中國人的情婦，所以當她獲得了諾貝爾文學獎時，很多中國文化界人士一時間也不由得多多少少有一種「與有榮焉」的感覺。

賽珍珠六歲開始投稿

賽珍珠第一次用英文向美國書報雜誌投稿時方六歲。時間是一八九九年四月間。那時她隨同美國基督教傳教士的父母 Absalom（父名）Caroline（母名）Sydenstricker（父親的姓）住在中國江蘇省清江浦。這篇一百多字的處女作發表在美國 Kentucky 州 Louisville 市一個名叫 Christian Observer 的基督教刊物上。文章的題目翻譯爲中文便是：《我們在天堂裡的真正的家》。

我是一個六歲的小女孩。我住在中國。我有個大哥哥，他在大學裡讀書，將來也會來中國幫助父親向中國人介紹耶穌基督。我有兩個弟弟早已去了天堂，Maudie 先去，接著 Artie。然後 Edith 也去了。上個月十日，我的勇敢的小弟弟 Clyde 也離開我們去到我們在天堂裡的真正的家了。Clyde 說他是個基督教戰士，天堂是他最好的家。Clyde 只有四歲。我們都喜歡讀 Observer 上的讀者投書。這篇文章完全是我一個人寫的。我的手已經寫酸了，所以再見吧。

想想看一個只有六歲大的美國小女孩，住在一個中國小

集鎮上，她的四個兄弟姐妹都死了，週圍的中國同伴們，看見她的黃色頭髮，大家都叫她洋鬼子，其寂寞和無奈是可想而知的。她所依賴的人是她的父母親，而父母親整天所談的都是基督教裡的事情，所以她的童年完全是在基督教的環境中長大的。

若干年後，賽珍珠年紀長了，見識廣了，她曾經老實不客氣地批判這些美國在華傳教士在中國的教會裡製造了很多的偽君子。她仰慕她的父母，可她並不完全讚揚美國基督教會的在華傳教事業。

賽珍珠的父母親

遠在十九世紀那個年代，絕大多數的美國人對於中國可以說是一片茫然。他們印象中的中國人大多數是不誠懇、殘暴、和很難溝通。風俗習慣也和他們是大不相同的。但也有少數的美國人聽說中國有個孔夫子，至於孔夫子又是個什麼樣的人，他們就更加茫然了。於是一些美國基督教徒們就想盡方法來到中國，向中國人介紹他們的耶穌基督。Protestant 教派的傳教士於一八三零年就開始選派傳教士來中國傳教。賽珍珠的父母親就是這種遠渡重洋來中國傳播他們基督教義的 Protestant 教派傳教士。

賽珍珠的父親 Absalom Sydenstricker 性格比較嚴肅，沒有什麼幽默感，是個極為虔誠的學者型基督教徒，他在中國居住半個世紀，曾經把基督教聖經從希臘文翻譯為中文。Absalom 有七個兄弟，六個都是傳教士。當美國南北內戰

時，他的四個兄長都參加了南軍對抗林肯總統領導的北軍。他與妻子 Caroline 於一八八零年七月八日在西維金利亞州結婚。婚後兩人立刻同去加州搭船來到中國，首站是浙江杭州，後又搬去江蘇鎮江及清江浦和南京。Absalom 於一九三一年在去沽嶺看望他的小女兒（賽珍珠唯一的妹妹 Grace）及她的家人時突然因痢疾病逝。半個世紀來，他在那簡單古老陳舊的中國窮鄉僻壤裡，從一個鄉鎮走到另一個村莊，無怨無悔地傳播著基督教的福音。

賽珍珠的母親 Caroline 亦步亦趨地跟隨著她的丈夫，從一個地方搬去另一個地方。她日夜思念故國，可是她無從選擇。寂寞之餘，她開始寄情於庭院工作。在杭州、在清江浦、在鎮江、在南京的家中後院裡，她無不經營了一座美麗的花園。

Absalom 與 Caroline 一共生了七個小孩，四個夭折，只有三個長大成人。賽珍珠的哥哥比她年長十歲，長大後回到美國讀書，以後也很少再來中國。她的妹妹比她年輕七歲。所以賽珍珠的母親和賽珍珠一直保持著非常親密的母女關係。

賽珍珠的童年及少年時期

賽珍珠的母親 Caroline 生了四個小孩，除了第一個男孩外，其中三個都於生下不久就夭折了。當她懷第五胎時，她與她的丈夫回國休假，希望美國的醫療環境比較好而可以保住這個小孩。一八九二年六月二十六日她在 Hillsbore,

West Virgina 老家生下了賽珍珠，這個女嬰果然保住了。Caroline 發現這個小嬰兒的頭髮是金黃色的，皮膚是白色的，臉蛋兒是粉紅色的，嘴巴是玫瑰色的，眼睛是藍色的，和珍珠一樣地可愛，所以就把小嬰兒名叫「珍珠」。小珍珠是她的父母所生七個小孩中唯一出生在美國的。三個月後，夫婦兩人就把他們的珍珠帶回了中國。船一到上海碼頭，他們的家庭保姆王媽，一個沒有受過什麼教育的中國婦人，就在那兒等候他們。王媽一把就將小珍珠從她的母親手裡接了過來，從此以後，因爲 Caroline 多病，帶養小嬰兒長大的大小事情都是王媽一手包辦，一直到賽珍珠回到美國去讀大學爲止。所以賽珍珠的童年及青少年期不但完全都是在中國長大，而且又都是由王媽一把尿一把屎地把她帶成爲一個亭亭玉立的少女。

一九零零年，他們爲躲避義和團拳匪之亂曾經逃往上海轉去日本住了一段時期。第二年他們就回到了中國，繼續傳播基督教的福音。

賽珍珠在回憶錄上說，她開始學講話時，是先學說中國話，以後才學英語的。若干年後，她告訴她的朋友們中國話是她的母語，英語是她的第二個語言。賽珍珠從王媽那兒不但學習到了中國話，更明瞭了中國的佛教和道教以及所有的中國民間神話和傳奇故事。王媽是個講故事的高手，賽珍珠又是個標準的故事迷，她幾乎整天都纏在王媽的身邊，聽王媽講故事，有時連吃飯時她也喜歡和王媽一起吃那道地的中國飯而不和她父母同桌去吃美國飯。她說中國飯比美國飯有味道多了。有時，王媽實在太忙了無法繼續爲她說故事，賽

珠珠就去找她家的中國廚師要求他講故事。如果廚師講不出什麼故事，她就到街上去聽說書。當說書人說了一段書後開始向聽書人要錢的時候，小小的賽珍珠從不吝嗇地照樣付錢，因為她在上海英文報紙兒童版上投稿獲有稿費。因為賽珍珠這麼喜歡聽故事，她的母親就幾乎肯定地認為女兒長大後一定會是個寫故事的小說家。

這裡還有一個笑話，因為賽珍珠小時候時常到處遊蕩，她的中國話說得和中國人完全沒有什麼兩樣，可她的長像一看就知道是個外國人。有一次，一個沒有什麼知識的中國迷信老太婆在街上遇到了這個小洋鬼子，回家後她憂愁萬分地對她的家人說，大概她快要死了，不然怎麼這個小鬼子說的話她會句句都聽得懂呢？

賽珍珠的母親 Caroline 喜歡英國文學，自然而然地就成為她女兒的啟蒙英文老師，母親長年累月教導女兒美國歷史和美國文學，更鼓勵賽珍珠把想到的都用英文寫下來。那個時候的上海有家英文報紙 Shanghai Mercury，賽珍珠經常投稿在這家報紙的兒童版上而獲得了不少的稿費。像她那樣年紀的小孩子，手裡有錢後大多會用來買糖果或玩具，可賽珍珠用來給街上說書人，因為她喜歡聽說書人說那些中國的民間故事。所以賽珍珠對於中國的傳統小說三國演義、水滸傳、紅樓夢等書自小就產生了濃厚的興趣。

同時，賽珍珠的家中又為她請了一位姓 Kung（孔）的中國家庭教師，教導她讀中文書、寫中國字及為她講解中國的歷史及孔孟儒家學說，和每一個中國孩童上私塾一樣，老師並沒有因為他學生的頭髮是黃色的就不給她清楚講解。孔

老師不僅教授她中國傳統國學，更教導她如何做人，爲了使
她充份了解，有時候還引用基督教的聖經。賽珍珠對她的塾
師非常尊敬。孔先生於一九零五年病逝，賽珍珠在老師的喪
禮中還仿照中國的習慣，穿著白色的喪服，以盡弟子之誼。
孔老師在逝世前注意到中國恐怕將有排外舉動，他勸他的洋
弟子還是回到美國去住比較安全。賽珍珠把恩師的遺言報告
她的父母，可是他們不相信，堅持仍然留在中國。

　　稍後中國北方發生了大飢荒，無數的逃荒災民湧來賽珍
珠的家門口討口飯吃。Caroline 盡其所能，總是無法應付得
了，每天早晨總有士兵來把躺在她家門口的餓死屍首抬走。
賽珍珠對於這段悲慘的往事永世也無法忘記。

　　後來賽珍珠又被送到附近一家教會辦的中文學校裡繼續
接受她的中文教育。

　　賽珍珠小時候曾經和她的保姆王媽商量如何把她改裝像
一個中國小女孩，王媽用一頂佛教徒戴的大帽子套在她的頭
上，如此她的黃色頭髮就被蓋住了，可是無法蓋住她的白色
皮膚和藍色眼珠子。因此中國小孩子們仍然叫她小洋鬼子。
因爲她也能說得一口流利的中國話，所以她和她的中國小朋
友們還是玩得很愉快。她也常被邀請去她中國玩伴們的家中
作客，因此對於一般中國人民的家庭生活情形非常了解。她
也經常看到她的中國朋友的家長們睡在煙塌上抽鴉片煙。賽
珍珠目睹了中國與英國的鴉片戰爭。對於慈僖太后，當初她
是非常崇拜這位女統治者的，八國聯軍後，小小年紀的賽珍
珠對慈僖的看法就不一樣了。

　　她的父親經常到中國各地去講解基督教義，遇到各種各

樣的中國人民及各種各樣的事情，回家後，他就會把這些人與事都告訴他的妻子和女兒。

　　他們的家庭醫生是位住在中國多年的印度人，醫生和他的妻子都能說流利的英語，賽珍珠和他們自然而然地變成了好朋友。賽珍珠對於印度的風俗和習慣也特別有興趣。她們的鄰居是位嫁給英國男子的日本婦人，賽珍珠沒事就常往這個日本婦人家中跑，所以她對日本的故事也知道了不少。那個時候，賽珍珠的朋友中更包括了一些住在不遠處從菲律賓、印度尼西亞、緬甸等國的來華外籍人士。賽珍珠對這些亞洲國家的民情風俗都有濃厚的興趣去了解。

　　賽珍珠從小就喜歡讀書，特別是英文小說。慢慢地那些兒童讀物像 Tom Sawyer, Huckleberry Finn 等 Mark Twain 的小說已經不能滿足她了。她開始閱讀 Shakespeare, Sir Walter Scott, Thackeray, George Eliot 及 Dickens 等名家的作品。尤其是 Dickens 的小說，她從七歲時連續十年每年都要讀上一次她所能找到的 Dickens 的全部作品。

　　賽珍珠一方面不停地到處去聽中國的民俗故事，同時她的母親又時常對他講些美國的歷史故事。小小年紀孩子的頭腦裡在那個時候就充滿了這兩個國家的很多故事。在家裡王媽為她說中國的事情，媽媽又不時提醒她她是個美國人。有時候，她的媽媽說得多了點，她就對她的母親說，「那你就帶我到美國去吧。」在這個時候，Caroline 就會回答她的女兒時間還沒有到呢。

　　一九零九年賽珍珠十七歲，長得比她的母親還高，已經是一個亭亭玉立的少女了。她的父母乃送她去上海，在一家

寄宿的學校裡讀書,這是賽珍珠第一次接受正式學校教育。

賽珍珠的青年時期

　　一九一零年,在她母親的堅持下,父母親把賽珍珠送回美國讀大學,進入維金利亞州基督教色彩相當濃厚的 Randolph-Macon Woman's College 就讀,主修心理學。這時賽珍珠的唯一的哥哥 Edgar 不但早已結婚,而且也有了兩個孩子,一家四口都住在賽珍珠讀書的這個大學城裡。Edgar 擔任一家報館的編輯。賽珍珠每個週末和假期幾乎都到她的哥哥嫂嫂家去消磨,所以四年大學期間沒有什麼特別的寂寞之感。

　　賽珍珠剛入學時,由於她的濃厚中國背景又能說一口流利的中國話語及其穿著打扮又活像一個中國女孩還梳著一條中國大辮子,一時間同學們都對她好像有點距離。賽珍珠乃迅速收斂起她的中國意識,無論在穿著打扮上及言語上,都盡量表示出她也是個道地的美國女孩。不久她就被同學們選為級長。課餘之暇,賽珍珠正式開始寫作,她的短篇小說和詩篇經常發表在學校的刊物上,並兩次獲得了大獎。同學們對她都開始刮目相看了。當假期時,她也曾去拜訪她父母的親戚,可對於這些從未踏出過美國國門一步的土生土長美國佬們,她竟又有一種與他們格格不入的感覺。

又回到了中國

四年大學畢業後，賽珍珠被留在母校的心理哲學系裡當助教。一個學期後，她接到她父親從中國發來的信，告訴她她們家的王媽過世了，母親又爲時疫所苦，日益衰弱，而父親又要外出傳教，家中無人照顧病人。賽珍珠決定離開學校趕回中國去照顧她生病的母親。等賽珍珠輾轉回到中國的家中時，她驚訝地發現她的母親已經瘦得幾乎皮包骨頭了。有了愛女在身邊日夕悉心照顧，Caroline 的病情一天天好轉了起來。於是賽珍珠抽空到當地高中去教中國學生英文。同時，她也加緊學習她的中文閱讀能力，好代替她生病的母親出席當地的中國婦女研討會，調停仲裁她們的各種糾紛，一直到她母親的健康完全恢復了。然後她全心全力去從事讀書和寫作。她的父親要她寫一些有價值的文章，不要去寫什麼完全杜撰的故事，幸喜她的母親站在女兒的一邊，她要女兒寫下她想寫的故事，她相信賽珍珠一定會成爲一位小說家的。

這個時候的中國已經不是大清皇朝，而是中華民國三年了。賽珍珠的父母目睹中國從帝制轉變爲民國。剛開始時，Absalom 認爲從此後，他的基督教傳教工作可以比較順利了，賽珍珠的母親也相信中國的婦女也可以從此真正地獲得解放了。事實上，民國初年的混亂把一切事情弄得更複雜了。

第一次婚姻

　　回到中國三年後，賽珍珠與一位也在中國教書的美國男子 John Lossing Buck 結婚，婚後她把她的全名改為 Pearl S. Buck，表示從夫姓。雖然他們後來離婚了及她又別嫁了，可她仍一直沿用著前夫的姓氏 Buck。

　　John Lossing Buck 一九一四年畢業於 Cornell 大學，是個苦學成功的美國農業專家，這個人比較嚴肅沒有什麼幽默感。他除了關於農業方面的書外，他是完全沒有興趣去看別的書籍的。和賽珍珠的父親一樣，他也是受美國的 Presbyterian 教派的聘僱來到中國，教導中國農民如何採用美國的新式耕種方法，及如何防止旱災和荒年之發生。他不懂中文，到南京後乃加緊學習中國話。

　　一年夏季，當賽珍珠陪同她生病的母親去盧山養病時，她遇見了在那兒避暑的 John Lossing Buck。下山後，兩人交往了一陣子。一九一七年五月三十日，他們兩人就在賽珍珠父母的清江浦家中花園內舉行了個簡單的結婚典禮。

　　賽珍珠事後回想他們的婚姻，她說結婚不久，她就發現了這是一宗錯誤的結合。事實上，賽珍珠的父母也認為他們的女兒嫁給 John Lossing Buck 並不適合，因為兩個人的個性是那麼樣地完全不同。不過因為那個時候，賽珍珠眼看她的那些中國女性朋友們及在美國的大學女同學們都一個個結婚並且都有了孩子了，她乃急著也想找個對象結婚，而 John 也想成家，兩人都身在異邦的中國，可供選擇的配偶

對象並不是很多，於是這兩個青年人就這麼樣糊裡糊塗地結合了，算是完成了每個青年人都要去做的一件事情，整個事情就是如此地簡單。還有一個因素，那就是 John 的中國話在那時還學得沒有什麼進步，可賽珍珠的中國話語說得和中國人一樣地流暢，他們結婚後，對於 John 而言，賽珍珠還可以幫助他做很多的翻譯工作。兩個人並沒有經過一番熱戀，根本談不到什麼情投意合，當然也更沒有所謂海誓山盟，就這麼樣地湊合著結婚了。

關於賽珍珠的第一次婚姻，根據賽珍珠日後所寫的回憶錄，當她的母親病情漸好時，她的父母親就準備依照中國父母安排子女婚姻的模式開始為他們的女兒尋找一個合適的結婚對象。因為她的父親在中國傳教太久已經完全中國化了，他很希望他的女兒能與一個中國男子結婚，可是她的母親反對她嫁給一個非美國人。在這一點上，賽珍珠本人倒是比較站在她父親那一邊的。好像她們父女兩人也看上了一個英俊又有智慧的中國青年男子，然而這個中國青年的父母堅決不同意他們的兒子討個外國女子做媳婦，雖然這個外國女子還是他們尊敬的牧師的女兒。在這種不得已的情況下，John Lossing Buck 出現了，不多久，他便變成了賽珍珠的丈夫。

婚後，John 被派到安徽省宿州去工作，賽珍珠跟隨他搬去了。在那裡，賽珍珠不但幫助丈夫做翻譯工作，更幫他寫報告，甚至於連 John 寫給他在美國父母的家書也是由賽珍珠幫著他寫的。賽珍珠主持家務，把個租來的小房子佈置得井井有條。同時賽珍珠也更有機會和中國的農民混成一片。當她的丈夫去和中國農夫們研究改進耕種技術時，她就

和農民們的妻子和孩子們打交道。在那個時代的中國北方，除了他們兩夫婦外，是沒有其他美國人的。

　　賽珍珠每天與中國農民交往，深深感覺到這些農民才是真正與大地最接近的人們，也是最可愛的人們。中國是個農業國家，那時中國農民人數佔全國人口的五分之四，可是農民們整天受到政府官僚、地主、惡霸、土匪等的欺壓，同時還要遭受那不時出現的天災摧殘。賽珍珠親眼目睹了中國窮苦農民的飢餓情況，及很多中國舊社會中的悲慘事件，諸如婆婆虐待媳婦逼得媳婦上吊等等。還有那地方軍閥之相互攻打屠殺善良百姓更是家常便飯。賽珍珠的安徽生活使得她對中國的廣大農業社會有了更進一步的深切了解。這些都反映在她後來的作品中了。

　　在安徽居住五年後，一九一九年，John 的一個美國朋友時任南京大學農學院院長邀請 John 去他的學校裡教書。夫妻兩人乃告別安徽搬去了南京，兩人都在南京大學裡教書，John 教農業，賽珍珠教英文及美國文學。同時賽珍珠也在南京的東南大學及中央大學裡兼課。賽珍珠在南京前前後後一共教了十年的書，John 教了二十五年。

賽珍珠與徐志摩

　　賽珍珠與徐志摩兩人之間到底有沒有發生過戀情？如果真有，那又是個什麼樣子的關係？

　　賽珍珠在南京的幾所大學外文系裡教英文時，徐志摩時正陪同來華講學的印度詩人、劇作家、哲學家、及 1913 年

諾貝爾文學獎得主泰戈爾到中國各地講演並做翻譯。很自然地，賽珍珠和徐志摩就一定曾經在這些講演會場上見過面。那個時候的賽珍珠還是個默默無名不過是一位留在中國教英文的普通美國女子，已經結婚，相貌又不出眾，所以徐志摩對她的印象可能並不是很深刻。徐志摩斯時已經是好幾所著名大學裡的名教授，同時又是個非常出色有「中國拜倫」之稱的名詩人，相貌英俊，瀟灑自如，很得摩登女性青睞。

　　從徐志摩的遺留下來的詩篇中還看不出他們兩人之間曾經有過什麼曖昧關係，可是從賽珍珠的很多作品裡就可以隱約地找到一些他們當年似乎有過特殊情感的蛛絲馬跡了。而且說他們兩人當年如何如何的緋聞還是從身在美國的賽珍珠的兩位親密女友那裡抖出來的，如果賽珍珠自己不說，她的兩位美國女友又是如何會知道的呢。

　　徐志摩風流成性，賽珍珠和她農業教授丈夫的婚姻關係一直很不好，現在這兩個一男一女都熱愛文學，可以說是「情投意合」，所以說這種事情也並不是百分之百絕對不可能發生的。徐志摩的好朋友和賽珍珠曾經同時在南京東南大學教英文的梁實秋於若干年後在臺灣的聯合報副刊上特別回答這個問題時說，「男女相悅，發展到某一程度，雙方約定珍藏秘密不使人知，這是很可能的事情。雙方現已作古，更是死無對證。如今有人揭發出來，而所根據的不外是傳說、臆測、和小說中人物之可能的影射，則吾人殊難斷定其事之有無。最好是暫且存疑。」

　　那我們就只好存疑了。

賽珍珠正式開始寫作

　　從南京到賽珍珠父母所住的清江浦不過是兩小時的車程，所以賽珍珠經常回娘家看望她的父母。一九二一年十月，賽珍珠的母親病逝。哀痛之餘，賽珍珠開始撰寫她母親的傳記，當時只是為家族人紀念而寫，所以寫完後就擱置了下來，一直到一九三六年才重新整理出版。嚴格說來，這應該是賽珍珠寫作生涯中的第一本書。

　　母親過世後，受傷最重的是她的父親，賽珍珠開始注意及照顧她父親的飲食起居，最後索性將她的父親接到她南京的家中和她同住，以盡孝道。這時候她和她丈夫之間的關係還是沒有改善。賽珍珠把家中起居室一個角落用木板隔成一間小書房，幾乎整天都躲進去從事她最心愛的讀書和寫作，倒也自得其樂。

　　賽珍珠在南京的生活和她在安徽鄉間的日子是大不相同。那時南京的人口已經超過了四十萬，南京在中國的歷史中曾經為很多朝代的首都，不論在政治上經濟上文化上都與那窮困的安徽鄉間有天壤之別。西方的自由思想在這個時候已經開始傳入中國了，大學裡的學生們是既迷惑又迷戀，政治和社會各階層都在要求革新。青年們都嚮往去西方國家，吸收新的知識，特別是在一九一九年的五四運動以後，因為五四運動並不完全是個政治事件，這也是中國一個史無前例的新文化運動。中國的年輕婦女們開始尋求與男子平起平坐，在工作上如此，在婚姻上也要求平等。甚至於西方人所

喜歡的跳舞及吸紙煙等習慣也於這個時候在中國盛行了。賽
珍珠在這種政治文化氣候下生活，自然感觸良深，於是她寫
了這麼一篇論文，In China, Too（也在中國），發表在一
九二三年一月份的美國 Atlantic Monthly（大西洋月刊）
上。這是賽珍珠第一次向美國文壇進攻。

　　接著她又連續在份量很重的美國雜誌像 Forum, The
Nation 等上發表文章。同時，她也在寫短篇小說，並計劃
寫一部長篇。為求充實自己，她不僅在研讀中國的傳統文學
名著，更去攻讀西方名家的著作，像 Zola, Proust, Thoreau,
Hemingway 等人的作品。她特別喜歡 Theodore Dreiser 寫
的書。在二十歲前，她最崇拜 Dickens 了，現在她認為
Theodore Dreiser 的著作應該是她的最愛。

　　在這段時間裡，唯一讓她不如意的是她與 John 所生的
唯一女孩 Carol 呈現出智力不足的現象。同時於生產時，她
被發現患有子宮瘤，於是回到美國將整個子宮切除了，所以
她終生不能再懷孕。一九二五年，她將女兒帶回美國尋求徹
底醫療，結果仍被診斷為終生殘障，無藥可醫。於是她和
John 夫婦兩人又收養了一個小女兒，Janice。在往後的二十
年中，賽珍珠和她的第二任丈夫另又收養了六個小孩。

回美國進修

　　為期擺脫兒女煩惱，賽珍珠註冊於 Cornell University
攻讀英國文學碩士學位。這個時候，她的丈夫 John 正返回
美國度假，乃也在 Cornell University 進修農業經濟學碩士

學位。爲了緩和他們的經濟壓力，賽珍珠參加了一項校內舉辦的論文比賽，頭獎是兩百美元。結果竟以一篇 China and the West（中國與西方）的文章獲得這個大獎。

第二年，一九二六年，賽珍珠夫婦兩人的碩士學位都順利獲得。然後兩人又回到了南京，繼續他們的教書生涯。於是她想找一個文學代理人來處理這些出版事務。她找了兩家代理人，他們說美國的出版業對於以中國爲背景的小說是沒有什麼興趣的

正式登上了美國文壇

一九二五年，賽珍珠的一篇短篇小說 A Chinese Woman Speaks（一個中國婦女的呼喚）發表在 Asia 雜誌上。不久，一家美國出版公司認爲她的這個短篇可以改爲一部長篇小說。賽珍珠乃又寫了另一個短篇小說，問出版公司可否把這兩個短篇併爲一本書，然而她的建議被這家出版公司否決了。因此這兩家代理人不願意做賽珍珠的代理人。幸好第三家代理人願意一試，結果找到了一家差不多就要宣佈破產的出版公司（賽珍珠後來的第二任丈夫的出版公司 John Day Publishing Co.）同意與她簽訂出版合同出版這兩個短篇小說爲一本書。版稅百分之十，如果銷售數量超過五千本，則版稅增加爲百分之十五。每本書的售價爲兩元五角。於一九三零年四月十日正式問世，書名 East Wind: West Wind（東風與西風）。這是賽珍珠正式出版的第一本小說。想不到這本小說竟然出乎意外地暢銷，一年內就再版

了三次。這本書不僅把賽珍珠的作家夢想實現了，也挽救了
這家快要倒閉的出版公司。

終于震驚世界文壇

　　East Wind: West Wind 敘述一對年輕中國夫婦的婚姻
故事。女主角在沒有出生前就被她的父母許配給了她未來的
丈夫，在古老的中國，這叫做指腹爲婚。男孩長大後去外國
醫學院讀書十二年，回國後做醫生，並和他的未婚妻結婚。
夫妻結婚後，面臨了很多東方與西方不同文化的衝突，由於
丈夫堅持他的西方觀念，同時又深愛他的妻子，結果這個故
事以喜劇收場。這本書不僅帶給了賽珍珠巨額的版稅，更帶
給了她無比的鼓勵，因爲她此時已經深切明瞭到用中國體材
寫小說是有著莫大前景的。這對她來說真是太重要了，因爲
她所最熟悉的背景就是中國。

　　事實上，在 East Wind: West Wind 沒有出版前，賽珍
珠已經寫好了一部長篇小說。在她還未來得及送給出版公司
審查時，於一九二七年三月，國民黨和共產黨發生武裝鬥
爭，亂兵們衝進她南京的家中，她和她的家人好不容易逃到
一艘美國戰船上方才躲過一場大的災難，然後轉往上海去了
日本。第二年回到南京的家中，發現她的小說原稿全被亂兵
毀了。她傷心之餘，無意重寫。於是另起爐灶，一口氣又寫
下了另一部長篇小說 The Good Earth（大地）。

　　《大地》是一九三一年三月二日問世的，也是出版
East Wind: West Wind 的同一家出版公司發行的。這本敘

述中國農民生活的書誰也不會想到一下子竟然會變成了美國文學史上最暢銷的小說之一，並被翻譯為三十種以上的外國文字，中文譯本就有七種之多，由此可見中國人士對於這本小說的喜悅。美國百老匯編成話劇，好萊塢拍成電影。並先後獲得了兩個美國文學大獎，Pulitzer 及 Howells Medal for Distinguished Fiction。對於賽珍珠日後的獲得諾貝爾文學獎也是個決定性的重要因素。次年賽珍珠的口袋裡就放進了十萬美元的巨額版賽，在那八十年前的美國，這是一筆相當巨大的數字。

　　事後賽珍珠回憶當初她寫《大地》時並沒有什麼腹稿。因為曾經住過貧窮落後的安徽農村達五年之久，日夕與中國農民打交道；以後在南京，她又曾經接待過從北方來的無數逃荒農民。所以她不用腹稿，就能把書中的中國男女農民活生生地寫了出來。換言之，如果她沒有以往的切身經驗，光憑想象，是絕對無法可以把《大地》寫得如此生動的。一個作家的實際生活對他的作品是否能夠偉大實在是有著不可磨滅的關係。屈原因為被楚懷王流放在那廣漠的山野裡，所以才能寫出傳誦千古的《離騷》；杜甫如果沒有經過那麼多的亂離，他能寫出那些不朽的詩篇嗎？什麼叫「失」，什麼叫「得」？歲月悠悠，真是一言難盡啊！當然啦，如果沒有那份橫溢的才情，不管經歷過多大的困苦艱難，仍然會像輕風流水一樣，過去了就是過去了，不會有任何痕跡留下來的。

　　《大地》讓英語系的西方人士明瞭了這個有著數千年歷史的古老中國。美國讀者們也感覺到中國並不是那麼遙遠不可及的，書中的人物好像就在近鄉。《大地》使賽珍珠一夜

之間幾乎變成為美國家喻戶曉的人物。

　　當然，《大地》也不是沒有反面的批評。譬如在加拿大 McGill University 講授中國問題研究的中國教授 Kiang Kang-Hu 就曾經在美國的紐約時報上發表文章批評故事的內容不是真實的。然而這種批評究竟是少數，絕大多數的書評都是肯定的。在中國，林語堂就是肯定賽珍珠成就的許多知名文化界人士之一。

　　接著賽珍珠又於一九三二年出版了《大地》的續集 Sons（兒子們）及於一九三五年出版了《大地》的再續集 A House Divided（分家）。隨後她又把這三本書合併出版為一套書稱為 House of Earth 三部曲。

　　在出版 A House Divided（分家）的前一年，一九三四年，賽珍珠又出版了一本描寫中國農民的小說 The Mother（母親），書評家評定這本書也應該是賽珍珠最好的小說之一。

賽珍珠與林語堂

　　賽珍珠與林語堂可能是兩位當代最有成就都用英文將中國文化介紹給西方英語世界的大作家。兩個人本來是惺惺相惜的好朋友。也可以說是賽珍珠發現林語堂的，如果沒有當初賽珍珠的全力推動和時正來華追求賽珍珠甚力的美國出版公司老闆 Richard J. Walsh 親口答允為林語堂出書的話，是不是林語堂的後來之突然揚名西方世界會有那麼樣的順利？當然，我們也可以這樣說，林語堂之成功完全是出於他個人

的才華，即使沒有認識賽珍珠和她後來的出版公司老闆丈夫，林語堂照樣也會名滿天下不過時間早晚而已。

　　一九三三年，那個時候的林語堂已經在國內大名遠播，幾乎所有的中國文化界人士沒有人不對他刮目相看；那個時候，賽珍珠的兩本英文小說《東風與西風》及《大地》已經在美國的文壇上大放光芒並屢獲大獎。換言之，一個人名滿中國，另一個人名滿美國。於是有一天晚間，名滿中國的林語堂邀請名滿美國的賽珍珠去他的家中吃飯，另一個客人是胡適。飯後胡適早退。賽珍珠與林語堂兩人暢談，終於達成了協義，由林語堂用英文去寫本介紹中國文化的書；接著正來中國追求賽珍珠甚力的美國出版公司老闆 Richard J. Walsh 為討好賽珍珠（？）答允林語堂書寫成後一定為他出版。這就是後來林語堂轟動西方世界的第一本英文書 My Country and My People（吾國與吾民）。這本書的序言還是賽珍珠寫的。

　　由於這本書的成功，賽珍珠乃邀請林語堂全家人去美國住在她賓州的家中，讓林語堂專心著述。所以說林語堂後來的成功不能不說是與賽珍珠的當初之鼓勵和後來的幫助有著密不可分的關係。可是後來的發展，這兩個人竟然變成了路人一般不再往來，真是誰也無法料到及想看到的事情。

　　事情是這樣的。若干年以後，當林語堂於研究中文打字機把他的終生積蓄四十萬美金花光了，他去向他的好朋友賽珍珠借錢，結果賽珍珠沒有借給他，林語堂很不愉快。這是他們兩人之間第一次因為金錢問題而不和。

　　接著第二次不和事件又發生了。林語堂忽然發現賽珍珠

夫婦所經營的出版公司於出版他的書時對於應付版稅多少對他極不公平。

　　根據林語堂女兒林太乙所寫的林語堂傳：

　　「一般說來，一本書的海外版及外文翻譯版的版稅，原出版公司只抽百分之十，而莊台公司（賽珍珠夫婦的出版公司）居然抽（她父親）百分之五十。不但如此，一本書的版權應該屬於作者，而父親由莊台公司出版的書的版權均屬於莊台公司。」

　　於是林語堂僱請了美國律師和賽珍珠夫婦打起官司來，賽珍珠大為吃驚，電話林語堂的女兒林太乙問她的父親是不是瘋了。結果林語堂請他的律師辦手續將他所有的書的版權劃歸自己。

　　後來林語堂於就任南洋大學校長前打了個電報告訴賽珍珠，賽珍珠再也沒有興趣回電道賀，林語堂生氣地說，「我認識一個美國人了。」從此這兩個人臨死也不再往來，完全變成了路人。

　　本文作者在美國、臺灣及中國也都曾經出版過一些書。現讓我來談談我在美國出版英文書的版稅及版權問題。

　　美國的幾家出版公司都是付我百分之十的版稅，銷售數量超過五千本後，版稅便增加為百分之十二。如果那本書發行海外版（即被翻譯為英文以外的文字在美國以外的國家出版）了，出版公司就得付我海外版收入的百分之五十。每家出版公司的版稅數額或稍有不同，惟相差不是很大的。美國的出版公司還有預付版稅的習慣，像美國前總統柯林頓和他的妻子希拉蕊的自傳，據說出版公司在與他們簽約時就預付

他們數百萬元的版稅，因爲他們的自傳肯定會暢銷的。默默無名像我這類的作者於簽約時只預付我一千元版稅。不知道賽珍珠夫婦的出版公司預付林語堂多少版稅？

至於版權問題，我清楚地記得當我的第一本英文書（我的英文報紙專欄自選集）與一家美國出版公司簽妥了出版合同可書尚未出版時，我將書中的部份專欄翻譯爲中文開始在美國的中文報紙上發表，然後得意洋洋地函告我的美國出版公司，「你爲我出版的英文書還未上市，可我的中文譯本已經開始在中文報紙上發表了。」想不到這家美國出版公司立刻回我的信，要我再去細讀當初我們雙方所簽的出版合同，並迅速停止中譯之發表。因爲根據合同，我的這本英文書之版權已經在這家出版公司的手中，沒有出版公司的書面同意前，任何人包括原作者的我也不可以將之翻譯爲英文以外的文字。

經過了這次教訓，後來我又有英文書出版與出版公司商討出版合同時，我一定堅持要在出版合同中特別加上一段文字，「本書之原作者有權將本書翻譯爲中文在中國出版中英對照本。」所以後來我在中國能夠出版好多本中英對照的書。抱歉這些都是題外話了。

嚴格說來，出版合同就等於商場中的買賣合同，雖然有一個似乎是固定的格式，可是其內容是因人因書因時因地及因出版公司而完全不同，可以很長也可以很短。因爲是樁買賣（書在出版公司眼裡不是什麼文化結晶品而是一種商品），完全看賣家和買家的需求而異，一個要賣，一個要買，什麼價錢什麼條件都可以談，只要雙方同意簽字就可以

了。我不知道林語堂和賽珍珠夫婦所經營的出版公司所簽訂的合同內容，況愚生也晚，不敢妄評先賢是非。不過我總覺得這兩位一中一美的文壇巨擘而且又是極好的朋友最後竟也因金錢問題而一再反目，真是一件文壇憾事。金錢是世界上最好的東西，可也是最可恨的東西；這話真是一點兒不錯！

　　另有一事我想也在此一併說出吧。根據我個人在美國出版英文書的經驗，一個作者的生平第一本書之尋求出版並不是一件容易的事情，更何況是一個非英語系的東方人想在美國出版他用英文寫的書。雖然賽珍珠是美國人，可是她的第一本書 East Wind: West Wind 不也是經過一番努力再加上運氣才找到出版公司的麼。現在林語堂毫不費力於書寫成後就立刻和一家美國出版公司簽訂了出版合同。還有萬幸出版公司找到了，能夠請到一位獲得美國 Pulitzer 及 Howells Medal for Distinguished Fiction 兩個文學大獎的大作家為他的第一本書寫序言也是一件幾乎和登天一樣困難的大難事。而林語堂竟也毫不費力地都獲得了。不錯，林語堂的崇高成就的確是我們中國文化界人士的共同驕傲，特別是像我們這類也喜歡在美國用英文寫作的華人來說更是景仰不已；可是在這上面的兩件事情上，林語堂實在是欠賽珍珠人情的，而且還是個應該終身不可忘記的天大人情啊！

賽珍珠與魯迅

　　賽珍珠比魯迅年輕十一歲。嚴格說來，賽珍珠對於魯迅還是比較尊重的。一九三四年賽珍珠主編 Asia 雜誌時還發

表了魯迅的小說及散文的英譯本。不僅此也，賽珍珠在諾貝爾文學獎授獎儀式的講演裡又曾經引用了魯迅的《中國小說史略》中的許多資料。不過魯迅卻一再依老賣老任意批評賽珍珠的英文作品。魯迅留學日本，沒有人見過他生前說英文讀英文及寫英文，因此很多人懷疑他是否能夠直接閱讀賽珍珠以英文所寫的著作。雖然如此，他還是一再惡意批評賽珍珠所寫的英文著作。試舉一例：賽珍珠花費了五年的時間把我國的四大傳奇之一《水滸傳》這麼一部份量巨大的小說翻譯為英文在美國出版，介紹給廣大的西方世界。對於中國文化界人士來說，應該要表示感謝至少也要高興才對。可是，魯迅卻去豆腐裡找骨頭硬說賽珍珠把水滸傳的英文譯名 All Men Are Brothers（四海之內皆兄弟也）也譯錯了。

本文作者也曾經將我國的古典文學名著《聊齋志異》翻譯為英文在美國出版，深知如何將中國名著翻譯為英文的艱辛。任意批評別人的作品是很容易的，可是如果要自己身歷其境一段段將中國名著翻譯為完全不同的另一種外國文字，還要兼顧美國出版公司的生意經（銷路）及西方世界裡英文讀者們的閱讀興趣（沒有興趣就不會買書了），這應該不是一件非常輕鬆容易的事情。

不管魯迅在中國、特別是共產黨統治下的中國、是如何地廣受尊重，對於他當年之任意批評賽珍珠的英文寫作一事，迄今仍有很多人是無法苟同的。（據說魯迅自己在晚年好像也發現了這個錯誤。）

賽珍珠的父母親傳記

多少年來，大家都誤認爲賽珍珠贏得諾貝爾文學獎的著作是她所寫的英文小說《大地》。事實證明這不是正確的。當諾貝爾文學獎委員會考慮授予賽珍珠文學獎時，委員們面前放有賽珍珠寫的九本書，而《大地》並不在內。所以有人說她獲獎的書是她爲她父母所寫的兩本傳記，The Exile 及 Fighting Angel。前者是她的母親傳記，後者是寫她父親的一生。

The Exile：如前所述，賽珍珠在一九二一年她的母親過世後，曾經寫了一本她母親的傳記。當時只是爲家族人紀念之用，並沒有想到要去出版。而且在那個時候，她在美國的出版界還是個無名小卒，即使她想要出版，很可能也沒有出版公司會有興趣的。一九二六至一九二七年間國民黨和共產黨的衝突擴大，士兵們衝進賽珍珠南京的家中，把什麼東西都毀了，唯獨這本書稿尚存。等到賽珍珠於一九三一年出了大名以後，她把這本書稿又重新修訂於一九三六年出版了，書名 The Exile。

Fighting Angel：賽珍珠的父親係一九三一在中國過世的。賽珍珠於父親過世後就動筆去寫她父親的一生。書評家認爲賽珍珠的父親傳記寫得比她的母親傳記更好更緊湊也更真實，她把她父親一生之如何忠愛他的傳教工作寫得非常傳神。無怪乎傳說中說賽珍珠之獲得諾貝爾文學獎是因爲這兩本傳記而不是她的長篇小說《大地》。和 The Exile 一樣，

Fighting Angel 也是一九三六年出版的。

別了，中國

　　一九三二年，由於賽珍珠的父母均已過世，中國此時已呈現政治上的極不安定，共產黨製造混亂，日本侵略中國東北，而中國國內的反抗外國氣氛也日趨濃厚，賽珍珠開始擔心就像她過世的恩師所說她們外國人也許有一天會被趕出中國。同時，因為她那智力不足的女兒在美國國內接受長期療養，她希望能夠經常接近她的女兒，於是計劃告別中國。

　　賽珍珠與她的農業專家丈夫 John Lossing Buck 的婚姻關係一直不是很好，於是兩個人協議分居。一九三四年，她終於離開中國回到她的母國美國定居，她在賓州買了一棟大房子，準備在那裡好好地繼續她的寫作生涯，這時她想去寫中國以外的題目。

　　第二年，一九三五年春，賽珍珠單方面在美國內華達州雷諾賭城申請辦妥與她的丈夫離婚手續。同一天，美國 John Day Publishing Co.老闆 Richard J. Walsh 也在雷諾辦妥了與他妻子的離婚手續。第二天，賽珍珠就和 Richard J. Walsh 結婚了。可以說他們兩人的離婚與結婚都是他們兩個人預先安排好了的。婚後他們同住在賽珍珠的賓州大房子裡。蜜月回來後不久，他們就去兒童收養所收養了兩個小嬰兒，都是男孩，第二年又收養了兩個，一男一女。他們兩人都以半夜起來為嬰兒喂奶及為嬰兒換尿布為一件快樂的事情。兩人每天都有說不完的話語，不像她與前夫兩人時常終

日相聚沒有一句共同語言。賽珍珠對她的第二次婚姻非常滿意，她說「Richard 才是我真正的丈夫，可以和我共終生的伴侶。」

若干年後，賽珍珠透露她和她的前夫 John 離婚的重要因素之一是 John 從不鼓勵她也可以說根本就不了解她為什麼這麼喜歡寫作，而賽珍珠從小就夢想做一個作家。John 在這一點上和她的父親一樣，對於寫作毫無興趣，也不想去了解和閱讀賽珍珠所寫的任何東西。幸好賽珍珠的母親愛好文學，從小就要女兒把想到的都寫下來。

這裡還有一個說法，那就是 John 先對她不忠，他和他的中國女學生間一直呈現著一種超友誼超師生的關係；還有一次，賽珍珠的妹妹 Grace 來拜訪他們，住在他們家中的另一間臥室裡，半夜醒來後驚駭地發現她的姐夫站在她的床前。據說賽珍珠為報復她丈夫對她的不忠，乃與中國的名詩人徐志摩也發生了超友誼的關係而且一直持續到徐志摩墜機失事為止。（是真是假？請閱前述「賽珍珠與徐志摩」）。她在她後來發表的小說 Letters from Peking 中對於這段戀情就毫不隱瞞地借題暗喻過。

不管怎樣，賽珍珠和 John Lossing Buck 的婚姻關係沒有了。

賽珍珠嫁給出版過她好幾本小說（包括《東風與西風》及《大地》）的美國 John Day Publishing Co.老闆 Richard J. Walsh 是 Richard 從美國到中國又從中國到美國一路拼命追求她的結果。如今一個是名作家，一個是出版公司老闆，這樣的結合自然是美滿的。Richard 不但熱烈支持賽珍珠的

繼續寫作,並於閱讀初稿後還會對她提供很多的修改意見,而賽珍珠也都會愉快地接受。事實上,當賽珍珠的 East Wind: West Wind 一舉成名後,Richard 不僅是賽珍珠的出版人更是她的編輯,也是她的經理人和公共關係代表人。所以賽珍珠於離婚後迅速嫁給了他,是水到渠成非常自然的事情。

因為賽珍珠曾經在中國住過四十年及她曾經閱讀過太多的中文小說,若干年後她坦率承認當她撰寫有關中國人的英文小說時,她是先用中文思考然後再以英文去表達,這是賽珍珠與西方世界裡所有的作家們最大的不同處。也就是為什麼她描寫中國人的小說能夠如此逼真。

賽珍珠在美國定居後的第一部長篇小說 Now and Forever 在出版前先在雜誌上連載。這部小說所獲得的評價並不是很好,被認為輕浮而不夠深刻。一九三八年,她又出版了一部描述美國的人和事的小說,This Proud Heart。雖然這部小說的評價也不是非常地好,因為賽珍珠在同年稍後便獲得了諾貝爾文學獎,所以又有人說是因為這本書獲獎的,這當然不是真實的。

諾貝爾文學獎

根據諾貝爾文學獎委員會主席 Anders Osterling 的說法,「最有決定因素的書是她為她父母所寫的兩本傳記;此外,她描寫中國農夫的小說也是非常獲得肯定的。從文學藝術的觀點上說,這兩本傳記應該是賽珍珠的作品中最為出類

拔萃的。」

　　不管是那一本或那兩本書帶給她這個世界大獎，賽珍珠用英文撰寫以中國爲背景的「中國人和中國事」的著作使西方人士對那古老遙遠的中國有了進一步的認識是絕對功不可沒的。

　　賽珍珠獲得諾貝爾文學獎的消息公佈後，首先反對她的人是她的母國美國作家們，而且幾乎完全都是男性作家，他們異口同聲地說這是個不公平的決定。是不是因爲她是個曾經在外國逗留過四十年「是個土生可不是土長」的原因？接著又有很多的美國文學批評家們跳出來爲賽珍珠辯護，有的批評家更堅信賽珍珠的獲得這個大獎是因爲她的《大地》，《大地》應該是世界上最偉大的小說之一。著名的美國歷史學家 James Thomson 更認爲賽珍珠寫了這麼多關於中國的小說使她成爲自十三世紀馬可波羅（Marco Polo）以來最能使西方了解中國的一個西方作家。

　　這裡還有一個有趣的小小插曲，據說當賽珍珠被告知她獲得了諾貝爾文學獎時，她首先是用中國話回答，「我不相信」然後再說英語的。可見中國話在賽珍珠的語言習慣上是多麼地根深蒂固。

　　不管爭吵如何進行，賽珍珠是一九三八年的諾貝爾文學獎得主已經是鐵一般的事實。她是世界上第四個婦女、第一個美國婦女、獲得這個國際文學大獎的。

　　由於賽珍珠曾經一再公開批評過蔣介石不夠民主，所以蔣介石的國民黨政府沒有派人去參加賽珍珠的諾貝爾文學獎頒獎典禮。

　　雖然中國政府沒有派人出席她的諾貝爾文學獎頒獎典禮，可賽珍珠還是用盡一切方法去幫助中國的對日抗戰。譬如在一九四零年，她在美國發起成立了一個 The Book of Hope 運動，由美國總統羅斯福夫人 Eleanor Roosevelt 在華府中國大使館主持接待會，將一張十萬美元的支票交給中國駐美大使胡適博士，用以購買醫藥器材運往中國。由於這次的募款運動非常成功，賽珍珠更成立了一個緊急救助中國委員會（China Emergency Relief Committee），她自己擔任這個委員會的主席，請羅斯福總統夫人擔任榮譽主席。在六個月內募集了一百萬元，幫助中國政府用以購買交通工具。

推動婦女運動

　　獲得諾貝爾文學獎後賽珍珠開始撰寫了很多非小說性質的雜文，關懷婦女在現代世界中的地位，特別是美國婦女同胞們所遭遇到的各種困難，她把自己推動為一個女權運動的領袖。賽珍珠把美國婦女分為三類：

　　第一類是有才華的藝文科技界職業女子，她們在她們的本業中自有天地，不過這一類的人數不是很多，應該是最少的一類。

　　第二類是相夫教子的家庭婦女，這一類的人數也不是很多。

　　第三類的人數最多，是那些有才學有能力也有的是時間的女子，可是她們不知道如何去運用她們的才能，整天消磨在玩牌看電影和聊天中混日子。

　　賽珍珠向這第三類的美國婦女呼籲，建議她們發揮她們的才能為社會為國家去做一些有建設性的事情。她在報紙雜誌上寫文章，出版一本又一本的書，到處發表演說，向這類美國婦女同胞們大聲疾呼！

　　不僅此也，賽珍珠更要全世界的女性都站起來共同維護世界和平。她認為戰爭是男人們發動的，因為只有戰爭他們才能揚名，才能獲得他們所希望得到的東西。賽珍珠不僅是個女權運動者，更是個反戰的激烈份子。她說希特勒（Hilter）和拿破崙（Napoleon）都是有名的戰爭販子。她把這些信念都寫在她的小說 Bright Procession, Dragon Seed 等裡面。

發揚中國家庭觀念

　　賽珍珠把中國和美國的傳統家庭觀念作了個明確的比較。她說：在中國，父母鼓勵及幫助他們的兒子一到結婚的年齡就早日結婚，婚後和父母住在一起，如此兒子就可以去努力工作或去完成學業。如果失業了，家人就會全力幫助這個年輕人去尋找另一個工作。將來父母年老了，兒子就會儘力去撫養父母，使父母有個快樂的晚年。

　　可是美國不然。父母不去幫助他們年輕的兒子，等到父母年老了，兒子當然也不去幫助父母。

　　賽珍珠在中國住了四十年，她已經非常「中國化」了。她在她的小說 Of Men and Women 中就把這種信念完全表達了出來。

再寫小說

賽珍珠獲得諾貝爾文學獎後的第一部小說是一九三九年出版的 The Patriot。這本小說是描寫一九二零年代中國的蔣介石之如何整肅異己人士，及最後又發生了中日戰爭。雖然故事和人物都是虛構的，由於故事面牽涉很廣，並一再涉及這個新起的中國強人蔣介石。賽珍珠對蔣介石的印象並不是太好，而且她在那個時候可能也受到一些中國左翼文人的影響，所以在故事中也表達了對於國民黨軍隊的種種不滿。由於絕大多的美國人民根本不了解中國的政治情況，所以賽珍珠的這本小說對於蔣介石的國民黨而言是負面多於正面的。

撰寫兒童讀物

除了以上這些活動外，在此期間，她也出版了一些兒童讀物。Stories for Little Children（1940），The Chinese Children Next Door（1942），The Dragon Fish（1944），The Stories for Dragon Seed（1944）等十六本書。

二次世界大戰

在二次世界大戰期間，賽珍珠不但忙於寫小說，更想盡方法去幫助同盟國對付軸心國的戰爭。她為戰爭新聞部門編

寫了六套劇本，America Speaks to China，用短波向中國廣播，加強美國支持中國的對日抗戰。

1941 年賽珍珠發起成立了一個非營利性質的財團法人組織「東方與西方（East and West Association）」，研究如何促進東方與西方人民的相互了解。

同時，更不停地發表演說攻擊美國白人政權的輕視中國、印度、及所有東南亞的有色人種。賽珍珠說亞洲人民知道既使在打敗了德國和日本以後，他們還要和美國白人在種族問題上爭論的。

賽珍珠整日忙於寫作、講演及廣播，為二次世界大戰盡一份力量。她說在這整個的全面戰爭過程中，中國沒有獲得應有的尊重，她大聲疾呼這是不公平的。她說這場戰爭是爭取全世界人民自由的戰爭。她嚴厲指責美國的重歐輕亞政策。

對於美國國內，她也提倡種族平等為黑人爭取平等權利。她寫信給羅斯福總統說種族歧視使得很多的黑人無法獲得他們應該得到的工作，在同樣的職位上，黑人的待遇就遠遠不如白人。太多的白人還有著林肯解放黑奴前的心態，認為黑人就是不能和白人平起平坐。賽珍珠說種族歧視是嚴重違反民主精神，一定要完全消除，國家才能向前走。同時，賽珍珠又向黑人辦的報紙雜誌寫信，呼籲他們雖然沒有受到平等的待遇，他們仍然應當為這場大戰盡一份心力。

除了替黑人說話，賽珍珠也為那些住在美國的美籍日人抱不平，不能因為日本軍閥的侵略行為，就對這些美籍日人給予不公平的待遇。

　　賽珍珠也爲印度說話，她寫信給羅斯福總統要求他說服英國首相邱吉爾早日讓印度獨立，讓印度人自己管理自己的國家。

　　同樣地，賽珍珠也責備美國政府不應當因爲是戰時了就限制了人民享受民主的特權。因爲現在是戰時，人民就不可以批評政府，這樣的法令是違反自由民主精神的。

　　因爲賽珍珠是諾貝爾文學獎的得主，所以她的言論很受到美國上下人等的重視。

賽珍珠與宋美齡

　　一九四二年，中國的抗日戰爭已經打到了第四個年頭，美國總統羅斯福邀請中國強人蔣介石夫人宋美齡女士訪問美國，住在白宮裡，並陪同她去美國國會裡發表演說，後又安排她赴美國多處講演，使得宋美齡出盡了風頭，對於中國抗日戰爭之貢獻也是有目共睹的。

　　這個時候的賽珍珠挾著諾貝爾文學獎得主的光環早已經是美國名人了，她和總統羅斯福夫婦不但都很熟悉，而且羅斯福夫人 Eleanor 和她更是保持著密切的聯繫。所以宋美齡前腳剛離開白宮，賽珍珠後腳就走進了白宮的餐廳，她應總統夫人之邀共進晚餐。

　　在餐桌上，賽珍珠警告羅斯福夫婦中國的強人蔣介石是在美國的壓力下假裝民主的。他所領導的國民黨政府中許多要人們不僅無能而且貪污。不錯，宋美齡美麗動人，可是她行爲傲慢、生活奢侈，早已遠遠離開了中國的樸實廣大民

眾。賽珍珠對於中國的農民婦女小孩有著濃厚的密不可分的
感情，可她就是看不慣宋美齡的那種豪華奢侈不顧廣大中國
人民死活的生活方式，及她娘家人的嚴重貪污事實。賽珍珠
一方面呼籲美國支持中國的抗日戰爭，一方面又指責蔣介石
的不夠民主不夠親民及包庇他的親戚孔宋兩家的種種貪污誤
國行為。

　　賽珍珠走後，Eleanor 和她的總統丈夫討論，是不是可
以由她以美國第一夫人名義去中國作一個非官方式的訪問，
表示美國是與中國站在同一陣線上的，同時也可以順便去實
地察看一下戰時中國的實際情況。於是他們要求賽珍珠提供
一些有關中國的資料。賽珍珠就中國的現況，一口氣寫了二
十多頁的備忘錄送給羅斯福夫婦，其中就是沒有替宋美齡說
一句好話。賽珍珠告訴羅斯福夫婦，她擔心戰勝日本後，中
國可能還會發生一場血淋淋的內戰，因為蔣介石並沒有獲得
廣大中國人民的普遍支持。賽珍珠建議羅斯福夫人，如果她
想了解中國共產黨，必須先去了解周恩來這個人。可惜羅斯
福夫人訪華一事後來沒有成行。

　　這個時候的賽珍珠已經不是當年那位只會寫中國農民生
活的女小說家了。

另一本暢銷小說

　　Dragon Seed 是賽珍珠的另一本暢銷小說。這是一本描
寫住在南京附近的中國農民遭受日本侵華的種種殘暴故事。
一九三七年十二月十三日的南京大屠殺，日本軍閥屠殺了三

萬中國投降兵士及十五萬中國人民，強姦了兩萬名中國婦女。賽珍珠憤怒，她寫了這本小說 Dragon Seed 於一九四二年一月二十二日出版。那個時候，除了中國，美國因為珍珠港事件被迫於一九四一年十二月八日向日宣戰外，其他的同盟國還沒有正式向日本宣戰，無疑的賽珍珠的這本小說對於中國的抗日戰爭之尋求幫助是有莫大貢獻的。Dragon Seed 被認為與 The Good Earth 一樣地成功。

由於 Dragon Seed 之獲得佳評，賽珍珠於次年又寫了一本性質相近的小說 The Promise，算是 Dragon Seed 的續集，把故事中的戰爭面拉長至緬甸。這兩本小說都是描寫日本軍閥侵華的種種暴行。

美國的排華法案

賽珍珠看不起蔣介石夫婦還有一個因素，那就是他們從來沒有運用他們的影響力去要求美國政府廢除美國的排華法案。美國國會於一九四三年五月舉行廢除排華法案聽證會，可是蔣介石夫婦就是沒有就此一問題作過任何公開聲明。蔣介石是中國國家元首，也許不便出面，可是，根據賽珍珠的見解，宋美齡是完全可以發表一個聲明的，然而她沒有。沉默是不是同意這個法案應該繼續存在？於是賽珍珠夫婦成立了一個廢除排華法案公民委員會，由賽珍珠的丈夫 Richard 擔任主席，賽珍珠當發言人。賽珍珠並去美國國會移民委員會中作證，與一些死硬派的國會議員們辯論，要求將中國人民與世界上其他國家的外國人民予以同等待遇。最後總統羅

斯福夫婦也同意，於是這個有六十年歷史的美國排華法案終於在一九四三年十月二十二日被明令廢止了。從此以後，中國人想移民美國也可以有名額可以等待了。

賽珍珠的筆名

　　由於賽珍珠小說中的背景都是中國而人物也都是中國人民，她已經被美國的文學批評家們公認爲是寫中國故事的高手。她不服這口氣，乃用一個男性筆名 John Sedges 又寫了好多本用美國做故事背景及男女主角都是美國人的小說，像 The Townsman（1945），The Angry Wife（1947），The Long Love（1949），Bright Procession（1952），Voices in the House（1953）等都是她用男性筆名所寫的代表作。爲求故事之逼真，她更跑到故事中的地方去實地居住一下。譬如當她寫 The Townsman 時，她特別跑到故事中的 Kansas 州去實地了解當地的民俗。這批用 John Sedges 爲筆名所寫的小說幾乎都有一個共同點，那就是書中的男主角一定都是好人好丈夫和好公民。

又用原名寫作

　　賽珍珠一方面用男性筆名寫小說，同時她又用她的原名去寫以中國爲背景中國人民爲書中男女主角的小說。Pavilion of Women 就是這樣的一部小說。這部小說不同於以往的農民故事或者戰爭故事，這是一本以一個叫吳夫人爲

主角的愛情故事。這本小說一下子又變成了暢銷書，一年內就賣了二十萬冊，美國的重要媒體 Newsweek, Time 等書評中都說這是一本文字精美的女人的書，是女人寫給女人讀的。接著她又寫了一些中國高級知識份子在美國發生的故事，Kinfolk 就是這類故事的一本代表性的小說。

賽珍珠基金會

一九四九年，賽珍珠發現很多美國士兵與亞洲婦女所生的混血兒沒有獲得妥善的照顧，回到美國後，她成立了 Welcome House。一共收養了數千名這樣的孤苦兒童。一九六四年她又在美國 Delaware 州創立了一個非營利事業的賽珍珠基金會，以後又陸續在亞洲很多國家成立分會，再以行動去積極幫助世界上沒有被妥善照顧的貧苦孤兒。她不僅投下大量時間更捐出大量金錢，把數以千萬計的亞洲不幸兒童都獲得了妥善的照顧。也使得賽珍珠贏得了一代慈善家的美名。

臺灣的賽珍珠基金會分會成立於一九六八年。一直在美國總會的經援下幫助居住在台灣被生父遺棄的混血兒。後來隨著國際情勢的改變，中美斷交，美軍陸續撤離台灣，混血兒的出生人數因而劇減，於是臺灣分會擴大服務國內單親兒童及資優兒童。美國總會有鑑於台灣的富裕與繁榮，極力鼓勵台灣分會獨立，並繼續在台灣服務混血兒及國內外需要幫助的兒童，經過三年的努力，在所有董事及許多人的熱心支持下終於籌足了立案基金，於一九九七年成立了財團法人台

北市賽珍珠基金會。

最後十年寫作

賽珍珠最後十年的代表作：Death in the Castle, All Under Heaven, The Living Reed, The Time Is Noon, The Three Daughters of Madame Liang, The Goddess Abides 等。賽珍珠晚期的小說並沒有像她早期的小說那樣受到廣大歡迎。賽珍珠一生共寫了八十五本書，而且很多本都還是暢銷書。

賽珍珠晚年的感情世界

賽珍珠的第二任丈夫 Richard J. Walsh 於久病過世後，她們所收養的孩子們也一個個長大成人搬出了父母親的家。賽珍珠在精神上感覺非常寂寞，於是，一位哈佛大學退休的男性哲學教授 Ernest Hocking 走進了她的感情世界。

賽珍珠與 Ernest 早在一九三一年就相識了。一九六三年 Ernest 已經九十歲了，可他的身心都還很健康，他把他寫的一篇懷念他亡妻的文章之影印本寄送賽珍珠看，那時賽珍珠的第二任丈夫 Richard 也已亡故，於是他們的情誼發牙了。剛開始時，他們相互寫寄情書，什麼甜言蜜語的話語都在紙上表達了。接著賽珍珠去拜訪 Ernest，一住數週，每天晚間他們手攜著手坐在壁爐旁邊，說著綿綿的情話。終於有一天他們睡在同一張床上。自此後，每天晚飯用過，兩個

人就一絲不掛赤條條地躺在對方的懷抱裡。這個可愛的黃昏之戀一直狂燒了三年，到 Ernest 過世了方才熄燈。

Ernest 過世後，賽珍珠不甘寂寞，很快又找到了一個情郎，這次還是個文化水準不高的小情郎。小情郎名叫 Ted Harris，比剛過世的老情郎年輕六十歲，比賽珍珠自己也小四十歲，這個時候的 Ted 大概不過三十左右，可賽珍珠已年過古稀。賽珍珠是個家財千萬元的富婆，Ted 是個無產階級的窮光蛋。套句中國俗話，這種情侶關係叫做養小白臉。這個小白臉使得賽珍珠的一生蒙受了無可否認的白璧之瑕，這不僅僅是我們中國人的道德觀念，就是賽珍珠的祖國同胞們中很多人也都持有這相同的看法。可是誰也無法使賽珍珠拋棄他的小白臉。

Ted Harris 原來是賽珍珠年輕養女們的舞蹈老師，後來就變成了她自己的舞師了。自此後，這位年輕的舞師就登堂入室與賽珍珠朝夕生活在一起。不久她的家人、朋友、甚至於全世界上所有愛護她仰慕她的人都鄙視她和這個小情人的不正常關係，然而賽珍珠不為所動，還不停地為 Ted 辯護一直到她離開了人世。

賽珍珠於一九七三年三月六日因肺癌病逝，享壽八十。她的一生真可以說是多彩多姿的了。

臨終前一年想回中國沒有實現

賽珍珠在中國曾經居住過四十年，她數十年的寫作生涯又與中國有著密切不可分的關係，所以當美國前總統尼克蓀

（Richard Nixon）於一九七一年向全世界宣佈他將於次年訪問中國時，賽珍珠可能是少數美國人中最為興奮的一個。不久，她就喜孜孜地接受美國國家廣播公司的採訪，公開表示她想回到她那曾經住過半輩子的中國看看，並立刻寫信給中國總理周恩來希望在那年的五月到中國去和他歡聚。可是，她萬萬想不到那個時候的中國共產黨政府竟然還在記恨著她當年的堅強反共立場，而毫不留情地拒絕她的到訪，粉碎了時已七十八歲高齡的賽珍珠多年來朝思暮想的最大宿願。

第二年尼克蓀正式訪問中國前，賽珍珠又要求假裝為一個新聞媒體從業人員的身份隨同總統訪華團一起到中國去，這個計劃當然沒有實現。於是她運用一切的方法和人際關係或寫信或打電報給所有能夠幫助她的人，請求幫助她實現訪問這個她曾經居住過半輩子的中國。可是，不管她如何努力，就是仍然無法完成她的夢想。第二年，賽珍珠就含著這份抑鬱和遺憾走完了她的一生。

尼克蓀總統在給賽珍珠葬禮悼詞中讚揚賽珍珠是一座溝通東西方文明的「人橋」。這話真是一點也不錯。賽珍珠在過世前一年，她還公開承認她的一生是既忠於美國可也忠於亞洲。她稱美國是她的祖國，她同時也說中國是她的另一個祖國。可是她的另一個祖國卻在她臨離開人世的前一年拒絕她的回歸，這是一個多麼殘忍的拒絕！多麼不人道的政治性考量！

一九八零年代晚期，那時賽珍珠已經過世十多年了，中國的政治氣候終於改變了，於是中美兩國展開了一連串圍繞

著賽珍珠的文化交流活動。二零零一年，美麗的中國女企業
家電影製片人羅燕小姐將賽珍珠的一本暢銷小說 Pavilion
of Women（中文翻譯爲《庭院中的女人》）改編爲電影劇
本，自己擔任故事中的女主角吳夫人，由美國好萊塢環球電
影公司與北京電影製片廠聯合拍成了這部電影，在中國全國
各地放映。可惜賽珍珠已經看不到這份遲來的喜悅了。

更可告慰的，是在今日的中國神州大地上，據說賽珍珠
當年曾經住過的地方像江蘇鎮江、安徽宿州、甚至於在九江
的廬山上及南京大學裡都還保存著一些賽珍珠當年居住過的
痕跡，聊以紀念這位曾經住在中國半輩子獲得諾貝爾文學獎
的美國著名女小說家賽珍珠。

本文作者的一點感想

賽珍珠出生三個月時就被她的美國來華傳教士父母帶回
中國，在中國住了四十年，八十歲時死在美國。她的一生剛
好一半在中國，一半在美國。所以她在美國時就會懷念中
國，到中國後又會懷念美國。

事實上我們這批年老的所謂美籍華人又何嘗不是如此！
就拿我自己來說，我在中國大陸的傳統農村裡長大，十七歲
離開中國大陸去臺灣，在臺灣前後一共住了二十年，加上中
國兩共三十七年。到今年爲止，我在美國前前後後已經足足
住了四十年。在這以往的數十年中，我曾經回去中國及臺灣
多次。我又何嘗不是每次人在中國或臺灣時就會懷念美國。
我現在每天必看中國和臺灣的新聞，倒也並不完全是「身在

曹營心在漢」，如果你問我何不告老還鄉一了百了？我的回答是究竟住在這個不是我祖國的國家已經四十年了，那能就這麼容易地連根拔起說走就走而高唱歸去來兮。這是我們年老美籍華人大家都解不開的共同心結。

　　還有一件事，當我在一九八七年開始為一家美國英文報紙撰寫了十四年半的每週專欄那段時期，我幾乎每天都勤讀中國書藉，從中去找尋寫英文專欄的靈感。當我去寫中文創作時，就像現在我在寫這篇《賽珍珠的一生及其中國情結》，我又得去從一本本的英文書中尋找寫作材料。中文是我的母語，英文是我的新伴。我愛母語，也愛我的新伴。賽珍珠比我年長四十歲，我不但仰慕她的崇高成就，喜歡讀她寫的小說，也同意她的很多人生觀點。所以當我今日在此撰寫介紹她一生的長文時，也就不由得感慨良多了。中國人喜歡說神交古人，我是多麼地希望能夠神交這位曾經在我的祖國住過四十年可我現在也在她的祖國住了四十年的美國著名小說家賽珍珠女士！（發表於 2009 年 10 月份的臺灣傳記文學月刊上）

我如何走上義工這條不歸路

一九七五年，我與內人趙耀文帶著我們的三個孩子，由美國東岸維吉利亞州（Virginia）搬去中西部懷臥明州瑞靈頓市（Riverton, Wyoming）經商。一九七八年，家父祥珊公在臺灣公營事業中退休，我迎奉父母親來美國與我們同住，可以朝夕承歡，以盡人子之孝。六年後，家母病逝。一九九七年，我六十五歲，申請退休，結束商業，我們全家人搬來美國南部第一大城休斯頓居住。

在購買住宅前，我們先去臺灣的中華民國政府僑務委員會設在休斯頓的華僑文教服務中心參觀，發現那裡不僅中國人多，各種活動也多。家父要我在距離僑教中心十分鐘車程內買房子，如此我們就可以每天去那個中華民國政府所設的地方遊逛，這不就等於又回到寶島臺灣了嗎！

一切安頓好了以後，僑教中心也逛膩了。家父對我說，他一生中最大的一個喜好是打麻將牌。與我們住在懷臥明州十八、九年了，由於我們夫婦都不善此道，懷州中國人又少得可憐，瑞靈頓市更只有我們及我的商業合伙人兩家中國人，所以一次麻將也沒有摸過。如今居住在這有好多萬中國人的休斯頓中國城內，要我想辦法讓他把麻將打個痛快。

於是，我幾乎逢到中國人就打聽什麼地方可以有麻將

打。最後終於被我找到一處，我開車把父親送去後，說明打完了牌就打電話給我，我就去把他接回家。殊不知我去接父親回家時，這家主人悄悄地對我說，以後不要再送父親去他家打麻將了。我問他是不是父親的的牌品不好。他說不是的，因爲父親的動作委實太慢了。

回家後我告訴父親，老人家很不愉快。他說他有六十多年的麻將經驗，這還是第一次聽到有人這樣批評他。這年父親八十七歲。

以後我又找到好幾處不同地方打麻將，然而每次都發生這種完全相同的不愉快結論。於是，父親只好每天坐在家中生悶氣。

在沒有辦法的辦法中，我突然靈機一動，在休斯頓最大的中文報紙「美南新聞」分類廣告中刊登一個廣告，題目是「誠徵麻將搭子」，說明家父在臺灣退休，喜好麻將，歡迎同一愛好的朋友們來我家打牌，我負責接送，供應午晚飯。有意者請電話我家云云。結果，居然被我找到了三位老先生。於是，家父的麻將又打成了。

不久，我就發現了這三位老先生的英文都不是很好，也不會開汽車。慢慢地我又知道了他們對於如何申請美國政府福利的手續都需要別人幫助。我當然自告奮勇，把他們及他們的家人所有這類問題都辦理了。時間久了，他們的朋友們，也找我幫助。接著朋友的朋友們也都要找我，我都一一承辦。傳開了後，我索性敞開大門，不管認識與否，只要有中國人需要人開車翻譯辦理各種有關移民局、社會安全部、州政府、縣政府、市政府的種種案件，以及撰寫各種英文信

件，代塡各種英文表格等等，我無不承辦。第一次不熟悉，第二次我就有經驗了。十次八次以後，我就變成這類案件的專家了。

我自訂我的義工服務規則：一不接受金錢報酬，二不接受禮品贈送，三不接受請客吃飯。助人爲快樂之本，我只接受「快樂」。我甚至於在僑教中心的佈告欄上張貼「你需要幫助嗎?」的「吸引客戶」（我把找我服務的老中朋友們都稱爲我的客戶）廣告。十多年來，我有幸爲很多位中國長者朋友們服務，所以我也就快樂無比。

轉眼間我今年八十高齡了，行動比以往遲緩多了。爲期尋找快樂，也可以說樂此不疲，上了癮了，我義工照做，可是我不再開車接送了。需要我服務的人，必須提供交通工具。

家父過世也快十二年了，當初因爲要爲家父尋找麻將搭子，而無意中找到了這個快樂的泉源。歸根結底，我怎不懷念家父和感激他老人家的麻將愛好呢。

追憶美國前總統雷根及
談他的對華（臺）政策

　　在撰寫美國前總統雷根的一生及其對華政策前，可否請讓我先敘述一段我個人與雷根「打交道」的經過。

　　事情是這樣的。一九八八年，雷根的白宮幕僚長Donald T. Regan 被雷根炒了魷魚後迅速出版了一本回憶錄（For the Record），把白宮裡的很多隱事都暴露了出來。其中一段提到第一夫人南西（我不明瞭爲什麼臺灣的中文媒體一直把 Nancy 翻譯爲南茜，而「茜」字音「倩」與原音cy 並不相近）的迷信，說南西盲目迷信一個居住加州方士的占卜星象預測，用之控制雷根的每一次出國訪問活動，使幕僚們困擾不已。

　　雷根當政八年期間，我適爲一家美國英文報紙撰寫每週專欄（我寫過十四年半的專欄，發表了六七百篇英文雜文）。於是我寫了一篇專欄，我說這種情事在中國早已屢見不鮮。譬如東漢光武帝時代，有一次，劉秀的兒時頑伴嚴子陵被皇帝找到皇宮裡，光武帝爲表示親密，當晚就和老朋友同床共眠。夜夢中，嚴子陵一度將一隻腳加在皇帝的肚子上而不自覺。第二天早朝時，掌管星象的太史啓奏：「昨夜客

星犯御座。」聰明的劉秀立刻明瞭這是怎麼一回事了。我在專欄中說不知道第一夫人在睡夢中有沒有將她的玉足也曾經放在總統的肚皮子上。如果有，住在美國西岸的那位方士不知道是否也能從天象上知道。

我將專欄影本函寄白宮雷根總統，我在信中對他說：「好的幽默是要聽的人輕鬆一下，而完全沒有傷害他人的感覺，總統不是也時常在演說中穿插一些幽默性質的笑話麼！」雷根要他的僚屬們經常提供他一些笑話作為他演說中穿插之用。結果雷根沒有回我的信。我有個習慣，當寫到某一個政要時，往往將專欄影印本函寄他（她）們，如前總統克林頓（William Jefferson Clinton）、他的妻子前第一夫人現任美國國務卿希娜瑞（Hillary Rodham Clintin）、老布希總統（George Herbet Bush）、趙小蘭（Elaine Chao時任美國勞工部長）、前英國首相柴其爾夫人（Margaret Thatcher）、及臺灣的林洋港（時任司法院長）、馬英九（時任法務部長）等，鮮少有人不回我信的，雷根好像是唯一的例外。兩個月後，我在另一篇專欄中批評美國聯邦政府新近公佈的能源政策，又將專欄影本函寄白宮雷根總統。雖然我仍是沒有收到雷根的回音，可是不多久，我突然收到了美國能源部官員一封長函，關頭第一句便是「奉總統之命回答你的問題」。好了，不再囉唆了，現在書歸正傳。

最近四十年來，每當中共對於美國之處理臺灣問題而稍有不如意時，中共就會提醒美國政府及其最高當政者必須遵守他們與美國所簽訂的三個聯合公報。好像也就是這三個公報把臺灣的中華民國地位在國際場所一下子弄得了如此狼

狽。究竟是那三個公報？又是那三位美國總統當政時與中共所簽訂的？爲什麼這三位美國總統對臺灣如此地毫不友善？事實上，三位美國總統中之兩位還一向是以反對共產黨而聞名於世的。

第一個公報是以反共起家的尼克森總統（Richard Nixon）與中共總理周恩來於一九七二年二月二十八日在上海所簽訂的「中美聯合公報」，第二個公報是討厭蔣介石政權的卡特總統（Jimmy Carter）和中共領袖華國鋒於一九七八年十二月十五日所簽訂的中美兩國決定建立外交關係的公報。第三個公報是也以反共著稱的雷根總統於一九八二年八月十七日與中共總理趙紫陽簽訂的所謂「八一七公報」。

尼克森爲求打開中國之門而不得不與中共簽訂了聯合公報，這是總所週知的事情。卡特爲求與中共建立正式外交關係而不得不簽訂這個建交公報，這也是大家都能理解的事情；可是，雷根是美國近代總統中除了艾森豪（Dwight David Eisenhower）以外最支持臺灣的一位總統，爲什麼他也去趕這趟渾水與中共領袖簽訂什麼公報呢？

爲求解答這個問題，還是請讓我從頭說根緣吧。

雷根的青少年時代

一九一一年二月六日，中國的辛亥革命發生前八個月，雷根出生於伊黎諾州一個只有一千人口的小鎭（Tampico）中一家店鋪二樓公寓裡，父親是一家鞋店裡的店員，母親也在店鋪裡打零工。父親是個酒鬼。雷根有個哥哥，年長他三

歲。爲了生活，這家人經常搬家。雷根九歲時，全家終於定居於距離芝加哥八十里處的 Dixon, Illinois。雷根的父親向朋友們借錢投資在他所服務的鞋店裡，因而老雷根同時也成了這家店鋪的股東。

　　高中時，雷根喜愛踢足球，還當選爲學生會主席。夏季時，他擔任游泳池救生員，七年中，他曾經救活了七十八個將被淹死的游泳者。美國經濟大萎縮時，雷根就讀於 Eureka College，主修經濟學及社會學，同時擔任學校足球隊隊員，並參加校園裡的各種政治活動。對于讀書而言，雷根並不是很有興趣，所以成績平平。畢業後，最初擔任游泳池的正式救生員。後來擔任無線電臺裡的運動播報員，工作得倒還順利。

投入電影行業

　　一九三七年，雷根因爲工作關係到了加州好萊塢。經過一個朋友的安排，雷根去影城試鏡，被華納兄弟電影公司（Warner Brothers）錄用，簽訂了爲期七年週薪兩百元的演員合同。那個時代的兩百元不是一個小數目，所以在經濟上突然富裕起來了。雷根在他的第一部電影（Love Is on the Air）裡扮演一個無線電臺新聞播報員，這對他來說，完全是駕輕就熟，所以演得非常成功。他第一次擔任男主角的電影是 Brother Rat，演對手戲的是女演員 Jane Wyman。兩年後，雷根與 Jane 假戲真做結爲夫婦。一九四八年，兩人離婚時已經有了兩個小孩，一個是 Jane 生的，另一個是

他們抱養的，這是後話了。

　　一九四零年，雷根在 Knute Rockne-All-American 電影中扮演一個將死的足球運動員角色非常出色，一九四一年，他在 King's Row 電影中扮演一個失去雙腿的年輕人角色更為影評家所肯定。這是雷根演員生涯中的最高峰。

　　不久二次世界大戰來臨，使得雷根的演藝生涯暫時告一段落，他參加了陸軍預備部隊。由於他的眼睛近視，不能直接從事戰鬥性任務，而被分配做軍中電影宣傳工作，官階上尉。

　　大戰結束後，雷根又回到表演行業，繼續演了二十二部影片，可是沒有一部能像他早期的作品那樣成功。於是，他開始從事電影工會的工作。因為他發現共產黨這時已經開始向美國的電影事業中滲透，雷根勤奮地努力保護美國電影事業之自由發展。這是雷根第一次與共產黨打交道。

開始嘗試政治行工作

　　一九四八年，他以電影事業工會主席的身份幫助杜魯門競選總統之連任，這時他還是位民主黨員。他更幫助加州民主黨候選人 Helen Gahagan Douglas 與共和黨候選人尼克森（Richard Nixon）競爭聯邦參議員席位，結果尼克森敗北。

雷根再婚

　　當雷根擔任電影事業工會主席時，一位年輕女演員

Nancy Davis 求助，因爲她連續收到一些共產黨的郵寄宣傳品。經過不斷接觸，兩人相愛了，一九五二年，雷根再婚。南西（Nancy）爲雷根生了兩個孩子，並與雷根白頭到老。這也是後話了。

　　南西一共演過十一部電影，在她的最後一部電影中曾與雷根共同出現，以後南西便退出影壇，一心一意在家相夫教子，誰也想不到以後更會當上了八年的第一夫人。

　　當他的電影生涯開始萎縮時，雷根轉向電視事業發展，又演了很多部電視連續劇，由於口才好，同時擔任一家電視公司的公共關係發言人，旅行全國各地，經常成爲很多大型餐會中的主講人。

正式從政當選加州州長

　　在一九五零年代，雷根便被認爲是一位相當保守的民主黨員。然而他卻又幫助共和黨的艾森豪競選總統，最後雷根索性轉換爲共和黨員。

　　一九六四年，雷根五十三歲，他全力投入贊助共和黨的總統候選人 Barry Goldwater，爲 Goldwater 獲得了成千上萬無數的捐款。於是有人勸雷根去競選加州州長，他一笑置之，並未立即採取行動。次年秋，雷根認爲他的機會來了，果然輕易地擊敗了前舊金山市長 George Christopher 而成爲共和黨的州長候選人。

　　這時民主黨籍州長 Edmund G.（Pat）Brown 正在競選其第三次連任州長。由於 Brown 在上次一九六二年競選二

度連任時，曾經擊敗擔任過艾森豪的副總統後與甘乃迪（John F. Kennedy）競選總統以稀微票差失敗的尼克森，一時根本沒有把演員出身的雷根放在眼裡，他告訴選民們一個前電影演員毫無一點實際行政經驗的人怎麼可以擔任一州之長的重任，他的競選廣告中甚至於提醒大家林肯當年就是被一個演員刺殺的。

雷根明瞭加州選民們早已厭惡了官僚政治，大家需要一個沒有官僚惡習的新人來做他們的州長，因此，雷根的「毫無一點實際行政經驗」反而成為他的有利條件。投票結果，雷根竟然大勝現任州長 Brown 幾達一百萬票之多而當選為加州州長。

一九六七年一月二日，雷根就任加州州長。他下令各級主管與他每週舉行兩次會報，由他就重要事項當場作成決定。不久，雷根發現州政府還背負著高達一十九億四千萬元的債務，他乃增加稅收，努力平衡財務之收支。等到他離開加州州政府時，不但還清了債務，還有五億元的盈餘。

兩任州長退下時，雷根已經是個六十三歲的花甲老人了。由於投資得當，他的私人財富極豐，年收入高達二十五萬元，他準備在他的加州農莊裡盡情享受他的騎馬等戶外活動。

雷根和尼克森的關係及雷根的首次訪問臺灣

雷根喜歡動筆，他不僅曾經自己動筆去寫他的講演稿和書信，更動筆寫過小說、詩歌。根據傳記作家們 Kiron K.

Skinner, Annelise Anderson, Martin Anderson 等三人聯合編著的 Reagan In His Own Hand 一書中所記載雷根自己的筆記，他於擔任加州州長時，尼克森總統於 1971 年八月間突然向全世界宣佈他的國家安全顧問季辛吉（Henry Kissinger）正在中華人民共和國與中共首領毛澤東和周恩來會談美中雙方新關係的發展，及他自己已經接受中共領袖的邀請即將訪問中國這個驚人的消息。兩個月後，同年十月十一日，雷根就以加州州長身份應尼克森的邀請作爲總統代表專程去臺灣向蔣介石當面保證美臺的實質關係不會因尼克森的訪問中國而有所重大改變。雷根對蔣介石說尼克森親自要他堅定地向蔣保證，如果中國共產黨因此而要以武力去攻打臺灣，那麼中共就必須先打贏美國這道關卡。美國絕對不會因爲去結交新朋友，就把多年的老朋友棄之不管的。

然而就在雷根飛回加州後第三天，消息傳來聯合國已經在美國的默認下投票表決驅逐臺灣代表而以中共代表代之，雷根當然大怒，在半夜裡電話尼克森表示不滿之至。

然而次年七月，雷根又代表尼克森訪問歐洲了，因爲尼克森已經向他解釋過唯有拉攏中共才可以平衡蘇聯在亞洲的力量。

這時候尼克森和雷根的關係在表面上算是很親密的，除了去趟臺灣外，尼克森還要求雷根代表他出國訪問其他國家三次，會見了十八位國家元首。每次代表總統出國訪問，尼克森都提供雷根空軍專機及安全人員護衛及其他的一切費用。雖然如此，尼克森還是沒有真正把雷根放在眼裡，不過是在利用雷根的反共立場而已。而雷根也居然擁護尼克森的

各項政策不遺餘力，就連尼克森的水門醜案吵得烏煙瘴氣時，雷根還是一直支持尼克森的，直到一九七四年八月六日，尼克森在國會裡的支持度已經完全瓦解了，雷根方才指責尼克森說謊，雖然如此，雷根還是認爲尼克森可以不必就爲此事下臺。

雷根堅決反對共產黨

雷根第二次訪問臺灣是在他當選總統前兩年的一九七八年。

由於雷根一生痛恨共產黨，他在卡特政府於一九七九年與臺灣斷絕外交關係後，於一九八零年雷根競選總統時公開揚言，如果他當選總統，他一定要重新調整美國和臺灣的關係，恢復以前的外交承認。這時候老蔣總統早已過世，蔣經國已經接任總統。雷根認爲與中共政府建交應該建立在不傷害老朋友中華民國的基礎上進行。因此，他宣言一旦當選總統後，他就會在這個信念上去努力，唯一可行的辦法就是恢復與臺灣的官方關係。可惜的是他的競選團隊們擔心這項改變美中已經成爲事實的宣言很可能會成爲對手民主黨攻擊的藉口，結果，雷根在選舉前數個月又改變立場說不會更改與中國建交的條件。

事實上，早在一九七八年十二月十五日，當卡特總統（Jimmy Carter）宣佈在次年一月一日與中共建立外交關係時，雷根就曾公開宣佈他將運用他的一切影響力量促使美國國會反對卡特的這項決定。一九七九年二月十日，雷根更呼

籲保守派國會議員們支持高華德參議員（Senator Barry Goldwater）的向美國法院中挑戰卡特之片面行為。（十二月十三日，美國最高法院裁定卡特勝訴。）四月二十八日，雷根接受美國華語電視臺的訪問，他說，「我們不認為因為要結交新朋友，就必須拋棄一個老朋友。至於如何和平解決中國與臺灣間的問題，那是中國人民們自己間的事情。」

根據前美國派駐臺灣最高外交官員（美國駐臺灣經濟辦事處處長）及後來中共六四天安門屠殺民眾時的美國駐中國大使李潔民（James Lilley）的回憶錄，在他即將啟程去臺灣擔任斷交後的美國派駐臺灣最高官員時，雷根以總統的身份當面告訴他，「我只想讓你知道，我喜歡那裡的人民。」

雷根對于臺灣既然是如此地友好，而他本人又是如此地反共及其立場又是如此地堅強，那他後來當選了總統後又為什麼於一九八二年八月十七日於訪問中國時和中共總理趙紫陽簽署「八一七公報」，同意美國對臺軍售不論在質與量上都不會超過美中建交後的水準並將逐步減少呢？

當選總統後的對華（臺）政策

一九八零年十一月四日，雷根以輕微多數票數從現任總統卡特手中贏得了以後四年的白宮主人寶座。當一九八一年一月二十日雷根就任美國第四十任總統時，美國已經面臨著一連串的外交困境。中東的伊朗（Iron）已被仇美份子緊緊抓住政權、南美尼加拉瓜（Nicaragua）也被左派人士佔領、蘇聯已經入侵阿富汗（Afghanistan）。雷根必須採取

強硬政策全力對抗蘇聯及其附庸共產集團，除了擴充軍備、
更新三軍裝備外，還要加強與反共盟國之間的聯繫。換言
之，接任美國總統後的雷根，其一切施政方針必須以維護美
國的最高利益爲主。又因爲這個時候的中共政權已經不是當
年處處要依靠蘇聯的情況，而如何聯絡這個東方大國共同對
抗蘇聯，便變成了美國的當前最高政策。

　　不錯，雷根仍然是反共最力的美國總統，仍是支持臺灣
最力的最大盟國元首。但是，爲了本國的利益，爲了維護全
球的反共巨業，雷根在與臺灣的承諾上不得不作了個權衡的
變動，他一方面與中共領袖趙紫陽簽訂了「八一七」公報，
達到了美國政府中的聯中抗蘇的最高政策，同時又在簽訂公
報的當天向臺灣的中華民國政府提供了下面的六大保證：

　　第一，美國並未同意在對臺軍售上設定一個結束期限。

　　第二，美國並未同意中國之要求，就對臺軍售事必須與
中國事先磋商。

　　第三，美國無意扮演中國與臺灣間之調人。

　　第四，美國不同意修改「臺灣關係法」。

　　第五，美國並未同意變更其對臺灣主權之一貫立場。

　　第六，美國不會對臺灣施加壓力使其與中國進行談判。

　　還有一說，在雷根去中國訪問時，他還親口向高華德參
議員說，他不會和中共領袖簽訂什麼公報的。可見在雷根的
當時心目中他是完全不準備向中共妥協的，可是，當時的美
國政壇趨勢，總統和國會之間已有共識，只有聯中抗蘇，才
能把蘇聯壓住，世界才不會大亂。雷根一方面既要執行推動
這個政策，一方面又極度反對共產黨，非常不願意放棄臺灣

的國民黨政權。不得已而玩弄上述兩面外交手法真可以說是
煞費苦心了。

　　所以對于中共而言，這個「八一七」公報的收穫並沒有
如同簽訂公報時所預期的那麼意義重大。對于臺灣來說，雖
然有了個公報，事實上也對于沒有。這就是雷根所玩弄的最
高兩面外交策略。也可以說這是雷根天生的演戲天才，他把
這些政治策略當作戲來演吧了。

後　記

　　雷根當了八年美國總統，把美國又帶回了世界上最有強
勢的領導地位。有人說雷根的最大成就應該是其導致蘇聯共
產集團的全面瓦解。雷根呼籲科巴契夫（Mikhael S.
Gorbachev）推倒柏林圍牆，果然兩年後柏林圍牆就真的倒
下了，難道雷根真的有這個通天的魔術嗎？當然不是的。但
也何嘗不可以說這是雷根的運氣，因為他的對手撞巧是個蘇
聯有史以來的最大改革者科巴契夫。如果換個以前任何其他
的蘇聯共黨頭子，怎麼也不會就這麼樣子就把個鐵打的共產
黨組織瓦解了。不錯，雷根的強勢發展軍備，號稱「星際大
戰」（Star Wars）用以抵禦蘇聯的攻擊能力，這些都是需
要大量軍事預算的，美國有這個能力，可是蘇聯的經濟能力
就無法與美國相競賽了，最後終於導致蘇聯共產集團的全面
崩潰，這不能不說是雷根的功勞。商場中激烈競爭時，往往
是實力較強的人會贏得最後的勝利；國與國間的軍備競賽當
然也不例外。

　　在歐洲，美國的最佳盟國仍然是英國，英國首相柴契爾夫人當年就是全力支持雷根對付蘇聯採取強硬政策的政治人物，所以雷根過世後柴契爾夫人和科巴契夫兩人都飛來美國參加了雷根的葬禮。

　　不管怎麼說，雷根是個絕頂聰明能軟能硬精明無比的政治家應該列入史冊是眾所公認的事實。然而這樣的一位英明能幹幽默風趣的政治人物後來居然被老人痴獃症折磨了十年之久方才過世，怎不叫人感嘆！據說在他還未過世前，可能是病情還不是太嚴重時，有次他以前的國務卿休斯（George Shultz）去探望老長官，雷根將他的妻子拉到一旁，悄悄地地問南西，「這個人好面熟，談話中好像他還曾經是個大人物呢，你可知道他的名字？」痴獃症真是太可怕了。

　　在結束本文時，請讓我再敘述另一段我個人與雷根的另一個不是什麼關係的「關係」。數年前，我將「老子道德經」翻譯為現代的美式英文時（我的「漢英對照老子道德經」先在臺灣出版，後又在天津再版），因為聽說雷根總統生前曾經在一次演說中也提到過這本古老的中國奇書，可我無法求證。於是我在網上查到了雷根圖書館的電子信箱號碼，我乃發了一封求救信。想不到第二天我就收到了回信，告訴我雷根於一九八八年一月二十五日任期內的最後一次國情咨文中，他特別引用了「老子道德經」中「治大國若烹小鮮」這句名言，當場還獲得了國會議員們的滿堂大笑。

　　事實上，我根本不認為雷根真的明瞭這本含義極深的中國道家經典，這一定又有他的僚屬們提供他演說中的一個插

曲,一個幽默笑話而已。

　　不管怎樣,一個戲子(在中國的古老社會裡,不管多大成就演員就是戲子)居然能夠做到國家的元首,而且還做得非常出色。根據最近的蓋洛普民意顯示,雷根的排名還在林肯(Abraham Lincoln)、甘乃迪(John Fitzgerald Kennedy)、艾森豪(Dwight David Eisenhower)、和羅斯福(Franklin Delano Roosevelt)等人的前面。而這個曾經是出色國家元首的人最後竟又被老人痴獸症折磨得這麼久和這麼「淒涼」。難道真的是「人生如戲」!(這篇拙作曾經發表在2011年6月份的臺灣傳記文學月刊上)

我如何將《聊齋志異》改寫爲
英文的來龍去脈

　　這是我應哈佛大學 2012 年春季中國文學演講會之邀
請，於 04-07-12, 2 p.m. 在哈大演講的演講稿子

　　謝謝主持人，各位熱愛中國文學的朋友們，今天我要講
的題目是「我如何將《聊齋志異》改寫爲英文的來龍去
脈」。

　　一九八零年代，我和我的家人住在美國懷俄明州。我於
一九八七年開始，爲當地的一家英文日報撰寫每週專欄。一
九九六年底退休搬來德州休斯頓養老後，我又繼續爲該英文
報紙寫了六年多，十四年間，一共發表了六百多篇的英文報
紙專欄。除非特別的日子，像六四事件發生時，報紙編輯就
會電話我，請我在那週寫這個題目。其他時候，文章的內容
可以完全由我自己決定，有時候我就寫些短篇小說，放在我
的專欄上。

　　我們都知道，每年十月底是美國的萬聖節，也就是一般
人所謂的鬼節。在這天裡，很多美國人特別是兒童們，都喜
歡穿著像妖魔鬼怪一樣的衣服，把面孔畫得怪模怪樣地裝成

魔鬼的形象。為了適應節日的氣氛，我就從《聊齋志異》中選出一篇鬼怪故事，將它改寫為英文，作為那一週的專欄。我的本意，不過是想告訴我的美國讀者們，我們中國的女鬼和女妖怪是多麼地美麗和溫柔，不但不可怕，簡直是可愛極了。連續好幾年萬聖節時，我都寫這麼一篇應景文章，每次都收到很多讀者們的熱烈反應，告訴我他們是多麼地盼望萬聖節能夠早日來臨。一些讀者們更建議我，在不是萬聖節時也寫些這類的中國神奇鬼怪故事。我乃與報社編輯 Dave Perry 商量，Dave 不太同意。他說這就好像不是萬聖節時，沒有人去穿那些像魔鬼一樣的衣服。

於是有幾位讀者乃建議我，索性去將這本中國鬼怪故事書多翻譯一些，出版為一本專書，相信在美國的書市上，一定會有很好的銷路的。這就是我當初想翻譯《聊齋志異》為英文的直接動機。

我一共改寫了四十二個聊齋故事為英文短篇小說，與曾經出版過我一本英文報紙專欄自選集的紐約 Barricade Books 出版公司簽訂了出版合同。好像在書還沒有出來的六個月前，該出版公司的執行編輯送給我一個電子信件。他說：這本書中的故事太多了，印成書後太厚了，書價必須提得很高，那樣就會影響銷售的。他問我能否授權他，由他簡化為一半，就是說採用一半的故事，書的售價就不會太高，如此就會好銷得多。他說銷售多了，他們就多賺錢，而應付我的百分之十版稅也就會比例增加。

我知道像 Barricade Books 這類的美國出版公司，他們營運的唯一目標就是賺錢，書在他們的眼中不過是商品中之

一種。他們每次與作家們談論簽訂合約時，第一個考量，就是這本書會不會爲他們帶來大把的銀子或者賠本。如果絕對不會賺錢，而且還要賠大本，我想就是他老娘寫的書，他也不會和她簽約出版的。一個寫書人的目標，除了想發表他的理念外，賺錢也不能說不是他的眾多努力方向之一。所以雖然我對他的建議很不願意，可是，看在「錢會多」的份上，我還是勉強地同意了。於是我的這本英文聊齋出版後，便只包含了我原來寫的四十二個故事中的二十三個故事。書名 Chinese Ghost Stories for Adults，於公元兩千年問世。結果，銷售情況果然不錯，我的銀行帳戶裡也存進了不少的美鈔。

後來我將這本英文聊齋又翻譯爲中文，將書稿 e-mail 給曾經出版過我兩本中英對照書的上海世界圖書出版公司，問他們願否和我再度合作。結果，他們又和我簽訂了出版合同，於公元兩千零五年出版了，書名《中英對照聊齋精選》。版稅不高，只有百分之六，可是中國人多，每本書都可以賣出萬本以上。我告訴他們我不要人民幣，我要美金。一直到現在，我仍在每年一月底，就會收到他們匯寄給我銀行帳戶內上年度的版稅收入。

好像是四年前，我翻閱我曾經寫過的六百好幾十篇的美國英文報紙專欄，因爲其中有數十篇專欄都是短篇小說，我計劃再出版一本新的英文短篇小說集。我突然想起了在 Barricade Books 出版公司那裡，我還有十九個聊齋故事沒有被用到，於是我問他們這十九個故事的版權是否仍是我的，回答當然是我的。於是我又加寫了兩個英文聊齋故事，

湊共二十一個短篇小說，並找到了伊黎諾州的 Helm Publishing, Inc.出版公司與我簽訂出版合同，於公元兩千零七年出版了我的第二本英文聊齋，書名 Tutor。該書出版後不久，就為一個美國讀書人團體評為公元兩千零七年內的一百本好書之一。一位美國職業書評家 Sabrina Williams for Front Street Reviews，評我這本 Tutor 是本提供了解中國古老民間故事的最佳著作。

打鐵趁熱，我乃又將 Tutor 翻譯為中文，將中英文對照書稿 e-mail 給上海世界圖書出版公司，要求第四次合作。

真正想不到一個月後他們回絕了我，理由是他們已經為我出版了一本中英對照聊齋精選，如果再出一本類似的中英對照聊齋故事選，會使買書的人混淆而銷路就不會太好。

可能為安撫我心中的憤怒，他們接著又對我說，因為我們已經合作過三本書了，而這三本書的銷售情形都很理想，今後我再要寫什麼書時，請我在動筆前先將書的內容告訴他們，如果他們認為銷路沒有問題，就先將出版合同寄來，把合同簽訂了我再去動筆寫，如此就不會出現現在的這個尷尬局面了。

不管怎麼說，因為我的三本書已經帶給他們大把的銀子了，對於這麼一個「無情無義」的回答，我真是非常不愉快。套句江湖術語：「此地不留爺，自有留爺處！」

可是，我所認識的中國出版公司就只有這麼一家，中國的版圖是如此地遼闊，茫茫人海，我到哪裡去尋找「留爺」的「東家」？

難道說我必須為這一本書稿專門再去一趟中國遍找出版

公司嗎？當然不會。

　　但是，我的書稿早已寫好了，莫非就只有將之藏諸書櫃永不見人了嗎？我不甘心！可我又有什麼辦法？

　　日子就是如此地在煩惱中一天天地過去。

　　皇天不負苦心人。終於有一天，我在 www.google.com 的網站裡試著打上「中國出版公司」幾個中國字，真想不到居然被我找出了一些中國出版公司的名稱及地址。循著這個線索，我尋尋覓覓了好幾天，終於找到了位於中國各地的十七家可能出版中英對照書的出版社名稱及地址。於是，我給每一家出版社發出一封信，附上中英對照聊齋故事選的自序及前面的兩個故事作爲樣本。我在信上說，如果你們有興趣閱讀全稿進而可能與我簽訂出版合同的話，請 e-mail 我，我當即將全稿送過去。

　　十數天後，我驚喜萬分地收到了北京大學出版社一位劉姓編輯的 e-mail。他首先自我介紹是該出版社編輯部外文組裡的一個編輯，數年前甫畢業於北京大學英文系及英文研究所。他讀了我的自序及前面的兩個故事後，意猶未盡，希望能夠讀全稿。我當然立刻將全稿送了過去。

　　兩天後，我又收到安徽人民出版社總編輯楊君 e-mail，也希望能讀全稿。

　　我將全稿 e-mail 給安徽人民出版社後的第二天，又收到了天津古籍出版社社長兼總編輯劉君的 e-mail，也要讀全稿。我又送了過去。

　　在往後不到的兩個星期內，我陸續地又收到了上海的復旦大學出版社、湖北教育出版社、湖南人民出版社、上海文

化出版社等的 e-mail。大家都要讀全稿。我分別回復他們，我已經有兩家出版社爭著要和我簽合同，暫不再送全稿了。因爲這個時候北京大學出版社的編輯劉君及安徽人民出版社總編輯楊君都回答我已經讀完了我的全稿，肯定地告訴我希望和我簽訂合同出版這本中英對照書，而且還都要和我長期合作，最好一年一本。北京大學出版社允付版稅百分之六，安徽人民出版社允付版稅百分之八。

可是北京大學出版社的劉君只是個小小的編輯，他無權簽約，只能向他的上級層層申報，等總編輯同意後還要提報編務會議通過。左等右等，好不容易他們的編務會議也通過了，就等他們的社長出差回來在合同上簽字後就寄給我。這個時候，我早已經收到了安徽人民出版社寄來他們負責人簽好了字及蓋好了出版社印章的出版合同一式兩份，合同上說明付我百分之八的版稅，比上海世界圖書出版公司的百分之六版稅還要高出兩個百分點，還有很多的其他優厚條款。我還有什麼話說，當即簽字並寄回他們一份，同時 e-mail 北京大學出版社的編輯劉君，告訴他他們的動作太慢，我已經接受另一家出版社的合同，請他不要再寄合同來了。這些都是 2007 年 9 月間的事情。《中英對照聊齋故事選》已於 2008 年順利問世。

後來中國與東歐波蘭進行文化交流，安徽人民出版社把我的這本《中英對照聊齋故事選》送給了波蘭的文化界，結果由波蘭的作家把我的英文翻譯爲波蘭文字，保留我的中文，出版了一本《波漢對照聊齋故事選》。中國政府有關當局還爲此事特別發給安徽人民出版社一張嘉獎狀。安徽人民

出版社寄給我一本《波漢對照聊齋故事選》時告訴我：因爲這是中波兩國之間的文化交流，所以沒有任何金錢介入，因此不能付我一毛錢的版稅，這是我唯一的一本收不到金錢報酬的書。

因爲我曾經改寫過四十四個聊齋故事爲英文，我於幾年前用聊齋的筆法，又用英文寫了一個四萬多字的現代聊齋故事，把聊齋中的「天堂」、「陰間」及「借屍還魂」等玩意兒都用上了。唯一不同的是聊齋中的故事都發生於數百年前的中國，我這篇創作小說中的故事則是發生於現在，而且男女主角最後都乘飛機從中國飛來了美國；爲求故事之逼真，小說中借屍還魂後的男主角後來又來到我現在居住的休士頓，和我變成了好朋友。我將這個現代聊齋故事連同幾個其他用英文寫的中短篇小說合併爲一本書稿，與曾經出版過我一本英文書的 Helm Publishing, Inc. 簽訂出版合同，於公元兩千零九年出版了，書名 A Visit to Heaven。

接著我又將 A Visit to Heaven 翻譯爲中文，並與曾經出版過我一本中英對照書的臺灣文史哲出版社簽訂合同，於公元兩千一零年出版了，書名《中英對照天堂遊》。

這本《中英對照天堂遊》是我所寫過的十來本書中比較最滿意的一本。因爲以往的那些書不是從中文書堆裡找資料去寫英文，再不然就是從英文書堆裡找資料去寫中文；嚴格說來，都不是屬于創作。這本書是百分之百的 creative writing。唯一的一點我必須特別說明的，是因爲情節需要，這本書中有兩場床戲，所以未成年人不宜閱讀。

關於床戲問題，我想我也要在此說明一段往事。除了參加休士頓的「美南華文寫作協會」外，我也曾經參加過美國三家英文作家協會：休士頓作家協會，美國愛情小說作家協會，及美國神秘小說作家協會。其中以美國愛情小說作家協會規模最大，共有八、九千名會員，是世界上最大的一個作家團體。在美國、加拿大和澳大利亞各主要都市都有分會，休士頓就有東西兩個分會。記得有一次，美國愛情小說作家協會西休士頓分會，請來了一位寫床戲成名的美國愛情小說女作家來會裡講演。她那天講的什麼我早已忘記了，可是她回答我們的一個問題，我是永遠忘記不了的。問題是在愛情小說裡是不是一定要寫床戲？她回答我們說：如果是一個好的故事而且情節又有需要的話，當然可以寫。接著她話鋒一轉，她說：但是我必須警告你們，不可以在整部小說的每一章裡都寫這個玩意兒，如果是那樣，那你的這本小說格調就不是很高了。我的這本新書中的床戲只有兩場，而且我寫的比較含蓄，並不是非常地「露骨」，所以我不承認我的這本書是本黃色小說，希望我的讀者們都同意我的見解，並接受我寫的床戲。

　　這就是我今天要說的全部演講，謝謝大家。

我的永久通訊處

八十年前，我出生在江蘇省灌雲縣璋西鄉一個名叫馬前河莊的老家裡。我們是莊主，據說到我這一代是從陝西省扶風郡搬來江蘇省灌雲縣的第十五代了，歷經明清兩朝多少個皇帝，好像還沒有人可以確切說出。總之，那裡是我們馬家祖祖代代的老家是完全不會錯的。換言之，那裡就是我們的永久通訊處。誰也不會想到後來出了個中國共產黨，於一九四五年把我們全家人掃地出門，以後又把馬前河莊鏟為平地。從此以後，我們就到處流浪，一九四九年又來到了臺灣。

四十多年前，我第二次決心從臺灣來美國「打天下」（以前曾經在美國讀過書）。在這以往的數十年中，不知道搬了好多次家，因為「處處無家，處處是家」，所以也沒有一處是我的永久通訊處。

一九七八年，家父在臺灣退休。我迎奉父母親來美國懷臥明州瑞林頓市與我們同住，可以朝夕承歡，以盡人子之孝。六年後，家母生病，延醫診治無效，最後住入醫院，終於病危。在她老人家神志還是很清楚時，自知不起，她要我坐在她的病床旁邊。她對我說她的病是好不起來了，死後千萬不要將她的遺體火化，她要放在一口好棺材裡然後土葬。

我當然含淚答應。

　　一九八四年十一月二十日，家母逝世。我將家母遺體放入一口精緻的銅棺材裡。家父對我說，「我和你的母親因為英文不通，又不會開汽車，在美國凡事都要你或者你的媳婦耀文開車並為我們做翻譯。如今你的母親過世了，如果你將她的棺材埋在這裡，懷臥明州中國人太少了，瑞林頓市更只有我們及你的商業合伙人兩家中國人，所以此間的地下，肯定是沒有一個會說中國話的中國鬼的。你要你的母親如何在地下和這些外國鬼們構通？」

　　研究結果，我們決定將母親的棺材空運到加州洛杉磯，在蒙特來公園市旁邊的青山墓園裡安葬。蒙特來公園市素有小臺北之稱，那裡中國人有好多好多萬，地下會說中國話的中國鬼一定也是多得數不清的。

　　於是，父親和我押運母親的棺材，我們搭乘同一班飛機到了洛杉磯，青山墓園派人來接去了棺材。當我與墓園負責人談妥了安葬母親棺材一切手續與費用後，我拿出了支票本子準備開寫支票時，父親叫我等一下。他要我多買一個墓穴，留著準備他將來之用。我當然完全同意。可是，在我又準備開寫支票時，父親又開口了。他說：「何不索性多買三個？另兩個準備給你與耀文，如此，我們一家四口還有一天會在地下團聚的。」這真是一個再好也不過的主意，怎麼我當初就沒有想到！結果那天我一口氣買了四個墓穴。於安葬了母親的棺材後，我們便飛回了懷臥明州瑞林頓市。

　　以後於每年中國清明節時，我們就去青山墓園掃母親的墓。有時乘飛機，有時開車去。開車去時，我們就會停留在

中途的賭城拉斯維佳斯順便遊玩一下。

　　一九九七年初，我六十五歲，申請退休，然後一家人搬來美國南部第一大城德州休斯頓居住。

　　公元兩千年十一月八日，父親病逝於休斯頓一家醫院。按照當年安葬母親的案例，我與內人耀文，德文妹與妹夫砥中，及我們的三個孩子：如琴、景誠、景實，及德文妹與妹夫砥中的兩個孩子：凱玲、凱琪，我們大伙兒一同押運父親的棺材到加州的青山墓園，將父親的遺體安葬在母親的身旁。

　　二零零七年，我和內人的最小孩子，景實，與菲律賓華僑余美蓉結婚。次年，我們的長孫漢華出生，又次年，我們的第二個孫子漢國出生。如今，我們的兩個孫子都能跑能跳了，我安排於今年四月十日，我們上下三代，再加上德文妹與妹夫砥中及他們的大女兒凱玲和凱玲的小兒子嘉安，大家一同去加州青山墓園掃我父母親的墳墓。對於漢華和漢國及嘉安而言，那是他們的曾祖父母的墳墓。

　　我發現一九八四年十一月二十日母親過世時，我所定製的父母親合用的銅質墓碑上面文字中已經有幾個字模糊不清了。為期一勞永逸，我又重新向墓園辦公室索性定製了三塊石碑，父母親共一塊墓碑，耀文與我因為位置關係分別每人一塊。我的墓碑上面文字將是如此刻著的：

Tom Te-wu Ma（馬德五）

Chinese/English Bilingual Writer

Born on March 11, 1932 in China

Passed away on

　　於領導家人向父母親（祖父母、曾祖父母）分別獻花行禮後，我駐立墓前，暗中告訴我自己，這裡將是我的不再搬遷的永久通訊處了。

　　朋友們，若干年後，如果你想拜訪我的話，我的永久通訊處門牌號碼如下：

　　549A Vista Grande, Green Hills Memorial Park, 27501 S. Western Ave. Rancho Palos Verdes, Ca. 90275, USA

　　很抱歉，我的永久通訊處裡將來既不安裝電話，也將沒有電腦，所以我們在溝通上應該比現在困難多了。因此，我將儘一切可能延遲搬進去，愈遲愈好。

我和馬英九曾經是筆友

　　民國三十八年我由上海來到臺灣，時年十七歲。同年底，我就開始在一家紡織公司裡擔任文書助理員。同事們都叫我小馬。大學畢業後我又回到這家公司工作，同事們仍然叫我小馬。一九六四年，我來美國讀書。美國同學、老師和同事們都叫我美國名字「湯姆」(Tom)。一九九六年，我從外州退休後搬來中國人多的休士頓居住。這裡的年長中國朋友們都叫我老馬了。

　　馬英九在臺灣發達起來時，我一直住在美國。我這個美國的老馬怎麼會和臺灣的小馬哥變成爲筆友呢？

　　事情是這樣子的。一九八七至二零零二年間，我爲懷俄明州一家英文報紙撰寫每週專欄。內容可以隨便我上至天文下至地理無所不談。有時在新聞中看到一件有趣的事情，我就把它引申爲那週的專欄。如果是名人趣事，我就將發表後的專欄影印本以擁有成千上萬讀者群的美國英文報紙專欄作家身份函寄這位名人，而這位名人就會回復我一封謝函。所以我和美國的老布希總統、克林頓總統、克林頓夫人現任國務卿希拉瑞、華裔政壇新秀趙小蘭、前後任懷俄明州州長、很多位美國參眾兩院國會議員、甚至於英國的前首相據傳現已癡呆的鐵娘子柴契爾夫人、臺灣的時任司法院長林洋港等

名人都有過書信往來。

一九九四年三月初，時任國府法務部長馬英九來加州發表了一場成功的演說後，他接受華語報紙記者們的訪問。有位記者問他一生中有沒有做過不應該做的事情。馬英九回答就在他動身來美國的前兩個禮拜，他做了一件後悔莫及的事情，事情不大，可是他後悔當時委實不應該做。在記者的奮力追問下，馬英九召供了。

大概在一個月前，他接到了一個十來歲的小男孩來信。小男孩在信中說，他的媽媽即將在某天過四十歲生日。為了使他母親生日快樂，他請求馬部長在他的母親生日那天，打個電話給他的母親祝她生日快樂，因為他的母親是個道道地地的馬部長迷。如果能夠，他的母親一定會高興得發狂，而他也會興奮得不得了。馬英九接到這封信後，心想只要一個電話就能幫助這個小男孩實現他的一片孝心，何樂而不為呢？

到了這個小男孩的媽媽生日那天，他真的打了電話。沒有想到這位馬迷女壽星不在家，而接聽電話的人是這個女人的丈夫。這個嫉妒心很重的男子怒氣衝天地質問全臺灣最英俊的政治男人馬英九，「你找我的老婆幹什麼？」而立刻就把電話甩了，根本不讓馬英九有解釋的機會。

我把這個故事寫進了我的一篇專欄，題目是「Handsome man has trouble, too.」（英俊的男人也有麻煩。）我在這篇英文文章裡首先引經據典說，一九八八年美國共和黨總統候選人布希（George Bush）挑選了面孔長得可愛的四十一歲參議員 Dan Quayle 做他的競選夥伴，果然

當選了。四年後，年老的布希競選連任，被長得極爲英俊的克林頓（Bill Clinton）州長輕易的打敗了。事實證明，英俊的政治人物比較受一般選民特別是女性選民歡迎的。接著我話風一轉，可是英俊的政治男人也是有麻煩的。於是我把馬英九自己爆出的上面這個小故事用英文敘述了一遍。

　　我把發表後的專欄函寄臺灣法務部馬英九部長。我說我是他的臺大先後期同學，現在美國爲一家英文報紙撰寫每週專欄。很快我就收到了他的復信，他在信中結尾告訴我，這是他一生中最不經過仔細思考就去做的事情。如今馬英九順利當選連任，我相信在今後的四年中，不論大事小事，他都會一再思考才去進行，使得臺灣變成一個真正的寶島。

神州故國半月遊

前　言

　　二十年前，我曾經寫過一篇四萬多字遊覽中國大陸半個月的詳實記錄，並曾在美國國際日報國際副刊上連載了一個多月。今日重讀舊作，不僅河山依舊，就是那些千百年之久的名勝古蹟，即使再過二十年兩百年甚至於更長，恐也不會有什麼重大變動的。現在，兩岸同胞之往返頻繁已經變成家常便飯，可能早已沒有人再寫這類旅遊文章了。「物以稀為貴」，爰將此文再行發表一次，也許可以勾起大家當年初遊中國大陸時的那份驚訝好奇而又甜美的回憶吧。

下面就是我當年寫的：

神州故國半月遊

　　終於動身了。

　　今年（一九九二年）六月間，內人耀文與我參加南加州一家中國旅行社主辦的「中國精華遊十七天」，遊覽包括香港在內的九大都市。旅行社號稱的十七天，扣除越洋飛行來

回約佔一天半，實際上停留在中國大陸上的時間不過是十五天多一點。在這以往的半個月裡，每日倦遊返回旅舍後，我均有日記，略記一日行止見聞。茲根據日記、記憶、及沿途所收集購買的各種中英文資料，草成此文。

　　東方歸去來，冷氣硬不開 ── 六月五日離美飛滬

　　經過了三個禮拜的籌劃及安排，我們兩人終於在六月五日下午三時，在洛杉磯機場搭上了中國東方航空公司去上海的班機。

　　這是耀文自一九四九年離開中國大陸後，四十多年來第一次返回出生地的祖國。在我是第二次了。因為在十年前一九八二年，我曾經陪同家父由美國飛回上海和南京，與闊別了數十年的親友們「談心」，整整談了快一個月；因此，我的第一次祖國行幾乎完全用在與眾多親友的餐敘中，根本無暇去做太多的遊山玩水。所以這次我們兩人約定，我們只隨團遊覽，不再去打擾住在中國的任何親友，如此我們也就可以盡興遊玩了。

　　東方航空公司的七四七班機也是道地的美國製造。可是，不僅機上的工作人員，就連數百名乘客也幾乎都是清一色的咱們炎黃子孫。夾雜幾個碧眼黃髮兒反而變成了少數民族的「外國人」了，所以機上廣播起初尚中英語並陳，到後來便只講華語不說「夷」語了。洋人膽怯，也不敢稍有微辭，只好逆來順受了。

　　機上服務包括餐飲，大致說來，還算差強人意。唯一使我們乘客所不滿的，就是當飛機上升到一萬多公尺高空後，

空氣調節逐漸稀少，好像冷氣關了，一時大家都感到沉悶異常。很多沉不住氣也許本來就有點兒氣喘毛病的乘客們，乃紛紛向空中服務員要求開放空調。可是，不管大家如何抗議，空中小姐也允向機長傳達，可就是沉悶依舊。

一位口操四川口音的男性乘客甚至於大聲吼叫，「我們還沒有到天安門呢，你們怎麼就這樣子一黨專橫？」一時怨聲四起，大有當年的天安門廣場氣氛。

然而機長硬是裝聾作啞，不予理會。畢竟他是機上的「軍委主席」，控制著機上空調命門，偏就不放給大家一點兒「自由」新鮮空氣。

就這樣一路沉悶吵鬧到了上海。

因為通過國際換日線關係，到達上海虹橋機場時，已經是六月六日的晚間十時了。機場裡燈光明亮，較十年前我第一次回國時的燈光暗淡情形，似已改進了很多。然而這座偌大的機場裡似乎根本沒有空調，也許因為這時天色已晚，空調暫停了。空氣之沉悶較之飛機上有過之而無不及。

在經過通關的走道上，我在祖國的上海機場上空第一眼所見到的巨幅彩色霓虹燈廣告，竟然是美國的「簽証」（Visa）信用卡和美國的「馬兒波羅」（Malboro）牌香煙。這使我們住在美國數十年的海外遊子，一時感覺真不知是喜還是悲。

走出機場，美國的中國旅行社所安排的上海導遊小姐早已笑盈盈地在等待著我們，並帶領我們上了一部頗為現代化冷氣十足的大遊覽車。在車中，陪伴我們一路由美國來上海的旅行社領隊忻培昌君，迅速為我們介紹上海導遊小姐姓鄧

名雲，並戲稱她是鄧小平的孫女。她不但是我們的上海導遊，還將接過忻君的領隊工作，陪同我們遊完中國全程。希望託小平同志的福，我們的旅遊能夠順利愉快。

在中國的第一晚，我們宿於上海國際機場飯店。規模設備均甚不惡。這家旅舍比起美國的希爾頓一流旅館有過之而無不及。中國的經濟改革真的上路了？可是在臨睡前，我用旅館房間裡的信紙信封爲在美國的老父親及德文妹寫封平安家書，信寫好後，發現信封口沒有膠，和美國的不一樣，無法封口。我突然想起中國尚在向現代化路程前進中，這不過是一個極小極小的範例而已。

春申門下三千客，黃浦江畔白渡橋 —— 六月七日遊覽上海

上海在戰國時爲楚春申君黃歇封邑，故亦稱爲「申」。上海北部有水，古稱滬瀆，故亦稱爲「滬」。宋置上海鎮，元改鎮爲縣，清屬松江府。道光二十三年依中英江寧條約闢爲商埠，自此引來英、法、日、等各國租界。民國十六年合併鄰近縣鎮而爲上海特別市。

由於到達中國的頭一夜睡得非常舒服，次日（六月七日）早上，旅舍供應的中式自助早餐又非常可口，一時間，大家都把昨天飛機上及機場內之沉悶空氣不愉快事件忘記得一干二淨了。

「嚴格說來，上海只是個全國最大的工商業中心，並不是個重點旅遊站。雖然如此，這裡還是有很多地方值得大家一遊的。」這是「鄧小平孫女」導遊小鄧的第一天開場白。

　　首先，我們去參觀宋慶齡的墓園。該園位於上海市上海縣虹橋路萬國公墓的宋氏基地上。宋氏基地建於一九三二年，原為宋氏父母的墓地。宋慶齡臨終時，不願葬在中山陵內，自稱是一個普通國民，不配與偉大的中山先生葬在一起而受萬民瞻仰，她堅持葬在上海與她的父母共眠於地下。

　　進得園來，我們首先看到的是一座宋慶齡的白色塑像，像極慈祥。接著是一個石碑，由鄧小平親書「愛國主義、民主主義、國際主義、共產主義的偉大戰士宋慶齡同志永垂不朽。」

　　國際主義和共產主義關係密切，可我還是第一次聽說過有一個愛國主義和民主主義的。如果只談愛國和民主，當年在天安門廣場上為打倒官倒高舉自由女神像的學生們，也算不算愛國主義和民主主義的擁護者？鄧小平數起數落，既非總理、又不是國家主席、更不是黨總書紀，可是這三個擁有國家最高職位的人，都得聽命於他。不知道他本人又是信奉的一種什麼主義？

　　宋慶齡的大理石墓廊在其父母之墓東側，西側是跟隨宋慶齡終身的保姆之墓。宋氏花崗石墓碑上鐫著「中華人民共和國名譽國家主席宋慶齡同志之墓」字樣。可是，她的父母墓碑上卻又鐫有中華民國二十一年某月某日所立等字樣。兩個中國名號出現在同一墓園內而沒有被紅衛兵所破壞，這應該是中國境內不可多見的現象吧？

　　在這座墓園內，所有一切有關宋慶齡一生的各種資料及圖片，均一一呈現在遊客的眼前。宋氏的一生功過，只有留待將來的歷史學家們去評斷了。

離開宋氏墓園後，導遊帶領我們參觀上海佛教界最具盛名的玉佛禪寺。

玉佛禪寺位於上海市中心的安遠路。創建於一八八二年。該寺初建於上海江灣，後來寺廟倒塌，乃於一九一八年在安遠路現址重建。寺內供有玉佛兩尊，係高僧慧根法師由緬甸迎來。大殿內為坐式玉佛，佛堂內為臥式玉佛。均色澤晶瑩，法像端莊，而又神情自然。寺內亦供有很多其他佛像。可能因為上海市中心內受土地面積所限制，故其規模無法與美國南加州洛杉磯郡之西來寺相比美。

導遊小鄧說，在十年文革期間，僧侶走盡，寺內所有門窗通道均被有心佛教徒以各式各樣大小的毛澤東像貼封。紅衛兵如想破門而入，必須撕裂偉大的毛主席玉照，這在當時是罪大滔天的。託毛主席的神威，玉佛禪寺沒有受到很大的毀壞。

在中國的第一天午飯是在上海市女青年會館餐廳內吃的。據說這裡是蔣介石和宋美齡當年的訂婚場所。託蔣宋的福，這頓飯大家也吃得津津有味。

午飯後，我們通過了擁擠不堪的城隍廟商場（原廟為三國時吳主孫皓所建，後於一九二六年改建於現址），進入了上海市最古老也最有名望的林園「豫園」參觀。

豫園建於一五五九至一五七七年間。係明代潘允端以「豫悅老親」為其父親養老而建的，故名「豫園」。

進園不久，我即大為驚訝，怎麼我從來沒有聽說過在這十里洋場的上海市內竟有如此規模類似紅樓夢裡的大觀園。園內亭臺樓閣、曲廊迴環、磚彫奇石、假山、流水、小橋、

老樹等，均極富中國舊式林園之美。園內之建築如三穗堂、仰山堂、萬花樓、吳春堂、和煦堂等，均十足顯示出明清兩代建築的特色。其九曲通幽與山石之奇都遠勝臺灣板橋的「林家花園」（我曾經在板橋住過很多年）不知多少倍。

　　更有奇者，園內牆壁屋簷，很多處均有巨型龍彫，張口舞爪，頗有皇家氣派。據導遊說，當年園主曾經呈報皇帝，他家的龍彫實似龍而非龍，是另一種怪獸。因皇家之龍均為五爪，而豫園中的龍只有三爪。因此，潘某並未被問罪砍腦袋，而三爪之龍彫得以完整保存。此說似是而非，實難叫人完全相信。然三爪龍彫仍在，卻又使人大惑不解了。

　　一八五三年上海小刀會首領劉麗川發動起義時，曾在豫園吳春堂內設置指揮部抗擊清軍，堂內今尚保存當年小刀會的許多歷史文物，供人閱覽。

　　由於豫園面積太廣，遊人也太多，而我們的時間又極匆促，所以一個鐘頭後，我們就依依不捨地離開了這座上海的「大觀園」。

　　出得園來，導遊就帶我們去上海市工業會館參觀。讓我們海外的華僑們見識一下新中國的工業藝術。原來這裡就是當年那個靠賣鴉片及兼營房地產起家的英國巨富哈同的私人花園公館，後來這裡並一度為中蘇友好協會。現在的會館佔地九萬多平方米，規模不能算小。我們入內略為參觀了一下。我個人認為與其說它是一座工業展覽館，倒不如說它是一座四不像又不精緻的大百貨公司。

　　除了上面的數處名勝外，導遊又要我們的專車司機將車開到上海外灘的黃浦公園旁、及南京路、黃浦江畔、蘇州河

邊等處稍停，讓我們拍照留念。此間從前爲英美租界，故馬路兩邊仍有很多巨型歐式建築大樓。

在「外白渡橋」下，我們停留很久。據導遊說，此橋原爲英美人士所建。建成後，華人過橋必須收費，可是洋人過橋都是免費，這是在中國的領土上公然侮辱中國人民，真是孰可忍而不可忍。這和黃浦公園門首當年懸掛告牌「華人與狗不得入內」一樣的是我們中國人的奇恥大辱。如今不分那國人民均可免費過橋，可國人卻故意名該橋爲「外白渡橋」，表示不忘記當年外國人之可以免費渡橋的辱華事件。

由於日程緊湊，我們的上海旅遊到此爲止了。下午五時，導遊帶領我們去上海火車站，搭乘特快車去杭州旅遊。

畢竟西湖六月中，風光不與四時同 ── 六月八日杭州覓艷

杭州在五代時曾經是吳越國首府八十四年（公元八九五年至九七八年）。後又爲南宋國都長達一百五十年之久（公元一一二六年至一二七六年）。隋置杭州府，唐沿用，宋稱杭州餘杭郡，元置杭州路，明又復杭州府，清仍之。民國廢府設市。

杭州的導遊也是一位女士，長裙及地，身材修長，完全是一副杭州美女型打扮。

假如杭州沒有西湖，杭州將仍然叫杭州，可是絕不是今日的杭州。西湖之於杭州，真好比是一個人的靈魂。沒有靈魂，這個人便是行屍走肉；沒有西湖，杭州不過是一個極普通的市鎮而已，那會有今日的如許多遊客？「若把西湖比西

子，濃裝淡抹總相宜。」「畢竟西湖六月中，風光不與四時同。」現在正是六月，我們大家去遊西湖。

自從小時候讀地理書，我就知道西湖是個極爲美麗的地方，夢想有朝一日也能來此一遊。可是今天上午，當我們與千萬遊客在湖中遊艇內近看遠眺時，我竟發現西湖之美不過如此。蓋括原因，一是西湖之水太髒，並不是如想象中的一清到底。二是遊客太多太雜，鬧攘攘地完全擾亂了我的雅興。還有就是我們的時間太匆促，無法以充份閒情逸緻的心情去領會西湖的幽秘。當年在臺灣，我也去過新店的碧潭，中部的日月潭，以後到國外，也曾到過很多名潭名湖；也許天下的湖水均有其異中有同及同中又有異的美妙。無異地，西湖的歷史卻是天下名湖中所獨特的。

我們看了斷橋，不用導遊解釋，大家便會想起了白蛇傳裡許仙和白娘娘相逢的浪漫故事。因已入夏，當然無法欣賞「斷橋殘雪」的美景。據說自唐以來，斷橋一直是西湖的十景之一。亭旁有「雲水光中」的水榭。這是一座獨孔環洞橋，我們在碑亭內稍停，照了像後繼續前進。

橋西爲白堤。我在十歲時就在家鄉私塾中，跟隨老師背誦過很多的白居易詩歌。如今見到了以他爲名的白堤，除了「長恨歌」外，匆促間竟然一句也想不起來了。主要的原因是導遊又在催促我們動作要快，把我的思古之雅興完全破壞了。游山玩水不能按照遊人的情趣多作停留，這是參加旅行團的一個最大的缺點。

看了孤山，走過了放鶴亭。我真欽佩宋代的隱逸詩人林和靖，他隱居孤山二十年，以梅花爲妻，以山鶴爲子。據說

皇帝曾經數度召他出山為官，都被他拒絕了。老實說，不管梅鶴多麼可愛，究竟不能人語。對於這種隱士，欽佩可以，然並不值得吾人學習也。

最後我們來到了牡丹園。這本是北宋文人盧某的私人花園。想當年盧某在這裡與他的文人好友們，吟詩漫步，欣賞牡丹，是多麼的雅致。如今遊人紛擾，人聲嘈雜，那裡有一點點浪漫氣息。

在「花港觀魚」的紅色金魚池旁，大家爭著在石刻下照像，並觀賞群魚戲水，無人去仔細欣賞池上的曲橋婉蜒和池旁的花影迷離之美了。

按照地圖所示，我們今日之遊似僅限於全部西湖之一小部份。至於什麼三潭印月、柳浪聞鶯、虎跑夢泉、吳山天風、黃龍吐翠、寶石流霞等其他景色，限於時間，無法逐一欣賞了。因此，我許下一願，重來杭州，再訪西湖；那時不再跟隨什麼旅行團，只有我們夫妻兩人，而且要在臘雪季節。我們按圖細賞，不漏一處名勝，看個盡興，玩個痛快！

延著西湖東北方向行走，最後，我們來到了岳王廟。

岳王廟始建於南宋一二二一年。大殿正門上高懸「心昭日月」四字巨匾。正殿內有巨大名將岳飛塑像，狀極威武。天花板上繪有百鶴圖。殿西有祠，配岳飛父母。廊內碑石上有岳飛詩詞、奏札手跡和歷代名人題詠。我很想逐一細讀，豈奈時間不及也。這是跟隨旅行團的最大缺點之一。

岳王廟右側為岳飛之墳墓。「青山有幸埋忠骨，白鐵無辜鑄佞臣」。墓前階下右側下跪的四個佞臣，是大家所熟悉的秦檜與其妻子王氏。陪跪的是同伙張俊和萬俟卨四人。據

說秦像最早為木刻，旋不久被人打碎，後改為鐵鑄，秦的頭上仍為遊人洩恨打了一個洞，而不得不一再修補。

事實上，如果我們去讀宋史，大家都知道那頭一個真正應該下跪的人是趙構。在金軍兵圍汴京時，趙構以康王名義掌握各地勤王之師數萬之眾，在河南歸德按兵觀望，眼睜睜地看著欽徽二帝被擄，而不予阻攔。一方面，趙構又暗使曾經去過金營的張邦昌上書請即帝位。即皇帝大位後，復以莫須有罪名殺了張邦昌。

趙構之人品可以想見矣。

後來，金軍故意放秦檜回國，讓趙構重用為相。金人與趙構斯時已有密約，永遠扣留欽徽二帝不讓他們回國，如此，趙構就可以永遠做他的皇帝。

秦檜仍然不敢明目張膽冒天下國人之意願去和金人講和，是趙構一再單獨召見，拍胸支持。並應金人要求「必殺飛，始可和」而以莫須有罪名捕飛下獄，將之殺死。宋史岳飛傳很長，結論也只能說「嗚呼冤哉，嗚呼冤哉」八個字。

遊人太多，大家都喜歡在岳飛塑像前照像，再不然就是和墓前的石頭人像合照，可就是沒有人願意和跪著的秦檜夫婦鐵像合照的。我以為秦檜的罪過其實（因為趙構才是真正的劊子手），為他有點喊「冤」，所以我照了張秦檜夫婦的跪像，作為到此一遊的紀念。

接著我們去訪靈隱寺和淨慈寺。

有關濟公的故事，據說在南宋時代就已經在民間流傳，後來，由於說書人的宣揚，把個瘋瘋顛顛的濟公和尚說得更是活靈活現的。可是一直到明末清初，才有「濟公傳」這本

書正式問世。於是濟公便變成了個家喻戶曉的人物。

如果說西湖是杭州的靈魂，同樣地，我們也可以說濟公是靈隱寺和淨慈寺的靈魂。如果根本沒有濟公和尚這個人，今日的靈隱寺和淨慈寺又不知道是個什麼樣子，起碼不會像今天這樣遊人如織了。

靈隱寺建於公元三二六年，屬于東晉時代。淨慈寺建於公元九五四年，屬於五代十國時代的後唐。靈隱寺在杭州的北高峰麓。

淨慈寺在南屏山慧日峰下。現在，這兩座古剎均因濟公的關係而名滿全國。不知道是真是假，抑或故意用以招徠上香旅客，現在，這兩座廟宇內幾乎到處均有那穿破衣著芒鞋瘋瘋顛顛的濟公和尚行影。濟公當年睡懶覺的石洞，烤狗肉吃的石塊，打手印的石痕等等逐一存在。真使人感覺「濟公傳」所說的都是確有其人和確有其事。

巨大的濟公木刻尚未渡金塑像也立在廟中。附近所有商店及攤頭均在販賣各項與濟公有關的紀念品。

甚至於「濟公傳」裡所說，濟公當年運用神奇佛法由四川運來巨木建造大殿的運木古井亦仍然存在。更奇的是當濟公被告知木頭已夠而中途叫停，可是已經運出井內水面的最後一大塊木頭依然可以看到。井內深處還吊有一盞小火油燈，讓遊客可以依稀遙望看到那塊露出水面的大木頭。我實在好奇也跟隨眾人伸頭引頸向井內望去。果然看到了大木頭浮在水上。

佛門清修，不作謊語，如今爲了吸引遊客的香火錢，什麼鬼玩意都可以做出來。這是金錢的過錯，還是如今的佛教

變了質了？

　　這又使我想起了不久前我們去美國南部休斯頓看望住在那兒的大兒子景誠時，兒子帶他的母親和我去拜訪當地潮州華僑新建不久的「本頭公廟」，我們發現濟公活佛也是被供奉的諸佛之一。想不到濟公也早已渡過海洋來到了美國。（更使我們驚訝的是該廟內也供奉著齊天大聖孫行者呢。）

　　為西湖十景之一的「南屏晚鐘」碑亭也在淨慈寺內。據說在唐宋時代，該寺曾經懸掛著一口銅鐘，每到傍晚，鐘聲即在蒼煙暮靄中迴蕩，悠揚的鐘聲可以穿越西湖，予湖中遊客一種雅靜清心的感受。今雖鐘廢，但仍留給人們美好的回憶。

　　最後我們又來到了六和塔。該塔建於公元九七零年，位於錢塘江畔月輪山上，原是吳越國王錢椒為鎮懾江潮而築。塔高六十米，共七級。體形狀觀和諧。也許因為我們大家都太累了，當我們一行人來到塔旁時，整個旅行團中竟無一人願意登塔遠眺的。大家照了像，迅即離去。

　　西湖龍井聞名全國。我們在遊湖、訪廟、看寺、望塔之餘，導遊乃帶我們去實地參觀了一所龍井茶葉製作工廠。大家品了茶。也許因為走累了，口乾了，但覺得今天的茶味似乎是特別不同凡響。

　　在工廠進門口，有一中年男子用雙手在一口大鍋內不停地烘炒新採茶葉。我問他需時若干方可成茶，他答以四個小時。於是，我沒有經過什麼考慮就說了，「美國的最低工資是每小時四元二角五分，那麼這一鍋茶葉的人工成本便應該至少是十七美元。」

　　真正想不到這個男子誤會了我的意思，他竟頭也不抬地頂了我一句，「假如你先生當年不去美國，很可能今天會和我一樣在這裡炒茶示眾。」

　　我本無心，他竟有意。不管怎樣，他這回答叫我悚然一驚。看來我今後說話要特別小心一點兒了。

　　於晚飯前的歸途中，導遊又帶領我們參觀了一處規模不小的商場。我久仰張小泉剪刀，今日無意中在這家商場中找到了，我買了一打非常小巧玲瓏的張小泉剪刀。然後我們又去參觀有名的杭州寶樹堂製藥工廠。

　　該廠以出產燙傷藥膏聞名全國。為表示其藥膏的確能夠治療火傷，由一位秀麗的女接待員，竟然欲以一條在火盆中燒得通紅的鐵鍊當眾表演自燙玉腕，然後擦藥止痛療傷。我適坐在前排，親見盆中炭火正旺，乃即站起身來高呼叫停。我率眾大聲告訴該少女，我們相信她的話就是，請勿作此可怕的自傷表演。一時大家群相附和。結果，我當然也率眾各人以一百五十元購買了一瓶藥膏。

　　事後導遊告訴我們，有很多觀光客硬是不見燙傷就不買藥。這種損人不利己的行為真要不得，而工廠方面之如此不顧員工傷殘的促銷更是可怕。這在美國是絕對行不通的。在共產主義的集權政策下，真是任何事情均可發生。

　　今日晚飯在聞名已久的湖邊海鮮飯店「樓外樓」吃的。當然以魚為主菜。我素不喜歡吃海味，今天破例也嚐了一塊糖醋魚，味道似頗不惡。

　　飯後在「樓外樓」門口等候遊覽車回賓館。是時湖邊已趨幽靜，陣陣微風吹來，看附近星火點點，西湖的夜景美極

了。不由得使我想起了南宋愛國詩人林升的一首詠西湖：
「山外青山樓外樓，西湖歌舞幾時休；暖風吹得遊人醉，直
把杭州作汴州。」我今日沒有聽歌，也沒有看舞，更未飲
酒，所以頭腦非常清醒。不管湖邊的暖風怎麼吹，有如醉之
感是真的，可是我沒有真醉。我出生於中國大陸，在臺灣又
住過二十年，旅美已久，且已入籍。我的「汴州」在那裡？
是北京？是臺北？還是華盛頓？仰望蒼天，天黑如墨，我找
不到答案。於是，我又茫然地和內人跟隨大眾上了遊覽車，
回到了今晚寄宿的杭州新僑飯店。

　　處處樓前飄管吹，家家門外泊舟航 ── 八月九日蘇州賞
園

　　蘇州自周迄漢晉均為吳國土地。隋置蘇州，唐因之。宋
為平江府，元為平江路。明改為蘇州府，清因明制。民國後
為蘇州市。

　　上有天堂，下有蘇杭。昨天遊了杭州，今天清早，我們
乘火車經過上海來到了另一處人間天堂 ── 蘇州。

　　「蘇州是中國的威尼斯。」這句話好像是馬可波羅說
的。當導遊帶著我們坐著遊覽車從火車站去蘇州市內的途
中，也的確看到了無數的蘇州人家後院直達蘇州河畔。據說
蘇州人一切吃的和用的水均取自後院門口的蘇州河內。可我
看到的河水是那麼的混濁不清，因此，我很懷疑這種說法的
真實性。當然哪，如果閉起眼來，遙想在一個美麗的清晨，
很多位美麗的蘇州姑娘們捲起衣袖，用搗衣錘在後院門口那
清澈見底的蘇州河畔搗衣的情景，一定是蠻有詩情畫意的。

然而睜開眼後，發現河水之混濁，不要說用之燒飯吃，就是以之洗衣服，我還不願意穿這麼髒水所洗的衣服呢。

　　假如說西湖是杭州的靈魂，那麼，蘇州的靈魂便是林園了。蘇州一共有兩百零四個風光綺麗雅緻脫俗的林園。我們今日就揀最具代表性的蘇州四大名園之一的「留園」參觀。

　　留園位於蘇州市閶門外留園路。始建於明代嘉靖年間，初爲徐泰時的私家花園。清嘉慶時，園歸布政史劉蓉峰，復經修葺改建，以「竹色清寒、波光澄碧」見稱，故亦稱「寒碧山莊」，俗稱「劉園」，蓋「劉」與「留」同音故也。光緒二年，清吏盛康據此園，更吸取蘇州諸園之長予以增修，又擴充了東、西、北三處，並回復舊名「留園」。

　　留園總面積爲三十畝，內分四大部份。中區以山水爲主，東區以建築見長，北區多田園景色，西區富山林風光。

　　導遊帶領我們入園後延著曲折長廊，經過兩重小院，直達中區。從北側一排漏窗中，即可隱約見到窗外的湖光山色與參差的亭臺樓閣。此處賞景有「寸步一景，移步換景」之妙。

　　我們再向前進，經綠蔭軒、暖閣、明瑟樓向西，就是中部主體廳堂寒碧山莊。這裡據說是全園之精華所在，因從此間可以看到留園中區諸景。中央水池中的水是清澈見底。「小蓬萊」飛落碧水之中，曲橋上紫藤花棚內繁花累累。清風館、西樓、曲溪樓等亭臺樓閣建築掩映於古木奇石之間。池西山腰上檊香軒和池北丁頂上可亭更遙遙相望。再加上連綿起伏的假山、石峰，真個是道地的人間天堂。

　　遙想園主人當年在此宴客聚友、讀書養性、避寒消暑、

遊息自娛的那份閑情逸致，再想想我們現今的巨宦豪門之輩，只知道縱情聲色俗不可耐，這其中的差異，真不可以道里計。

　　也許有人說，如今是核子時代了，誰還稀罕這些東方老古董？六月初，我由懷俄明州開車來南加州搭乘飛機來中國旅遊時，途經內華達州拉斯維加賭城小停，發現一家新近重新裝修開張的大賭場內也建造了一座小型林園，藉以招攬更多賭徒。園內居然也有假山怪石，巨樹林立，小橋流水，頗富東方園林情調。園中央設有酒吧，座無虛席。假如整座「留園」能夠搬來新大陸，不管建設在那一州，我敢打賭，不論門票多高，都會人潮洶湧的。

　　更難得可貴的，偌大的一座留園，遊人進得園來，便有不受日晒雨淋之虞，因有貫通全園連綿不斷的迴廊曲榭將園景與廳堂連成一體。廊長七百米，隨形而變，依勢而曲。據說這是蘇州諸園所最不及的。無怪乎清代大儒俞曲園在「留園記」一文中說，「留園泉石之勝，華木之美，亭榭之幽，誠為吳中諸園之冠。」

　　在留園出口處有一售賣紀念品及風景明信片的攤販。也許因為今天天氣太悶熱，也許因為遊客太多太吵鬧，也許因為她今日的心情太壞，總之，這位口操地道蘇州話的女售貨員態度之惡劣，語言之難以入耳，把所謂「吳儂軟語」、「寧與蘇州人吵架，不與寧波人說話」的諺語完全破壞了。

　　擔任我們領隊的原上海導遊小鄧說，「凡是服務態度惡劣的，不用問那一定是國營事業單位的員工。個體戶不管多忙、多累，總會笑臉迎人的。」這雖然是一針見血的經驗之

談，但也不能完全以偏蓋全。譬如小鄧，她服務於上海大世界國際旅行社，是個國營事情單位，可是她每天以吳儂軟語和笑臉為我們服務。然而，今天的蘇州導遊（男士）就比較差勁多了，不但不喜歡詳細解釋名勝背景，更時常自顧自地先行，不願等候團內少數年長團員。不用說，他的服務單位一定也是國營的了。

對蘇州而不去寒山寺，那表示你沒有文化水平。好，我們現在就去寒山寺。

在去寒山寺的途中，導遊就說寒山寺實在是與它的盛名而名實不符。我當時就暗裡想這個蘇州小導遊如果不是排斥佛教，就是文化水平很低。

到了寒山寺，很遠便看到了那原名「葑橋」的楓橋，因為唐代名詩人張繼的那首詩「楓橋夜泊」而改名為楓橋。該橋始建於唐代，是一座月牙形的單拱石橋，現在我們所看到的橋樑是清同治年間所重建的。橋跨運河楓橋灣，適在寒山寺大門前不遠處，為這古剎平添了不少的水鄉風光。

寒山寺始建於梁天監年間。相傳唐代兩位高僧寒山及拾得曾居此，故名寒山寺。唐代戶部員外郎張繼一日白天偶過寒山寺，當晚回到船上，不知怎的感愁難眠，乃寫下了一首不知道被多少千萬個人傳誦的詩篇：「月落烏啼霜滿天，江楓漁火對愁眠；姑蘇城外寒山寺，夜半鐘聲對客船。」從此，一千多年來，詩韻鐘聲，膾炙人口，寒山寺亦馳名中外。

寒山寺現在方丈性空法師與加州西來寺開山大師星雲法師同門又同鄉，他善詩善書能作嵌名聯。我乃請他為我作一

聯。他略一思索，旋即成句，並親自書贈。上聯為「德義為本興世業」，下聯為「五芝香根福神州」。（後我將此聯出示台灣大學中文系名教授張以仁兄，他說該聯字面平仄均有問題。然匆促成章，總非易事。）因尚有其他很多團員請求書聯，我無法請示「五芝」的出處。老法師筆力蒼勁，似較其在台灣及美國均享有盛名的師弟星雲法師尤有過之。

大和尚為香客書聯，小和尚一邊收取香火錢。我們獲贈嵌名聯的每人奉上五十美元。主客皆歡，阿彌陀佛。這也應該是寒山寺的「一景」。

因為「夜半鐘聲」可以聽到「客船」，於是，我們大家排隊去撞鐘，每人撞三下，據說可保平安。因為此時不是夜半，我想現在也不會有客船停泊，所以這個鐘聲究竟可以傳多遠，真不得而知了。

導遊說每年除夕夜，均有數以千計來自世界各地的佛教徒，特別是日本的鐘聲團，專程來到蘇州。他們不為別的，就是特地來聆聽寒山寺新鑄大鐘除夕夜一百零八響，因為他們相信聽了後可以消災延年。

走出寒山寺，我突然想起了臨來時導遊說過寒山寺名實不符的那句話。如果沒有張繼的那首「楓橋夜泊」的詩，也許我會同意導遊的見解。沒有寒山和尚，當然沒有寒山寺。沒有張繼，也可以說沒有寒山寺，至少寒山寺不會像今日這般遊人如織。

蘇東坡說，「到蘇州而不遊虎丘，乃憾事也。」於是，我們上了遊覽車，又來到了虎丘。虎丘原名海湧山，位於蘇州西北郊外，因山形似虎，故名虎丘。

　　我們進得山門，沿石級而上，山路盡頭展現一片平坦如
砥的盤石，廣達數畝，俗稱千人石。這裡是兩千五百多年前
吳王闔閭的葬地。據說吳王夫差爲營建其父吳王闔閭的陵基
曾徵民工十萬，用大象運石，穿土鑽地，歷時三年方成。因
吳王闔閭生前愛劍，故「專諸」「魚腸」等名劍三千多
把，均隨闔閭殉葬了。至於闔閭的真正墓地是否確實在這座
千人石下面，抑或傳說在山旁橋下。因爲時光委實太久，很
難查證了。不過總在虎丘這一帶地區應該是不會太離譜的。

　　盤石左邊不遠處，據說晉僧竺道生曾經在此聚石爲徒，
講解涅盤經，群石感動得都點頭不已，故今日尚有一塊大點
的石頭上面刻著「點頭石」三個大字。我手扶著點頭石照了
張相片。也許因爲我不是高僧，我絲毫也感覺不出這塊怪石
頭有什麼搖動。

　　點頭石左邊山上，據說是當年兵法家孫武爲吳王闔閭訓
練後宮佳麗練武場所。由於孫武事先獲得吳王授與生殺大
權，把個不聽將令的吳王愛姬當場手刃，其他妃子們敢不聽
命。一時軍令如山，居然進退有序。孫武報告吳王，他現在
可以驅使這批娘子軍上前線殺敵，一樣地攻無不克，戰無不
勝。最後，孫武幫助吳王闔閭西破強楚，北威齊晉而霸諸
侯。寫到此我不由得想起了毛澤東的「愛姬」江青。如果當
年毛澤東也能以鞏固江山爲重，把江青「拉下馬來」，那裡
還有後來的十年文革？

　　橋邊有一小水池。據說西施當年曾經在這個水池傍以水
當鏡照過她的美麗朱顏。我也湊前一望想看看我的兩鬢灰髮
是否又斑白了多少，結果什麼也看不清楚。

虎丘塔建造在虎丘上，距今已經有一千多年了，是江南第一古塔。塔高大約五十米，又在山上，我們既累又沒有時間，所以沒有一個人上山登塔的。

虎丘山下石壁上鐫有「虎丘劍池」四個大字，筆力蒼勁雄渾，不知是何人手筆。劍池呈長方形，清泉一泓，水深尋丈，亦不知何人所爲。

虎丘出口處有一巨石，中裂爲二。相傳爲吳王闔閭一劍所劈。然否待考。

晚宿蘇州南林飯店，晚飯也在南林飯店餐廳吃的，飯菜服務均尙不惡。

江南佳麗地，金陵帝王州 —— 六月十、十一兩日南京探幽

南京在春秋時屬越，後屬楚，楚置金陵邑。三國時吳孫權以此爲都，名建業縣。晉初稱鄴，後又稱建康。東晉、宋、齊、梁、陳並以此爲都。明初朱元璋亦定都於此（時稱應天府）。晚清太平天國亦以此爲國都，改名爲天京。南京之名始於明成祖，將國都北移，改稱應天府爲南京。

民國十六年，中華民國政府建都於南京，並訂爲院轄市。抗日戰爭期中，汪僞政府又以南京爲國都。故南京不僅是六朝古都，嚴格說來，還是十個不同政權的首都。中共佔據大陸後，建都於北京，廢南京爲院轄市，改爲江蘇省的省會。

一九四八年秋季，我入學於南京的國立中央大學附屬中學高中一年級。因爲父母親住在鎮江，所以我住在學校的學

生宿舍裡，當然也吃學校裡的包飯。剛開學時，伙食很好，八個人一桌，四菜一湯。最後因為共產黨的職業學生鬧事，伙食是一天不如一天。不久，江陰要塞司令戴戎光叛變，眼看共軍就要渡過長江了，時入學尚不到三個月，學校當局就連忙宣佈這學期結束，好讓師生們大家各自逃命去吧。因為時間太短，我對這個古都南京根本就沒有抽出功夫去做什麼觀光，所以這次希望能夠好好地遊覽一番。

六月十日清晨由蘇州乘火車經無錫、鎮江共走了五個小時，來到了南京，這個蔣介石當年在這裡呼風喚雨和我曾經在這裡讀過三個月書的地方。因為時已近午，我們乃先吃午飯，計劃飯後遊玄武湖。

南京在夏季是中國三大火爐之一。當天的氣溫是攝氏三十三度，在冷氣並不是充足的飯店裡吃飯，我用新買來的摺扇不停地搖時，導遊還一再地說，「今天的天氣很好呀！」

玄武湖在南京玄武門外。全湖週長大約十五公里，總面積高達四百四十高頃。這裡原來是六朝時代封建皇帝的遊樂吟誦御用之所。現已闢為公園，成為人人可來遊玩之處。沿湖遍植梧桐及垂楊柳，遠遠望去，確實美極雅極。假如不是天氣太熱，假如遊客不是太多，而是在一個風和日麗的傍晚，與二三知己好友沿著湖邊，在梧桐及垂楊柳下面漫步，就是不上船，也夠詩情畫意的了。

可是今天，風不和日不麗，人潮洶湧，大家揮汗成雨，再加上乞丐遍地，擾人至甚，不久前在上海、杭州、蘇州都未見到乞丐，何以南京例外？一時遊興大減。同時，今日的導遊也比前幾日的導遊差多了，懶洋洋地根本沒有什麼精

神。因此我們隨便逛逛，迅速離去。臨走時，我很想買一點
紀念品，環顧紀念品小店，竟無一種可以稍稍滿意之物。不
得已買了幾枚毛像別針，聊勝於無而已。

離開玄武湖，我們去訪鼓樓。鼓樓建於公元一三八三
年，時為明朝。樓有二重，下為磚石建造的樓台，宛似城
門。樓上原有報時的大小鼓，今已不見了。據導遊說，鼓樓
原為皇帝選妃之所，可我左顧右看，實在找不出有任何用以
選美的痕跡。樓上有書畫展覽，略一留覽，無甚特出。這就
是鼓樓，如此而已。

離開鼓樓，大家上車去參觀中共引以為傲的長江大橋。

老實說，在一九六零年代，以中共的科學技術，居然能
夠自立建出如此規模龐大、誇越長江的現代化大橋，的確有
其值得驕傲的一面。橋身全長一千五百米，接連下關和浦
口。在這以前，行人欲過長江到蘇北幾乎只有靠小型輪渡。
我於一九八三年自一九四九年逃離大陸去台灣後第一次返回
中國省親時，就由南京乘小汽車從橋上直駛而過去淮陰德容
堂姐家的。

橋分兩層，上層為公路橋，下層為雙線鐵路。兩橋端又
各有橋頭堡與引橋。我們一行人先到橋頭堡內聽取橋務人員
簡報，然後進入大聽。迎面看見了一座巨大的毛澤東站立塑
像。毛右手高舉，左手持帽，神態得意，頗有秦皇漢武算是
老幾「成吉思汗祇識挽弓射大雕」的那份豪氣。

據說建橋之初，中蘇關係突然惡化，所有蘇聯的技術人
員全部撤走，因而有人建議大橋緩建。然而毛澤東力排眾
議，堅決主張由國人用自己的力量非把橋建好不可。幾經艱

難困苦，終於在一九六八年建成通車。那時文化大革命剛剛開始，毛的個人聲望也達到了頂點。假如毛澤東能夠在那個時候歸西，也許毛的一生評價就要整個兒重寫了。王莽如果能夠在謙沖恭儉時死去，史書必將讚為一代賢良忠德之臣。可惜他們兩人均未能死得其時。

　　長江大橋與運河都帶給了後人無窮的方便。然而，我們不得不承認，毛澤東之建造長江大橋，其動機比當年隋煬帝之開運河要光明磊落得多了。

　　接著我們又乘電梯登上橋頭堡之頂層。在那裡，我們幾乎可以遠眺南京城了。我在頂層書報販賣部買了兩本南京旅遊小冊子。一本英文的，另一本是中文的，英文的比較詳細，中文的只有圖片而已。大家照了像，便匆匆地下了樓。

　　當導遊帶著我們去國際旅遊商場參觀購物時，已經是下午四時二十分了。該商場在二樓，所以大家直奔電梯。適時一位商場管理人員走出，他說二樓不高，不可以使用電梯，要我們自己拾級登梯，而且講話態度又極不友善。這種不顧國外旅客之疲累，一付為國家節省電力之極左思想，居然仍在鄧小平的世界裡出現，我真為大陸的四化前途擔心。

　　回到當晚下塌的丁山賓館，已經是下午五時多快六時了。晚餐是丁山賓館的拿手好菜—全鴨席。

　　首先有十二道小的冷盤，接著是十二道熱抄。全部材料均取自鴨皮、鴨翅、鴨肝、鴨心、鴨爪、及鴨肉。可以說除了鴨毛以外，一隻鴨子全被派上用場而下了我們的五臟廟。最後一道鴨骨湯，每人一碗，碗口用薄餅封牢。連餅蒸熟一起上桌。我們用手將餅撕破，放入湯中，連餅帶湯，完全下

肚，味道美極了。丁山賓館據說是南京市內僅次於金陵飯店的第二個高級賓館，從全鴨席上看來，還真的有兩下子。這道風味餐，我們足足吃了兩個鐘頭。

六月十一日，我們繼續遊覽這個曾經是十個不同政權的首都。

假如說中國自晚清以來真有所謂偉人的話，無疑的孫中山先生應該是偉人中的偉人。我說孫文是位偉大的人物，可我並沒有說他是個聖人或是完人。聖人或完人是應該永遠不犯任何錯誤的，所以我最痛恨兩岸當初之盲目亂捧毛澤東及蔣介石為神一樣地永遠不犯任何錯誤的完人。前紐約大學亞洲系主任唐德剛氏，曾經在台灣的傳記文學月刊上撰寫文章，即曾一再地指出孫中山當年所犯的種種錯誤。他並說，當辛亥革命成功之日，孫中山正在美國中西部丹佛市一家盧姓的中國飯店裡當跑堂。我於不久前曾經有事去丹佛一行。事情辦完了後，我特地去丹佛市公共圖書館，查出了公元一九一一年十月十四日丹佛報紙刊登的孫逸仙訪問記，並將該報紙影印本函寄唐氏。後接唐德剛回信說，他所寫的東西也不過是從僑界口耳相傳的道聽途說資料。不管怎樣，我們兩人還是完全同意，孫中山是中國近代史中的一位非常偉大的人物。

今天上午，我們就去瞻仰這位偉大人物的陵墓 —— 中山陵。

中山陵位於南京市東郊紫金山第二峰小茅山南麓。中山先生是在民國十四年三月逝世於北京的。那時中國還在軍閥混戰割據中。

　　民國十六年，蔣介石領導北伐成功，國民黨政府定都於南京。民國十八年六月始正式將孫文遺體國葬於現今的中山陵。

　　陵園總面積爲八萬餘平方米。由牌坊、墓道、陵門、碑亭、祭堂和墓室等組成。墓室正中陳放著孫中山先生的大理石臥像、下面安葬著他的遺體。靈堂墓室建築莊嚴，沒有一絲一毫的帝王陵園裡所慣有的那股肅殺之氣。大堂建在二百九十二級大理石石階上，望之儼然，近之安然。

　　我因連日隨團徒步遊覽，自昨天起，右腳已呈現浮腫現象，而且走路時也有點酸痛感覺。惟向我們偉大的國父致敬，我仍然強忍著酸痛，與內人耀文走完了兩百九十二級石階，爬到上層時不得不稍作休息。然後套上塑膠鞋套，尾隨著數千群眾，魚貫進入室內。

　　中山先生的石像平臥在石棺上面，面貌安祥，一如我們平日在圖書上所看見的一模一樣。我自入學以來，就千百次聽說過中山先生的事跡，也千百次讀到過中山先生的偉業，如今一旦面對此歷史巨人雖然只是一具石像，不由得從心坎裡肅然起敬。這和十年前我去台灣慈湖面對蔣介石棺材時的情景完全不同，當時在慈湖還有憲兵在旁向參觀人立正，使你不得不向老蔣遺體行禮。

　　如今無兵無勇，我真想推開群眾，向中山先生石像恭恭敬敬行三鞠躬禮。孔子說仁，孟子講義；多少年來，多少人假仁義以惑人，只有中山先生是在不折不扣地實行仁義，一心一意想貫徹仁義於天下，沒有人叫過他萬歲，更沒有人稱呼他爲太陽。中山先生只是總理，他是大家的總理，不管你

是否是中國國民黨員。所以那批瘋狂的文革成員們，也沒有對中山陵作過什麼破壞。中山先生真可以稱之爲最接近完人和聖人的人了。

離開中山陵後，我們去訪靈谷寺。該寺在中山陵東邊，始建於公元五一四年，寺內的無量建於明洪武年間。因其不用寸木，全由磚頭銜接而成，故又稱「無樑殿」。六百多年來，建築仍然完好如初。想當年既無水泥，又無鋼筋，我真爲我國的古建築師驕傲。殿內供奉國民黨軍北閥時三萬多死難軍人的靈位。中共統治四十年，居然未嘗更動。

在靈谷寺內餐廳匆匆用了午飯，我們即又登上了遊覽車去明孝陵。

因爲要趕搭下午一時三十分飛北京的班機，所以到達明孝陵後，我們都沒有下車，坐在車中環繞明孝陵一週，看到了很多的石人石獸。聽說全部陵園圍牆長達四十五里，我們今天所圍繞的部份連十分之一也不到。也許因爲今天上午我們剛參觀了偉大的中山先生陵園，所以我對這位明朝第一個皇帝殘暴至極的朱元璋墓園沒有能夠進去參觀是一點兒也不遺憾，事實上，如果可能，我還真想用腳去踢他的遺體一下。

南京曾經是國民黨政府的首都，可是，今天的南京機場竟仍呈現如此的簡陋，連個像樣的美國中等鄉村機場都不如，我真不知道當年蔣介石的「美齡」號專機是怎樣地在這裡升降的。

到達北京首都機場時，已經是下午三時多了。

由首都機場乘車馳赴市內賓館在俗稱迎賓路的途中，但

見北京市現代化大樓在路邊兩旁林立，完全是一副頂尖國際都市氣派，而且街道也非常整潔，路邊綠樹成蔭，予外來遊客一種清新舒適感覺。假如這位外國來的遊客只在這條路上直達賓館，於辦完事後仍由這條原路返回機場，然後離開中國，他一定認為中國的現代化已經做的非常成功了。

按照行程，我們將在北京停留三個晚上，住在朝陽路上的崑崙飯店。樓高十層，是一九八七年建成的一家五星級賓館。

試問帝王今何在？頤和園後又長城 ── 六月十二至十四日北京尋勝

北京在秦、漢時為右北平郡地；唐屬河北道；宋為燕山府；元為大都；明初改北平府；永樂中改為順天府，遷都於此建為北京。清仍之。

國民黨政府定都於南京，稱北京為北平；中共建國後都此，並改回北京舊名。

因為北京是中國最近的三個封建王朝之首都，共歷五百八十餘年之久，又是中共政權的現在首都，故北京一帶可以遊覽的名勝古蹟實在太多了。

六月十二日早餐後，我們先逛明十三陵。

明代二百七十七年共有十六個皇帝。除明太祖朱元璋葬在南京、建文帝在靖難之役中下落不明、景泰帝在奪門之變後死去葬在北京西郊外，其餘的十三個皇帝都葬在北京西北郊的天壽山方圓一百平方里，中國最大的皇帝陵園內。這座陵園從明永樂帝在永樂七來（公元一四零九年）建築一直到

明思宗修建完他的思陵為止（公元一六四四年），前後共約
二三五年，其營建工程之浩大，可以想見。

　　皇帝一生享盡榮華富貴，還嫌不夠，要在自己有生之
年，動用天下的財力和人力，去營建將來死去後的陵園，要
儘一切的奢華，因為他們相信死後仍然可以無窮無盡地享受
著他們生前所作的安排。就這樣地，一個皇帝死了，另一個
新皇帝即位，不久又依樣畫葫蘆地去營建一座他自己的墓
園。

　　於是乎只明一代，在北京的陵園內，就有十三個皇帝為
自己所修建的十三個陵墓。感謝上帝主耶穌、感謝釋迦牟尼
佛，幸虧明代早已結束了，假如真的如秦始皇所想象的可以
傳之萬世的話，那麼，全河北省的土地也許都變成了朱家的
墓園了。也由此使我想起了我們的國父孫中山先生，幸虧他
領導革命推翻了數千年的中國封建王朝。

　　昨天在南京，我們沒有時間去參觀明代的第一個皇帝朱
元璋的墓園，我毫不遺憾。今天還是來北京去看他的子孫的
墳場，實在是明十三陵具有很高的歷史價值，我是以研究歷
史的心情來逛墳的。

　　雖然明代十三座陵園均可遊覽，可是，正式開放的只有
長陵、定陵和昭陵三處。又因為只有定陵經過發掘，所以我
們今天就去看這個明代第十三個皇帝萬曆帝朱翊鈞與其兩位
皇后的合葬墓，這座中國向世人公開的中國皇帝的地下宮
殿。

　　朱翊鈞十歲登基，在位四十八年，是個十足的大昏君，
整天花天酒地，荒淫不堪，不理朝政，幸有能臣張居正輔

政，天下尚不至於太亂。然而這個糊塗蛋皇帝不但不感激張居正，還藉故將張居正免職，又藉沒了張居正的家財。最後朝臣分黨，國勢日衰。他的陵墓自公元一五八五年動工，每日徵用民工三萬人，耗去白銀八百萬兩，共歷十八年，方始完工。其工程之精細，爲十三座皇陵之冠。

　　根據歷史記錄，定陵曾經被火燒過還不止一次。現今定陵宮內還遺留著很多火燒後的痕跡，在陵恩殿裡，只剩下一個個光禿禿的柱基，對面上的建築早已被燒得精光。在定陵地宮東南面的定陵村也被燒得一干二淨。原定陵村的舊址也早已是一片果林了。所幸也許是不幸，這個十足昏君皇帝的真正墳墓，也就是所謂地下宮殿，居然完整存在。朱翊鈞和他的皇后遺體仍安然無恙地躺在他（她）們的石棺裡。而我們當天所要看的就是這座地下宮殿。

　　地下宮殿由前、中、後、左、右五個大殿組成。深度爲二十七米。宮內各殿之間，均有石門，共有七座，每座石門重約四噸。我用手摸了又摸，發覺這門完全是由一塊巨石彫刻而成的。在那四百多年前的中國，既無起重機，又無拖拉機，當然更沒有電力，我真不知道當時的工人是如何將如此苯重的石塊搬進如許之深的地下宮殿的。據導遊說，當時是利用寒多季節，在地上澆水使地面結冰，然後在冰上推動石門容易滑進地下宮殿。除了我們走在地下宮殿的台階是中共政府於發掘地下宮殿後所安建的外，其他宮內一切陳設諸如桌子椅子等也都是由巨石彫刻而來的。朱翊鈞建造之初，是希望永遠留著給他死後獨自享用的，當時的他是怎麼也不會想到若干年後，這一切的一切竟讓來自世界各地的遊客們所

欣賞。

　　因爲氣候炎熱，我們原來在地下宮殿的外面參觀時，雖然是汗流浹背，可是大家都沒有感覺到什麼不舒服；一旦進入地下宮殿以後，那股陰氣沉沉的氣氛使人感覺很不舒服；幸虧中共政府在地下宮殿裡也裝置了電燈，否則，那可就真像傳說中的閻羅王殿了。

　　又因爲參觀的人委實太多了，真可說是水泄不通，地下宮殿內雖有電燈，可沒有空氣調節，加上眾人的汗味，一時間真叫人昏倒，因此我們儘快又回到了地面上的人間樂土。

　　看過了這個混帳小子皇帝的墓地後，導遊帶領我們去參觀一家美好工藝品景泰藍製作工廠。

　　我第一次看到景泰藍製品是一九七二年，那時我在佛羅里達州邁阿密市擔任一家東方珠寶店的經理，老闆是從香港來美國的華僑。他告訴我店裡的很多景泰藍工藝品是他從中國選購來的，並爲我分析每一件的特點。在那個時代，絕大多數的美國人對於中國的瓷器之精美是早有所聞，可都沒有親眼看到過景泰藍，如今一件件呈現在他（她）們的門前了，每個人都愛不釋手。現在，我終於有機會來參觀景泰藍是如何製成的了。

　　景泰藍的製作過程非常精細和瑣碎，幾乎完全是熟練工人用手指一點點一滴滴作成的。幸虧中國的人工低廉，如果在美國，光是人工成本可能就要高得驚人了。耀文買了幾個景泰藍手鐲，我也買了一支景泰藍原子筆。

　　從景泰藍工廠出來，我們回到遊覽車上，導遊囑咐司機直奔八達嶺，爬長城去也。

八達嶺在北京西北方大約六十公里處。到達時已經是下午十二時半了，我們乃先去八達嶺餐廳匆匆吃了午飯，然後乘車步行，上居庸關。

八達嶺是長城的重要關口居庸關的北口。當年這裡是保衛京畿的前哨，長年駐有精兵萬名把守，所謂「一夫當關，萬夫莫入。」閒雜人等是不可能來此遊玩的。

長城東起山海關，西迄嘉谷關，全長六千多公里，是當今世界上的七大奇觀之一，也是太空人從月球上向地球望去所能辨認的地球上兩項特大工程之一。

至於長城是不是秦始皇所建的？答案當然不是的。公元前二二一年秦始皇統一中國後，將春秋戰國時代各地諸侯在其本國領土上所建築的圍牆連接起來。以後各朝各代又予以或多或少的修補和維護。修補工程最大的是距今六百多年前的明朝。

八達嶺在那個時代是非常險要，這一段的長城也是明代修建的。城牆是用條石和青磚依山建成，高七點八米，寬五至六米。長城上不但可以跑馬，而且可以五匹馬並行。每一險要處均築有城台及砲台。長城最高點為海拔一零一五米。

毛澤東生前有一句詩文，「不到長城非好漢。」於是今天的長城內外的紀念品零售店內，所有的汗衫及手袋上均有這句「聖言」。毛澤東一生慣喜作詩填詞，中國的古書是讀了一些。其攀風附雅之喜愛不亞於任何一位文人騷客。憑良心說，毛的一些作品確有幾分才氣，有些東西則又因為他的權勢而都被捧上了天，完全變成了不朽之作了。這就好像明朝的開國皇帝朱元璋本係不識之無之徒，後來因為他坐上了

龍椅，居然也能武又能文了。毛讀的書當然比朱麻子要多很多，所以只要是毛澤東寫的，不管什麼東西，都是名詞佳句了。

到長城來玩的遊客非常之多，我約略觀察一下，發現外國人士居然也不太少；當然，絕大多數的爬長城者仍然是我們炎黃子孫。不論大家來自何方，我們的目標是完全一致的，那就是毛澤東說的「不到長城非好漢。」人潮之洶湧，真好像六四那年，我們在美國的電視銀幕上，所看到的天安門廣場上的造反小將那麼多。我們今天誰也不想「造反」，我們只想做「好漢」！

從八達嶺飯店到長城的城堡上，紀念品攤販之多真是難以估計，由於參觀人潮更多，所以每處攤販門前均擠滿了購買人群。內人當然不例外，她是左買一大包，右買一大包，我幫她提著。就這樣我們爬上了長城，變成了好漢。並與那全副武裝的守關將士模型照了好幾張像片。

據說在飛機上俯瞰長城，更會覺得它如騰空欲飛的一條巨龍，駕凌於崇山峻嶺沙漠瀚海之上，氣勢之非凡，有直逼上蒼與星斗相連感覺。明代詩人有詩「平臨星斗三千丈，下瞰燕雲十六州；」就是指八達嶺這段盤踞在燕山山脈一帶的長城而言。

究竟有多少人曾經在秦始皇時參與修建過長城？帶領我們遊覽長城的北京導遊劉威說，秦始皇曾經動員了全國三分之一的人口。這話當然不可靠。據「史記」所載：在大將蒙恬的主持下，「將三十萬眾築長城，延綿萬餘里。」這段記載的可靠性很高。又有人說，漢武帝時曾在陰山以北修築過

二萬里長的「外長城」，更是誇大得離譜。歷史記載，公元一三六八年，明太祖朱元璋曾派大將徐達主持過萬人參與的長城修護工程。在那個沒有任何現代化機械操作的時代，一切完全憑藉人力及獸力而能築出如此的龐然大物，誠非易事；其因勞因傷而致命的人員自必不計其數。所謂「死者如麻，白骨如山，」「千里尋夫悲雨雪，月雲和血染山川」式孟姜女故事，也不完全是誇張之辭。「生男慎勿舉，生女哺用脯；不見長城下，白骨相撐柱。」可能都是實情。

　　晚餐在盛名久遠的北京「全聚德烤鴨店」吃正宗的北京烤鴨。也許因為我多年素食而不習慣，（我於八年前開始吃素，偶或吃肉，尤其是出門旅行時素食不易，幾乎是有什麼就吃什麼。）也許因為我們前天在南京吃的全鴨席實在太妙不可言了，總之，這一頓北京烤鴨，我個人是完全同意導遊小劉說的「全聚德烤鴨店實在是盛名超過它的實質。」所以這頓飯我吃得一點也不舒服，甚至於根本沒有吃飽。當我向女服務員要一碗白飯，準備和著少許青菜充飢時，想不到這位女同志竟然冷冷地回答我，「我們這裡是烤鴨店，只有鴨餅，那有白飯。」

　　飯後大家回到崑崙飯店，時間大約是晚間八時半。內人遊興仍濃，她乃與一部份團員去王府井大街逛夜市。我因腳腫酸痛沒去，乃到賓館理髮店理了髮，不洗頭，不過人民幣十八元，尚不到四美元。理髮完我回到房間，開足冷氣，清洗全身，又躺在浴缸中以溫水按摩我的痛腳，然後躺在床上，一時舒服無比。

　　九時五十分，耀文仍未回來。我突然想起我的表妹方平

和她的愛人葉成霸兄均住在北京多年,不久前還聽他們在紐約讀博士學位的女兒瑞麗說,她的媽媽已經自動請求由日內瓦調回北京,如此他們夫婦兩人可以在北京安享晚年了。雖然我與耀文在啓程來中國旅遊時就約定在中國不訪問任何親友,免得因為酬應而破壞了我們的緊湊行程;可是,方平夫婦與一般的大陸親友不同,他們兩人都是傑出的外交家,久居歐美,深諳國外習俗。數年前,當成霸兄由紐約聯合國司長任上退休,方平在中國駐聯合國代表團中擔任參贊也計劃請調回國時,父親和我特別從我們居住的懷俄明州飛去紐約與他們歡聚了兩天。於是我想不妨與他們在電話中聊天一下,希望他們了解我們行程的緊湊,而不會和我們相互「打擾」的。果然,他們均非常高興我們能來北京遊玩,希望我們明日仍然跟隨旅行團旅遊,不過在晚間十時他們會來賓館接我們去他們的家中小聚一個鐘頭。

六月十三日,我們繼續北京遊覽。

我想凡是看過那個曾獲得九項金像獎的好萊塢電影「末代皇帝」的人,一定都想能夠到北京故宮內實地驗證一下。可是,我相信凡是來過故宮參觀過的人都會或多或少地失望。失望的是因為今日的皇宮,並非如電影中的那麼莊嚴和神秘,更沒有想象中的那麼美麗和可愛。現在的故宮,說穿了不過是一棟棟年久失修的古老建築物而已。

一九八三年底,我陪同家父自一九四九年離開大陸後第一次返國省親時,我們兩人曾經由我的堂哥、堂嫂及堂姐等陪同,一共八個人來遊玩過北京一次,當然也來過故宮。所以故宮在我的心中早已有了「底線」。這次與耀文跟隨旅行

團再次來訪，我發現建築物上原已油漆斑烈的情形，如今似乎更爲嚴重。導遊說，因爲部份古建築物已經是風燭殘年，有的更是大樑斷裂，屋頂下沉，牆根傾斜等等，據說政府已經訂出計劃，將於近數年內，搶修這批飽歷滄桑的古老皇家宮殿群。

三大殿在九年前我第一次來玩的時候，記得還有部份龍椅龍床等皇家傢俱可看，如今什麼也沒有了，益發顯示出這種大建築物的死氣沉沉。這次唯一的意外收獲，是看到了好多位活生生的後宮嬪妃。這些裝扮後宮嬪妃的女子們都是中共政府精選出來的美女。她們穿著粉紅、淡綠、淺紫等各種光彩奪目的清代後宮嬪妃服裝，頭戴著像戲臺上我們常見到的珍妃首飾，足蹬高底木屜，淡掃蛾眉，輕點朱唇，一個個在大廳內輕移蓮步，供遊客欣賞，爲整個的故宮平添了不少春色。可惜的是，牆上貼有告示：不准對嬪妃攝影。我親眼看見有少數遊客，根本不看告示，而半公開半偷偷地攝取「娘娘」豐姿，弄得被照像的嬪妃們柳眉倒豎，杏眼圓睜，倒也別有一番風情。

庭院內也偶或看到三數個男性清潔工人，著清代太監服裝，手拿掃帚在無精打采地清掃庭院。想當年在李蓮英輩大太監嚴密監管下，小太監們一定不會如今日之有氣無力的神態的。

故宮是明清兩朝共四百九十一年的皇宮大內，當年金碧輝煌、殿宇森嚴，曾經是世界上最具規模的帝王宮殿。明清兩代共有二十四個皇帝，住在這兒統治著全中國。這座特別建築成的紫禁城皇宮，佔地七十二萬平方米，共有大小宮殿

房間九百多個。週圍環繞著十米高的城牆，全長六公里，城外又有寬五十二米的護城河。皇帝和他的嬪妃們就住在這個壁壘森嚴的城堡內作威作福。

　　故宮的正門叫午門。說起午門，使人不由得想起了什麼「龍顏大怒，喝令推出午門斬首」的傳說。事實上，禁城內從不執行斬首刑法。明代的斬首刑在西市執行，清代在菜市口。

　　明代大臣如觸怒了皇帝，是要受廷杖的，執行廷杖的地方就是在午門御道東側。據說明代正德皇帝要親自下江南選美女時（也就是京戲裡的「遊龍戲鳳」故事之取本），群臣們紛紛上諫反對，可是小朱皇帝早已春心蕩漾，那裡聽得下去這班老頭子們的囉嗦，乃下令廷杖，一些年老重臣如黃鞏等一百三十多人，均被打得皮開肉綻，其中十一個年紀比較老弱一點的大臣們更被活活地杖死。

　　午門在當年也是大軍出征和凱旋歸來時，以及頒佈曆書等重大活動時的正式舉行場所。

　　今天我們不遠千里而來，當然與以上的各個原因都毫無任何關係。以往四十多年中，不管中共發動什麼左一個運動右一個運動，我們身居海外，都絲毫不受打擊。如今以資本主義「民主主義」（借鄧小平語）的信徒身份來到了共產中國的首都，舊封建主義的正門，雖然不是「凱旋」，但可算是「歡歸」（歡欣歸來）。所以大家很高興地跟隨著導遊，由午門正當中大搖大擺地進入了皇宮大內。

　　進入午門後，首先通過一個很大的廣場，接著又通過內金水橋、太和門，便來到了故宮裡最壯觀的太和殿，也就是

俗稱的金鑾殿。千百年來，多少英雄豪傑因爲想坐在這座殿內，而枉送了性命。據說李自成當年闖進北京後，首先佔領皇宮，然後直奔金鑾殿，在皇帝所坐的龍椅上一屁股就坐了下來。因爲他不是真龍天子下凡，旋即頭昏腦脹。李不敢戀座，立刻站起身走出了金鑾殿。說也奇怪，頭腦立刻不昏不脹了。這個故事當然是後人編造出來的。不過，當時李坐在龍椅上感覺頭昏，也許是真的。因爲太和殿在當時一定很莊嚴，李太緊張又太興奮，再加上心理作祟，可能真的感到有點昏頭昏腦了。

如今宮殿內的那些古老傢俱都已不在了，門又鎖著。我們只能從窗子外面向內觀望，一切空蕩蕩地，也可以說是死氣沉沉地。我想今日誰也不會再要坐在此殿內，當然更不稀罕坐在這裡了。歷史無情，完全是景物全非了。

我們看了太和殿後，又逛了中和殿和保和殿。所謂皇宮「前朝」我們都走過了。

保和殿後是屬於「內庭」範圍。有乾清宮、交泰殿、坤寧宮。再後面便是御花園。兩側分列著東六宮和西六宮。照現在的術語說，那是皇帝和他家人的私人住宅區。我們看完了皇帝辦公用的三大殿後，興趣已經不如剛進來時那麼濃厚了，更因爲時間緊湊，所以對於東西兩宮，也沒有多大的興趣去「直闖內室」了。

最後我們來到了「珍寶室」。顧名思義，這裡面收藏的應該是大清宮內所遺留下來各種奇珍異寶了。

凡是去過臺灣北部外雙溪那棟古色古香可又極爲現代化的「故宮博物院」參觀過的人，一定都會被那麼多精緻、那

麼多美妙的中國國寶所迷戀、所吸引而捨不得離開。事實
上，故宮位於北京，正牌的故宮博物院就在我們眼前。雖然
臺灣所陳列的全是貨真價實的國寶，可那棟古色古香的建築
物，究竟是所「仿造貨」。今天，我們進入這棟極為古老也
極為簡陋的正牌「故宮博物院珍寶室」參觀後，大家無不大
失所望。這那裡是國之珍寶？那裡是稀世奇珍？一句話，真
正的國寶，全被蔣介石撤退時帶到臺灣去了。我非常幸運當
年在臺灣曾經一再去過那棟仿造的故宮博物院，看過了無數
的真正的國之珍寶。所以今天面對著這些蔣介石不要的「次
貨」，真是不屑一顧了。再者，這間珍寶室裡的空調和光線
都不足，參觀的人又特別地多，人擠人，人的汗臭和體味幾
乎可以相互聞到，誰還會有閒情逸致再呆在這裡。所以我們
匆匆繞場一週後，便迅速離開。

　　午飯後，我們去逛頤和園。

　　頤和園是中國現存的最完整和規模最大的一座皇家園
林，位於北京市西北郊，距市中心區大約十五公里，總面積
為二百九十公頃，週長八公里，內有建築物三千餘間。其山
水部份由萬壽山及昆明湖組成。其中水域又佔了四分之三。
園內亭、臺、樓、閣、宮殿、寺廟、遊廊、石橋、石舫等
處，無一不具備中國民族的古典優美特色。大多建築物均依
山旁湖，而湖中又有洲島錯落，更使景觀變化無窮。

　　這座集人工美與自然美為一體的名園，第一次被一八六
零年英法聯軍毀壞幾盡。一八八八年，西太后要「頤養沖
和」她的晚年，動用原作海軍經費白銀三千萬兩下令重修頤
和園。一共修了十年，終於將園內部份建築景觀修復。兩年

後，八國聯軍再侵北京，頤和園再次蒙難。

一九零二年，清廷不顧國計民生之艱辛，再次動用巨款重修此園。「日費四萬兩，歌舞無休日。」以後慈禧死了，光緒也早死了，光緒的皇后隆裕感國將破家將亡宣佈將頤和園關閉，「永不遊幸」。一直到一九二四年，清代廢帝溥儀被馮玉祥趕出紫禁城後，頤和園才被正式闢爲公園，從此以後，世界各地人士都可以自由入園參觀遊玩了。

當天，我們從東宮門入園。這裡也是頤和園的正門，以前慈禧也多由此門進入園內的。

進門後，迎面有座類似牌樓式的門樓，叫仁壽門，門內大殿叫仁壽殿。正殿兩邊是南北配殿，還有南北九卿房。因爲這一帶是慈禧與光緒和大臣們討論國家大事的場所，所以仁壽殿又名勤政殿，表示他們姨侄兩人勤政愛民的意思。同時，仁壽兩字也有仁者壽的含義，因爲他們兩人行仁政，所以都會享有高壽。事實上，光緒也許想行點仁政，那慈禧一生所作所爲完全是霸道的不仁不義之事。所以我說這座大殿應該叫做虐政殿還差不多。

過了所謂勤政殿，來到了昆明湖畔，視野豁然開朗起來，眼前是昆明湖和萬壽山，近處又是建有寶塔的玉泉山，遠處則是重巒疊翠的西山群峰，一望無際，景色美極。

勤政殿左邊不太遠處也位於昆明湖畔的另座大殿叫玉瀾堂，並有東西配殿。據說這裡就是一八九八年戊戌變法失敗後光緒被慈禧軟禁的地方。所以這座樓也應該改名叫軟禁樓才是。

此殿的後院叫宜芸館，這裡是慈禧的內姪女也是她親自

選配光緒的隆裕皇后的住處。可憐光緒和隆裕一對苦命人，雖然貴為皇帝和皇后，不但沒有實權，連個表達自己愛憎的權力也沒有。這兩個人毫無感情可言，完全被西太后為了自身的利益而硬配在一起，一直到死都不敢表示過一點點真情真愛。

由宜芸館再向西北行便是樂壽堂。這裡當年是慈禧的起居室，老佛爺在這兒吃飯，每日飯費是白銀六十兩。在那個時代，六十兩銀子可以購買大米三千五百公斤，真不知道能夠養活多少災民。為了服侍一個老太婆吃飯，專替慈禧備辦膳食的廚房就是八所大合院，共用各地精選的一流廚師八十四人，再加上點心師傅，及切菜切肉的助手，一共是一百二十多個人，每月應付工資也是一筆不小的支出。開銷如此之大，錢從那裡來？還不是從窮困大眾身上搜刮來的。所以孫中山要革命，就是去革這種極端自私專制政權人的命。

由慈禧吃飯的地方再向東南方走，我們便走到了頤和園中最美的景觀之一，長廊。長廊共長七百二十八米。東起邀月門，西止石丈亭，中間更有四座九角亭。在整個二百七十三間的長廊坊架上，繪有八千多幅山水、人物、花鳥彩畫。取材完全出自中國歷史故事、古典文學名著、及神話傳說。當同團遊客忙於攝影時，我與年輕的導遊劉威邊走邊猜彩畫中故事的出處。小劉年紀不是很大，大概二十七、八光景，服務於北京市旅行社，我不知道他的學校教育背景，可是很明顯地，他一定讀過不少的中國古典小說。因此，我們一路走來，我不但不覺得疲憊，反而覺得長廊不夠長呢。

老實說，畫棟彫梁，奇山怪石，清湖垂柳，幾乎是每座

中國林園的共同景色。人們都說頤和園留給人們印象與眾不同的特別處是面積廣、湖面寬、建築物大而又多。可是，我最引以為趣的就是這條七百多米長的長廊。在一天的繁忙公務完了，偕同家人或親密朋友沿著長廊漫步，或閒坐在九角亭內，遠眺落日餘輝，聽鳥語聞花香，你能說這不是一個蓬萊仙境是什麼！也因為這個緣故，使我不得不承認慈禧不僅是個權力狂的女人，也是個真正懂得如何享受生活的婦人。

從頤和園出來，我們必須穿過大街小巷，才可以到達遊覽車停放的地方，沿途攤販林立。我以三十元人民幣購買了一本半舊不新的「毛語錄」外加一個紅色的毛像別針。導遊小劉說，如果他買，最多三塊錢。

於返回旅館途中，我們在車上看到了舉世聞名的中國兩座最高學府北京大學和清華大學，及中國的權力中心中南海。

晚餐後，旅行團安排我們去一家劇院觀賞有名的北京特技表演。表演一流，院內冷氣也充足，我第一次沒有使用我新買的紙扇。

晚十時半，方平表妹及葉成霸表妹夫應約來我們住宿的崑崙飯店，接我們兩人去他們家歡談了兩個小時方歸。我們關起門來暢談天下大事，更特別提及中國的當前行勢。我們的立場雖然不同，可是，信念完全相同，那就是中國大陸和臺灣一定會和平統一，而中國也會和漢唐時代那樣地再次為世界各國所欽羨的富強大國。我們是多麼希望在我們有生之年會看到這個美景。

六月十四日是我們旅行團在北京停留的最後一天。今天

上午，我們去看北京天安門。

　　記得「六四」那年，好像從五月底就開始，我們在美國幾乎天天都坐在電視機前面，觀看那千萬個「革命小將」在北京天安門廣場前面造總理李鵬等當權派的反。所以，「北京天安門廣場」這個名詞，不僅是中國人，就是碧眼黃髮的洋人們也是很熟悉的。那表示「人山人海」。

　　究竟天安門廣場有多大？根據北京出版的旅遊小冊子：「天安門廣場位於北京城中心，南北長八八零米，東西寬五百米，總面積為四十四萬平方米，可容納百萬人聚會。」

　　早在公元一二六四年，元世祖忽必烈開始營建大都時，大都的正門叫麗正門，基本上就是現今的天安門位置。一四一七年，明成祖朱棣遷都北京，在元大都麗正門的基礎上重建皇城正門，叫承天門，表示他是「承天啟運」。到了一六五一年，清順治皇帝又重建皇城正門，把承天門改為天安門。

　　天安門城樓高三十三米。城樓下面是漢白玉須彌座，座上是大磚台，每塊大磚重二十四公斤。磚台上正中是大殿，楹九間，深五間。房頂上面覆蓋著黃色琉璃瓦，氣象莊嚴，金碧輝煌。

　　明清兩代皇帝每年去祭天祈谷時，都從天安門出入。皇帝親征，要在天安門祭路。新皇帝即位，冊立皇后，都要在天安門上頒詔。一九四九年十月一日，毛澤東以中國共產黨主席身份在天安門向全世界高聲宣佈：「中華人民共和國成立了！」意氣是何等風發。可是，曾幾何時，數十萬在毛澤東思想下長大的青年學生們，又在這天安門廣場上要求民

主、打倒官倒。這又是何等諷刺。今天，我們這一群來自美國的炎黃子孫又夾雜在千萬遊客中在天安門廣場上漫步，在憑吊那些被官倒下令屠殺的青年學生們亡魂。他們爲國家的前途喪失了寶貴的生命，雖然他們的目的迄今仍未達成，可是我相信，他們撒下的種子，總有一天會在中國的土地上開花結果的。

當天是六月十四日，「六四」週年後十天，天安門廣場上遊人如織，我肯定會有很多神秘警察混雜在人群中間，防止意外事件發生。因此，廣場上一片平靜。我突然有一個念頭在頭腦中一閃，那就是如果我拍手集合民眾，來個即興民主演說，也許民眾會跟着我大聲叫好，可是我可以想象得到，神秘警察人員們一定大爲緊張。我摸了摸我口袋裡的美國護照，想起了尙在美國的家人和事業。我知道這樣做的後果，這不是應該不應該而是個值不值得的問題。我什麼也沒有做，跟着群眾在作沒有任何目的的漫步。

天安門廣場正對面是一棟新式巨大建築，上書「毛主席紀念館」六個大字，沒有人署名。導遊小劉告訴我那是華國鋒的題字。想當年，華國鋒就憑毛澤東的「你辦事，我放心」六個字居然當上了黨主席、軍委主席及國務院總理等黨軍政三個最高職位，是何等的威風。如今「三大」皆空。連生死與否也沒人知道。惟據小道消息，華某不但仍然活著，還有廚師女佣服侍，照應其日常生活。每天打打太極拳、寫寫字，倒也過得無官一身輕的逍遙日子，不過沒有自由吧了。比起劉少奇來，華某是幸運多了，不但生活舒適，而且他的頭顱也沒有離開他那胖墩墩的身體。

　　也許因為毛主席紀念館蓋得實在壯觀，也許大家仍在好奇，也許真有人還在懷念過去，總之，那排隊想進入紀念館裡一睹毛顏的人真可說是人山人海。導遊因為我們來自美國，機會難得，為我們各人買了入場券。於是我們也排在四人一排的隊伍裡，爭睹毛澤東的「聖顏」。廣播裡不停地呼叫，「遊客們進場後，不准停留，不准照像，必須繼續前進、前進」。終於，我們進入了紀念館，最後也看到了偉大的領袖、偉大的導師、偉大的舵手、偉大的統帥的一點兒也不再偉大的「紅太陽」了。老毛遺體仰臥躺在透明的水晶棺中，面色如臘，毫無一絲絲「人」氣可言，可怕亦可憎。

　　據說毛死後，中共當局為求保存毛的遺體不壞，不知道花了多少冤枉錢，絞盡了多少聰明才智中國人的腦汁，才弄成這副德行。由於老毛的遺體處理，始我想起了那葬在南京梅山上的汪精衛遺體，於對日抗戰勝利後被蔣介石的工兵炸得屍骨無存。不知道老毛在水晶棺材裡又能睡到幾時？

　　這座本來是毛澤東稱孤道寡的專用紀念館，近年來，可能因為毛的身價日減，如今這座建築物也變成了他當年的老戰友們周恩來、劉少奇、朱德等的共同革命事跡處了。看了偉大的舵手，對於他船上的其他三位海員的英雄事跡，我們因為時間所限，也不及一一去拜訪。

　　三天前，我們剛在南京參觀了中山陵，看到中山先生的平臥石像。十年前，我在臺灣由一位侄兒陪同我去看蔣介石的靈柩，今天又看了影響中國數十年的第三位巨人。究竟誰最偉大，誰最可恨？我想今後的歷史學家們一定會作出一個公平的評價的。

　　差不多四十年前，我讀臺灣大學一年級時，我們共同必修課之一「中國近代史」教授黃大受先生的期末考試題目只有「論李鴻章」四個字。因此，我敢斷定，若干年後，大家都沒有一點兒顧忌了，中國大學歷史系的試題也將會只有「論毛澤東」四大個字。毛的一生功過究竟是三七開，還是七三開，大學生們定可以像現在我們評價李鴻章一樣暢所欲言了。

　　老毛紀念館右手是歷史博物館和中國革命博物館。十年前，我與父親及堂兄堂姐等來北京遊玩時，曾去歷史博物館參觀，記憶中，中共把陳勝、吳廣、李自成等三個我們認為是土匪流氓頭子的均列為民族英雄了。紀念館左手是人民大會堂，十年前我們也曾經進去過。我還在「江蘇廳」裡照過一張像片。那時離文革還不是很遠，國內人民尚普著毛裝，事實上就是我們所謂的中山裝，不過在顏色上，不分男女，都一律用藏青色卡其布料做的。因此，在那長長的排隊等候進入人民大會堂隊伍裡，只有父親和我兩人是穿西裝打領帶的。人民大會堂裡迅速走出一位辦事人員，邀請我們兩人不必排隊，跟着他入內好了。惟我們必須按照外賓身份付出比一般國內民眾多一倍的票價。如今改革開放多年，國內人民衣著之摩登時髦早已不亞於國外華人了，相反地會覺得海外華人太土了。

　　我把天安門廣場位置畫在我隨身攜帶的小冊子上，在廣場正當中，我寫了「吾爾開希」四個字，出示導遊小劉。想不到他竟頭也不抬地說，「我是吾爾開希的表哥。」看起來中共的開放政策再也收不回去了。

前天我們爬上了萬里長城，今天從天安門廣場出來，我們去參觀「地下長城」。

所謂「地下長城」，事實上就是二十多年前中共與蘇聯鬧翻臉後，中共發動北京市民以義工方式自己掘出來的一條大約兩里路長的地下防空洞。防空洞的尾端還特別設置了專賣各種紀念品的禮品店，同時讓大家走累了坐在店內喝茶聊天。

午飯後，我們去天壇參觀。我很小的時候，就聽大人們說北京有個地方專供皇帝祭天之用。可是直到今天以前，怎麼也不會想到這個皇帝祭天之用的地方竟會如此之大。

天壇始建於公元一四二零年，明代永樂十八年。佔地二百七十三萬平方米，比故宮還大三倍。牆兩重，呈「回」字形。北沿為弧形，南沿與東西牆相交成直角呈方形。這種北圓南方的形式是根據天圓地方之說而建的。主要建築分兩組祈谷壇在北，圜丘壇在南。前者祈求五穀豐收，後者是祭天之用。

明清兩代天壇是皇帝專用聖地，一般人等是不能隨便進出的，甚至於連婦女也不准入內。和頤和園一樣，第一次天壇遭受大災難是英法聯軍，第二次是八國聯軍。八國聯軍更把天壇作為司令部及兵營，其被蹂躪之深可想而知。天壇所供奉的是「皇天上帝」，年年接受明清兩代皇帝的供奉，可是，沒有一次顯過靈把洋人嚇走。

我們今天從北天門進入，不久，就走到了祈年殿。祈年殿是整個天壇建築物群中最主要的一座建築物。大殿呈圓形，高三十三米，底部直徑為二十四米。中央四根龍柱，象

徵一年中之四季。中間十二根金柱，象徵一年中之十二個月。外圍十二根檐柱，表示一天有十二個時辰。整座大殿建築在行白玉圓形台基上。

我們一行人今日來此，一不祈年，二不祈福，大家進得殿來，東張張，西望望，照了像後迅速退出。我退出後，發現祈年殿的兩側各有配殿，供奉著日、月、星、辰、風、雲、雷、雨各神的牌位。我好奇入內參觀，這使我想起了兒時蘇北老家祈雨時的情景，原來就是源出自此。

然後沿著丹階橋當年皇帝專走的御道逐漸升高所謂「平步青雲」，便走到了皇穹宇和圜丘。

皇穹宇又名泰神殿，它是存放「皇天上帝」牌位的地方。建築精巧，那青色玻璃瓦頂的圓殿很像鑲金藍傘一般美觀。

有興趣的是泰神殿四週有圓形圍牆，牆名回音壁。因為當初建築此牆時，曾經利用音波在弧形牆壁中連續反射的原理，據說兩個人同時分別站在東西牆根低聲說話，聲浪可以沿著平滑磚牆繼續反射前進，另一個人可以清晰聽到。因此，今天的圍牆四週，都可以看到很多的遊客，大家都在向著牆壁說話。不明究理的人乍一看，很可能以為是走到了一座精神病院。我沒有精神病，根本就不相信這個皇帝老子喜歡的玩意兒，所以我沒有試。我問那些試過的遊客，他們也以苦笑作答。據說以同樣的聲學原理，如果站在殿前石階的三音石上，擊掌或叫喚，也可以聽到回音；而且所站的石板位置如果不同，回音也不相同。我沒有湊熱鬧去試一試。

看了皇穹宇，也看了回音壁及三音石，我們來到了圜丘

台，這是用三層青白大理石砌成的。每屋邊均有漢白玉欄杆，並有精雕雲龍圖案。共有九屋，每屋鋪有石板九塊，依次按九的倍數遞增。最下一屋鋪九九八十一塊，象徵九重天的意思。而且據說皇天上帝就住在九重天上。因此，如果站在中心圓石上大聲講話，可以一直上達天庭。

人間的皇帝又稱天子，所以天壇也者，便是皇天上帝的兒子來祭祀老子的地方。當年袁世凱想做皇天上帝的兒子，也曾特地率領文武百官來祭祀他新認的老子。這種愚民政策，今日看來當然是既可笑也可嘆。可是，在八九十年前的中國，居然還有人信以爲真，不把錢財用之於國家建設，而花在那誰也沒有見過的皇天上帝身上。滿清之所以積弱，袁世凱之所以必敗，良有以也。

離開天壇後，導遊帶領我們去參觀北京一家很大的友誼商店。按照美國的標準，這不過是一家並不是十分精緻的百貨公司而已。也許因爲友誼商店如今也對一般民眾開放了，今天來此購物的民眾可真不少。上下六、七層樓真是人山人海。我觀察了一下，發現店員的服務態度並不是如傳說中的惡劣，希望這不是陳香梅不久前寫文章批評「友誼商店不友誼」的結果。

晚間我們特別提早吃晚飯，飯後有專車帶我們直奔飛機場，準備搭乘五時半飛往西安的班機。司機爲求早到機場，今日特別抄了近路。可是不久，發現前面修路難行，前面既無告示牌，後面又無道可改。不得已只好來個 U 字回轉，仍回原來老路去了機場。這與美國之修路必先有告示牌，後有繞道牌之便民方式完全不同。難道這與現代化也有關係？

到了機場，又發現飛機慢點。究竟慢多少時間？沒有人可以回答。大概兩個多鐘頭後，我們終於上了飛機。等我們到了西安機場領取了行李，再跟當地導遊回到西安市內新世界賓館時，已近午夜了。

西安曾是漢唐故都，名勝古蹟多得不得了。懷著這份興奮，我迅速上床。希望今天夜裡先向杜工部報個到。

海中方士覓三山，萬古明知去不還 —— 六月十五及十六日西安懷古

周武王滅紂克殷後，以鎬為新都。鎬即在今之西安西南方。西安古稱長安。在漢時叫京兆；三國時屬魏，為京兆郡；唐改為京兆府；宋置陝西路；元為安西路；明稱西安府；清仍之。現為西安市，並為陝西省之省會。

由於西安曾經為西周、秦、西漢、隋、唐等大小十二個王朝的首都，前後共計一千多年之久，所以西安的名勝古蹟之多恐為全國各大都市之冠。西周距今太遠，已找不到太多遺跡可以證實。惟漢唐兩代之遺物很多，特別是二百八十九年的唐代所遺留下來的東西，幾乎處處都有。

西安導遊劉江生說得好，光是帝王陵墓，中國共有兩百多個皇帝，三分之一都葬在西安。北京的名勝佔地廣闊，所以遊客必須跟着導遊走得筋疲力竭；而西安古蹟均有歷史背景，所以西安的導遊必須一一詳細解釋。因此，中國的旅遊界有句順口溜：北京的導遊靠腿，西安的導遊靠嘴。

現在，我們就去華清園，聽小劉的「嘴」。

華清池在西安城東大約三十里處，位於驪山腳下。兩千

兩百多年來，這裡一直就是著名的沐浴勝地。據說在西周時代，就有人發現這一帶的溫泉可以醫療皮膚病。第一個懂得享受這裡溫泉的皇帝是秦始皇。歷史記載：始皇帝砌石築池，取名「驪山湯」。漢武帝也是個懂得享受的皇帝，他在秦湯的基礎上又加建了「離宮」。後來南北朝時後周的晉國公宇文護在此又建築了個「皇堂石井」。隋文帝楊堅又在這裡修建廣宇，並種植了大量松柏。唐太宗更是大規模地廣建宮樓，賜名「溫泉宮」，並去遊幸過八次。太宗的兒子高宗，也帶著武后去過至少四次。到了唐玄宗，不但大興土木，沿井為池，列殿築城，並修通道直達長安，賜名「華清宮」，史書記載，他曾經去過四十餘次；而且每次都停留很長，少則十天半月，多達三個月之久。自從冊封楊玉環為貴妃後，老夫少妻更經常逗留「華清宮」而忘返。根據導遊小劉的研究，玄宗皇帝並不是真的特別喜歡溫泉，他不過是藉機去多看看「溫泉水滑洗凝脂」而已。

　　我們一行進得園來，大家的第一個問題便是追問小劉：當年楊玉環洗凝脂的地方究竟現在何處？小劉說，這個問題一直是千百年來大家都想知道的，而政府當局也的確為了這個問題傷透了腦筋。原因是究竟一千兩百多年了，華清園又是如此地龐大（佔地一百二十八畝），物換星移，一切早已是景物全非，既無物證，更無人證。

　　根據主辦單位的解釋，華清園內共有三處大浴池，因而假定那個最大的浴池必定是唐玄宗所御用，那個次大的應該是嬪妃們所共用。楊玉環既是玄宗的寵妃，是否會被皇帝特別准許，到皇帝的專用浴池去和皇帝洗鴛鴦澡呢？除非起高

力士於地下，是沒有人可以確切回答這個問題的。所以政府只有假定這兩個最大浴池中之一個應該是貴妃娘娘當時賜浴之處。如今這兩個大浴池均正修建為水泥建築，並在大門外加鎖，閒雜人等一律不准入內。不是因為娘娘在裡面洗澡，而是怕一旦讓千萬人進入會污染了歷史文物。如果現在仍然有人一定想過過太真娘娘的癮去沐浴一番，園內另有公共浴池，繳費寬衣下水可也。

我們一行美籍華人遊客，大家每晨均有沐浴習慣，在此旅遊忙碌時刻，既然不能共享貴妃娘娘的洗澡水，誰也沒有心情去寬衣解帶了。

大家一方面溜覽華清園內的亭臺樓閣，池魚垂柳，一方面說說笑笑，不覺間就走到了「五間樓」。這裡是西安事變前蔣介石來西安視察時所住的地方。蔣的臥室、辦公室、甚至於他的侍從們所居住的地方，包括床、桌、椅、及舊式電話機等，均照當年模樣保存起來，供遊客參觀。和皇帝的浴池一樣，房子外邊均加了鎖。所以我們只能從窗子外邊向內觀看。

話說當年，蔣介石於夜半突然聽到槍聲愈來愈近後，心知情況必有變動，乃立即從後窗跳出，逃到驪山上一個山洞內躲起來。結果還是被張學良和楊虎成的士兵發現了。若干年後，胡宗南主持西北軍政大局時，他在張楊士兵發現蔣介石躲起來的地方，建起了一座紀念亭，名叫「正氣亭」。表示蔣之逃出是發揚文天祥式的正氣。幸虧胡宗南不會做詩，否則，一首新的正氣歌詞一定又出籠了。

胡宗南當年，手握國民黨最佳裝備及最現代化之重兵，

內結特務頭子戴笠，大有法定繼承人準備接班的趨勢。結果呢？在大陸沒有和共產黨打上一場硬杖，便軍消兵散了。據說老蔣後來氣得一度不准他逃到臺灣去。像這種只會在正氣亭上拍馬屁的大將軍領兵，大陸為得不拱手讓人。我說拱手讓人是實話實說。如果我們翻開民國三十八、九年的黨營中央日報，當時幾乎每日都在報導，我軍改變戰略轉進某地的消息。一句話，國軍一次敗仗也未吃便轉進到了臺灣。假如沒有後來因韓戰爆發，美國總統杜魯門下令第七艦隊保護臺灣的話，我真不知道蔣介石又將轉進何方？

今日聽到了導遊小劉的正氣亭故事後，一時有感而發。我不是戰略家，也非歷史學家，不過躬逢其盛，做了個歷史的見證人而已。話說回頭，老毛趕走了老蔣以後，又把此亭的名稱改為「捉蔣亭」。近年來，由於老毛老蔣都已歸西，兩岸空氣和緩，舊情似又重燃。為應付最近情勢發展，此亭名稱又改為「兵諫亭」。竹亭依舊，亭名數易，就好像老舍的「茶館」一樣，歷經風霜，這就叫做歷史。

因為亭在半山之中，我們遠來遊客時間有限，大家又很疲乏，最重要的是我們沒有張楊士兵追蹤，所以當導遊決定不上山去遊亭時，大家都沒有提出異議了。

據說在兵諫亭後驪山西繡嶺上，便是兩千八百年前周幽王為博妖姬褒姒一笑的峰火台舊址。如今褒姒芳骨早渺，所以我們團中更無一人願去爬那高峰實地觀察了。

也在驪山上位於今日之趙家堡與大古村之間，據說是秦始皇下令建築可他本人無福居住的阿房宮之舊址。想當年，阿房宮的宮殿樓臺積疊三百餘里，所謂「驪山北构而西折，

直走咸陽。二川溶溶，流入宮牆。五步一樓，十步一閣。」
可恨老紅衛兵項羽不愛惜文化，一火儘去。否則，今日的驪
山之遊，更有得我們看的了。

阿房宮和萬里長城在今日的遊客眼中都是「寶貝」，可
是當年，多少人爲它們喪失生命，多少人爲它們家破人亡！
杜牧在阿房宮賦中說，「使天下之人不敢言敢怒。獨夫之
心，日益驕固。戍卒叫，函谷舉；楚人一炬，可憐焦土。」
小杜感嘆之餘，又痛下結論：「秦人不暇之哀，而後人哀
之；後人哀之而不鑒之，亦使後人而復哀後人也。」

俱往矣。安知他年後又無人爲當年之蔣萬歲、毛統帥之
所作所爲而哀之而又鑒之。這就叫做歷史。蘇東坡的驪山絕
句說得好：「功成雖善欲持盈，可笑前王恃太平；辛苦驪山
山下土，阿房才廢又華清。」導遊小劉說，如今遊客最愛去
訪的地方，不是峰火亭舊址，也不是阿房宮遺墟，而是楊貴
妃墓。因爲傳說中女遊客用楊貴妃墓上泥土擦臉，便可以美
如玉環。日積月累，貴妃墓上的泥土差不多都被女遊客擦光
了。有關單位乃以水泥復蓋在泥土上，總算保住了貴妃的香
塚。因爲沒有泥土可擦了，我們團上的女團員們也不堅持去
訪貴妃墓了。

在華清園的大餐廳內吃了午飯。菜尚平平，可是茶味怪
怪的，簡直難以下咽。問餐廳服務員，誰也不知道爲什麼。
結果，還是我們旅行團中一位越南潘姓團員找出了原因，他
說這茶一定是用什麼貴妃娘娘的洗腳水燒的。

飯後大家立刻上車，我們去距離西安不遠處的臨潼縣
東，看那震驚全球出土不久的秦兵馬俑。

　　說起秦兵馬俑，我們必須從秦始皇帝談起。始皇帝姓嬴名政，十三歲時即就秦國王位，時爲公元前二四七年。第二年便開始修築陵墓，一共修了三十七年。記錄上說，陵丘高七十六米，週長約兩千米，陵園面積爲五十七平方公里。其規模之宏偉可以想見。由於秦陵尙未發掘，故秦陵的地下宮殿之真實情況尙不得而知。可是，在秦陵東側一點五公里處，於一九七四年發現了皇陵的兵馬俑葬坑，出土文物非常之多，計陶俑數千個，陶馬上百匹，戰車數十輛，銅錫合金兵器近萬件。經中共政府全力整理，於一九七九年建立了秦始皇兵馬俑博物館，向全世界開放展覽。

　　已經發掘的兵馬俑坑共有三個，其中以一號坑最大。中國政府已在一號坑的基礎上建起了一座長約兩百三十米，跨度七十米，高二十二米的鋼鐵結構現代化展覽大廳。

　　一般遊客是不准走進兵馬俑的，只能在大廳內四週的高欄杆旁遠眺。一號坑內有近六千件的陶兵馬俑。每件造型逼真，工藝精緻。整個兵馬俑排列整齊，像一個面向東的長方形軍陣，有前鋒，有主軍，有兩翼，可謂陣法嚴謹。雖然這些都不是真人真馬，可是亦可看出當年秦始皇的軍隊是多麼地強壯和訓練有素。秦之所以後來能夠統一六國，的確不是無因的。

　　二號坑位於一號坑北側東端，面積稍小，據說也有陶俑千件，陶馬三百多匹，戰車十一乘，是步、騎、車三個兵種混合組成的軍陣。

　　三號坑最小。門前僅有戰車一乘，環立武士俑六十八個。根據考古學家分析，可能這號坑是指揮作戰司令部。

在一號坑內，我們所看到的大部份兵俑均穿戰袍，身披甲，手持兵器。戰馬多呈昂首欲奔狀。整個軍陣組織嚴密整齊。這使我不由想起了秦軍大將蒙恬。他將兵三十萬，北逐戎狄，收黃河以南各州。更渡河據陽山，戎馬十餘年，威震匈奴，爲秦王朝立下不世之功。然而秦始皇一死，趙高串通李斯由二世胡亥矯詔賜恬死，這位不可一世的虎將本可以「將在外君命不受」，可是，他竟然愚忠到底，真的自殺了。假如蒙恬不自殺，能與秦始皇長子扶蘇合作，則整個的秦王朝，雖不能傳之萬世，像劉漢一樣傳個數百年也不是不可能的。再假如蒙恬也能有「毛澤東思想」、「槍桿裡出政權」，秦始皇既死，大可擁兵自重，另起爐灶，如此一來，這以後的整個中國歷史必將重新寫過了。今日面對秦軍軍陣組織嚴密，叫我怎麼不爲當年的蒙大將軍感嘆不已。

秦兵馬俑博物館內還設有展覽室、公共餐廳、及商店等。我們回到展覽室內，又對著在玻璃框內的兵馬俑仔細觀看，真是愈看愈覺得神奇不可言喻。因爲兵馬俑是兩千兩百多年前的產品，早已震驚全世界，每天從各國來到西安專門爲參觀兵馬俑的訪客絡繹不絕。據說自一九七九年十月一日公開對外開放以來，已經有好幾千萬人次來過西安了，兵馬俑爲西安帶來了可觀的外匯，也繁榮了這座古城。

目前幾乎整個西安城內到處都可以買到或大或小的兵馬俑複製品。導遊乃帶領我們去實地參觀了一家政府辦的陶俑複製工廠，看看他們是如何去做兵馬俑複製品。我以人民幣五十元（折合美金九元）買了一個高約一英尺半的陶俑，帶回美國留做紀念。

　　凡是讀過西遊記的人，都會記得孫悟空、豬八戒、和沙和尚保護他們的師傅唐僧前往西方取經時所遭遇的各種艱難。唐僧玄奘當年就是從西安出發的，途經八十一難，最後終於取得了真經返回中土。孫悟空、豬八戒、和沙和尚都是作者吳承恩所創造的，可是，唐僧玄奘去西方（即今日之印度）取經故事都是真實的。所以參觀了兵馬俑及陶俑複製工廠後，我們便去參觀唐僧取得佛教經典後，在那兒譯經和存放經典的地方 —— 長安大慈恩寺及大雁塔。

　　大雁塔位於西安市南郊距離城市大約四公里的大慈恩寺內。

　　公元六四八年，唐太宗李世民的太子李治為追念他的母親文德皇后，修建了慈恩寺。不久，唐僧玄奘歷經萬難從印度取經回國。皇帝就命令他住在慈恩寺裡翻譯佛經。為了保存玄奘帶回來的大量經典，朝廷應玄奘的要求，又在寺內建了大雁塔，專門用以儲存這批佛教界的稀世寶典。

　　大雁塔初建時為五層，後於武則天時又加建兩層，共為七層。塔呈方形角錐狀，為青磚仿木結構。每層特出的磚柱，形似開間，四面又有磚砌拱門，十足表現了中國民族特色及唐代佛教建築的風格。

　　大雁塔底層南門兩側，鑲嵌唐代著名書法家褚遂良書寫的兩塊石碑。一塊碑文是「大唐三藏聖教序」，是唐太宗李世民所賜。另一塊碑文是李世民的兒子後來繼位稱唐高宗，也就是武則天的丈夫李治的又一篇「聖教序」。他們父子兩人的聖教序，再加上褚遂良的書法，為大雁塔平添了不少的身價。我在很多年前，曾經讀過唐太宗的聖教序，而且還臨

帖過褚遂良的聖教序書法，如今竟什麼也記不得了。因此，我很想仔仔細細地把這篇唐太宗的聖教序再從頭看一次。可惜團體旅遊，時不我予。這是我的西安之旅中唯一憾事。

去了大雁塔，不能不去小雁塔。這兩座大、小雁塔並不在同一處。小雁塔在西安市南門外的荐福寺內。小雁塔比大雁塔晚建（公元七零九年建的），規模也比較小點。據說是武則天爲紀念她的丈夫唐高宗李治獻福而建。

當年玄奘去印度取經走的是陸路。後來，佛教界另一位高僧走水路去印度，也經歷了很多艱難困苦，結果也帶回了很多本佛經。於是，朝廷仿玄奘故事，要他住在荐福寺內譯經，並將經典存放在小雁塔內。

從大、小雁塔的故事看來，可見佛教在唐代初年是非常旺盛的。韓昌黎諫迎佛骨表被貶到潮州去寫祭鱷魚文，那又是一百年後的事情了。老韓不信佛教，也力勸皇帝不要信；要是在美國，不僅宗教信仰自由，他更是犯了妨礙他人宗教信仰自由罪，被貶到潮州去是活該。話又說回來，要是他不去潮州，我們又那會有那篇情詞懇切的祭鱷魚文可讀呢。這話真是扯得太遠了。

也許因爲大、小雁塔均與佛教有關，而佛教並不是人人都有興趣的；也許因爲這裡既沒有楊貴妃洗澡的風流韻事，也沒有那嬌滴滴的白娘娘神話傳說，所以來這裡參觀的遊客比起去華清池或杭州雷鋒塔的人要少得多了。

於返回賓館的途中，我們經過了新近被中共列爲旅遊勝地的「張學良將軍公館」，當然入內一遊。據說，館內一切陳設儘可能仍然維持當年西安事變時的真實情況。在張學良

的大客廳裡，當年張學良、楊虎城、與周恩來、宋美齡、宋子文等關節性人物不知道在這裡密談了多少次。我坐在客廳內張學良常坐的大辦公桌椅子上照了一張像片。

假如沒有西安事變，很多人說非常可能中共會被一網打盡。但是也有人說，就是沒有西安事變，中共還是可以「長征」的。更有人說，即使中共在那個時候真的被老蔣搞得全軍覆滅了，以後還是會有人在別的地方另起爐灶出來造反的。蔣介石在大陸上是非垮不可的。我是親眼所見，抗日戰爭後的蔣介石集團之種種胡作非為，確已達到天怒人怨的地步。中國的每次換朝換代都不是無因的。亡秦的不是楚人，是秦王朝自己。

話又說回來，中共今日之開放張學良將軍公館，未嘗不是對張學良之發起西安事變，使得他們能夠有個喘息的機會之一種回報。不知道現在臺灣的張學良又在作何感想，是否認為這些事件之發生，實在都是上帝的安排。

今天的晚飯我們又吃到了一輩子也沒有吃到過的如此豐盛的水餃。先吃二三十道包得精緻無比的蒸餃，每道味道都不同，又各有不同的吉祥名字。最後的一道珍珠餃，形狀比小姆指頭稍大一點，放進桌子上面的小火鍋雞湯裡當場煮吃，不僅味美，更是別具一格。據說，這是當年八國聯軍把西太后趕到了西安，御膳房為討好慈禧所想出來的絕招。託老佛爺的福，今晚的餃子宴吃得我心服口服。

餃子宴後，導遊安排我們去欣賞一場仿唐歌舞劇。所有男女演員均著唐代宮廷華服，就連樂器也也仿照唐代的。佈置的舞台更僅可能像李隆基的皇宮。加上現代化的幻燈及音

響設備，於是我們這批美國來的華僑都變成了唐明皇了。劇場是現代化建築，冷氣適中，大家靜坐著觀看西安美女一個個都幻化成唐宮姬妃，又是唱歌又是跳舞，真乃歌舞昇平，怎不叫我們「龍顏大悅」！最後一曲霓裳羽衣舞，更使我們有飄飄欲仙不知今夕是何年的感受。假如豆腐裡找骨頭還有什麼批評的話，那就是扮演楊貴妃的那位西安美麗女演員太苗條了點，沒有傳說中的玉環豐滿。

旅遊十天以來，對於今日之所遊所吃所看所聽是最滿意了。帶著這份快感，我告訴內人，假如今天夜裡能在夢中再偷看到楊貴妃洗澡，那就更是妙不可言了。耀文笑罵我是得隴望蜀人心不足蛇吞象。

六月十六日，我們在西安繼續訪古。

很久以前，我還住在臺灣時，曾經聽到過一首流行歌曲，其中好像有一句「城牆上跑馬」。當時我就覺得奇怪，牆上是那麼窄，怎麼可以在上面跑馬呢？這分明是作詞曲的人一種幻想吧了。可是今天上午，導遊來引導我們參觀西安城牆時，我方才大開眼界。西安的城牆上不但大得可以跑馬而且還可以供四、五匹馬同時併排著跑呢！今日的西安城牆，據說是當今世界上保存得最完整的城牆。

遠在唐代時，西安就有城牆。後經歷朝歷代戰亂，到明代時已經牆倒屋塌，不堪負起防禦的功能了。朱元璋在攻克徽州後，聽從一位隱居的謀士勸告：「高築牆，廣積糧。」下令各府縣普遍建築城牆。西安的城牆就是在這種情形下，在唐代的舊城牆遺址上重新修建起來的。唐代的舊城牆為土牆，明代修建時，又外加一層青磚。距今已經六百多年了，

仍然保存著當年的形像。

　　明代擴建後的西安城為一大長方形，週長十二公里，牆高十二米，頂寬十四米，底寬十米，共有城門四座，角門四座，砲臺九十八座，垛口五千九百八十四個。各垛口之間的下部又有一方孔，是用來瞭望和射擊敵人的。敵台突出在城牆外面，頂與城牆平，這是專為射殺爬城敵人而設置的。敵台之間距離的一半，恰好在弓箭的有效射程之內。所以每座敵台上都建有駐軍的敵樓。

　　西安城門共有四座，每座城門內又有正樓、箭樓和閘樓三重城門。城樓下面的小城叫月城，也是駐兵的地方。

　　由於擴建如此寬大的城牆，必須向城外地面掘土很深，這就變成了所謂的護城河。正對城門處又設置了隨時可以起落的吊橋。當年守軍只要升起吊橋和關緊城門，就可以完全截斷了一切進出西安城的所有通道。所謂「插翅難飛」，大概就是這個意思。假如沒有後來的飛機和大砲的發明，也許今日的西安城牆仍是防禦西安的最佳工事。

　　如今中共政府計劃在西安城牆上面，建築可以讓四輛汽車併行的公路。護城河內也將廣置遊艇，藉以吸引觀光客。果如此，我告訴導遊小劉，我們將儘快回來再遊西安的。

　　我們今天遊覽的不過是西安四座城門中之一座。事實上，每座城門的規模大小都差不多。

　　每座城門就好像是一棟博物館。內設文物陳列室、書畫展覽廳、紀念品零售廳等。城門內庭院之大，足可作為操兵之用。在這樣的城門內走動，我真好像又看到了唐太宗李世民當年橫刀躍馬的雄姿，也好像見到了明代大將軍徐達巡城

時的豪邁步伐。

　　在返回賓館的途中，我發現距離賓館不遠處有一個區域叫做「玉祥門」。我知道「門」在中國就是「區」的意思。果然在這個區域裡的飯店叫「玉祥飯店」，商場叫「玉祥商場」。這是中共紀念蔣介石的把兄馮玉祥多年暗中支持共產黨的一番回報。馮於中華人民共和國立國之初，由蘇聯乘輪船回中國途中因輪船失火被燒死。是否是他的把弟老蔣的傑作？那也只有他們把兄弟兩個在陰間自己去對質了。

　　午飯後，我們去市區內參觀一家規模不小的百貨公司。我買了一個會用國語報時的鬧鐘，準備帶回美國送給和我們住在一起可不會英語的老父親。不久前，我那在美國長大受美國教育的小兒子，也曾於我生日時送我一個鬧鐘作爲生日禮品。據說上海人最忌諱贈送鐘，因爲「鐘」和「終」音同。可是，按照臺灣佛教界星雲大師的解釋，能夠由自己的兒女送終，應該是一個人前世修來的福報。

　　在買鬧鐘的時候，我也買到了久想購買的中國文革時期的革命歌曲唱帶三盒「紅太陽」。我還聽說過其中一首歌的歌詞是「毛主席的恩情比山高比海深」，「你是燦爛的太陽，把五湖四海全照亮。」假如四人幫不倒台，假如中共從未經改，時至今日，也許我十二億同胞中真的會有很多人相信這些歌詞中的話語是「一句抵得上十萬句。」

　　最近臺灣的「傳記文學月刊」連續發表了蔣介石的第二任正式妻子陳潔如的自傳，大家方才徹底明瞭了我們的巍巍蔣公，原來也是個酒色財氣忘恩負義的現代陳世美。所以說什麼「英明」、「偉大」必須等那個時代完全過去了才可以

下斷語的。目前臺灣的氣候已有進步，但還沒有到達我們可以批評袁世凱那樣的隨便和顧忌，因爲「慈湖」和「中正紀念堂」還是端端正正地在那裡受人們供奉著。中國大陸的「毛澤東思想」仍是立國的準繩，一切更不必談了。

　　在赴機場飛往桂林的途中，但見群山林立。導遊說這些都是漢唐兩代數十位皇帝的陵園，迄今仍無一座被發掘。相信任何一座也不會比北京那兒現已發掘的明定陵規模小。唐太宗的墳墓旁邊有很多小的墳墓環繞，一定都是那些追隨太宗皇帝多年的文臣武將們的墳墓。李世民生前受人前呼後擁，死後在陰間也是不會寂寞的了。

　　西安機場規模宏偉而且整潔有序，不知道與千萬國外遊客來此參觀秦兵馬俑是否有關係。可是，由西安飛桂林的飛機卻極陳舊。我與內人耀文兩人的安全帶全壞了，我們告訴空中小姐，她要我們在飛機升降時用手緊抓住椅把就可以了。而且上機時也不對號，先來的坐在前面，後上的坐後排，有點兒像在都市內搭公共汽車的味道。惟機上的服務很好，服務員的態度非常和氣，所送的小紀念品也很可愛。

　　差不多一個半小時的飛行航程，我們就順利地到達桂林機場。當地導遊小姐姓廖來接我們。廖同志花襯衫、牛仔褲、深掃蛾眉、重點朱脣，完全是一副資本主義的打扮。予我們這批美國來的遊客一個良好的第一印象。

　　在進城的遊覽車上，小廖告訴我們，桂林每值九、十月份，桂花成林，全市飄香，故稱桂林。我們所住的賓館是桂林最高級的四星賓館之一，名叫桂湖飯店。

　　不知道爲什麼，當天晚飯我們被安排在另一家比較老舊

的賓館裡用餐。據說，當年美國前總統卡特夫婦來桂林遊覽時，新式賓館還沒有一家。卡特一行就是住在我們今天吃晚飯的老舊賓館裡，因為這家賓館在當時被認為是全桂林最高級的呢。可是，我們當天的晚飯菜一點兒也不高級，而且在飯還未吃到一半時，電燈突然熄了，誰也不知道原因，誰也不知道什麼時候可以修好。還好女服務員迅速送來蠟燭，大家來了個燭光晚宴，倒也相當羅曼帝克的。

吃完晚飯後，大家回到桂湖賓館，發現燈光明亮。原來四星級的賓館與當地電力公司有約，任何情況下均不可停電。這又是中國社會主義下的另一種不平等條約。

相看兩不厭，漓江水與山。─六月十七日遊桂林

桂林在秦時稱桂林郡；漢曰治安縣；三國吳、南齊及晉均稱桂林郡；唐曰臨桂；明於縣置桂林府；清仍之。現為桂林市。

桂林市位於廣西東北部漓江兩岸。據說在南北朝時就出現了很多讚美桂林風光的文字，可見在一千多年前，桂林就是一個旅遊勝地了。

「整個桂林市就是南北一條街，東西兩座橋。」這是導遊小廖今天早上的開場白。她說，「桂林的風景是三山兩洞一條江。」

現在，我們就照著上面這個原則去遊桂林。首先，我們沿著南北一條街的中山路走。這是桂林最長也是最熱鬧的一條街道。因為中山先生不僅在國民黨裡被尊為國父，即使在共產黨裡也倍受尊敬，所以中山路的路名不受政權的移轉而

更改。沿著這「一條街」中山路，我們來到了「一條江」的漓江渡頭。

　　由於自前一天開始，桂林就時雨時晴，次晨更是大雨滂沱。我與內人在動身上遊覽車前，先在桂湖賓館的商場裡買了一把雨傘。及至車抵渡頭，見雨仍無停止跡象，乃在販賣紀念品的路邊攤位上又買了一把傘。於是我們兩人各自打著雨傘，跟隨導遊及無數的遊客，在很多的遊艇中找到了我們該上的遊艇。

　　我們的遊艇並不太大，可也不能算小。可以容納一百五十至兩百位遊客。每六個人共坐一張飯桌，桌子的一頭靠近窗口，使我們可以溜覽江上風光。全艇共有這樣的桌子大約三十張。船頭是駕駛室，船尾是廚房，兩邊有男女廁所。

　　導遊小廖介紹，雨後的漓江最美了。是秀麗中含有朦朧，朦朧裡又帶著神秘。於是，一種純淨自然的秀山麗水便在這股秀麗朦朧而又神秘的景色中呈現了出來。漓江全長四百三十七公里，以桂林至陽朔間的八十二公里處最美。

　　船開得不快，如此遊客們才可以盡興觀賞兩岸風光。船在兩山之中航行，向窗外望去，但見岸邊奇山怪峰，重巒疊翠，一個緊接一個，也似乎一個比一個更美。不久，雨停了，那雨後初晴所顯示出來的霞光霧氣，更是滿山遍谷，瑰麗非凡。遠眺三山（象山、穿山和塔山），宛如鼎足兀立，端莊秀拔，另有一番氣勢。

　　象山似一頭大象正在江邊吸水，其鼻與腿間又形成一個半圓形大洞，如同一輪明月正從江面昇起。穿山山上的圓洞好像明月穿洞。塔山山頂像有座寶塔，似隱而又時現。疊綵

山之山石層層橫斷，好似疊推起來的一匹匹錦緞。淨瓶山像半邊瓷瓶，躺臥江中，瓶口、瓶頸、瓶底完整無缺，渾然一體。鬥雞山是兩山隔江相向而立，好似兩隻雄雞，昂冠振翅，躍躍欲鬥。還有那黃牛峽、望夫石、半邊渡等等，無不光影迷離，山樹蔥蘢，彩翠相間，均爲奇觀。更難得的是漓江之水，清澈無比，它既不像西湖、蘇州河之混濁，也比玄武湖、昆明湖寬廣。無怪乎美國前總統尼克森來桂林遊玩時，他也承認桂林是他一生中所週遊過的八十多個國家裡最美麗的一個地方。

中午十二時正，船上開飯。八菜一湯，更有桂花酒助興，不喝酒的人可以桂林特產汽水代替。菜頗不惡，魚更是燒得確到好處。就這樣我們邊吃邊喝邊看兩岸美景。如果不是人聲太嘈雜，真有天上人間不知今夕是何年之感。

飯後，大家齊到上層甲板上面遠眺及照像。由於站得高，望得遠，我們又看到了自然界的美妙景色。甲板上有紀念品零售攤，我買了一本大畫冊，印刷非常精緻。

如果不是參加旅遊團，只是三五好友，大家志趣相同，時間有的是；再如果能夠找來個妙齡船娘，弄琵琶，啓朱脣，彈唱數曲；則我們真會如桂林人所慣常自豪的，「寧做桂林人，不願做神仙」了。

船近陽朔，兩岸風光似更迷人，使人有目不暇給之勢。「桂林山水甲天下，陽朔風光甲桂林。」此話誠不我欺也。

船在陽朔碼頭停靠，大家棄船上岸。原來送我們到桂林漓江渡頭的遊覽車司機早已將車開到陽朔碼頭等候我們了。大家又上了車，回去桂林繼續我們的遊覽。

　　歸途中，我們又經過了「兩座橋」中的一座橋 ── 解放橋。由於解放兩字和文革一樣使我提不起興趣，我沒有下車一看。

　　導遊說，國民黨的前代總統李宗仁的原配妻子原就居住在離此橋不遠處，活了一百零幾歲才突然病逝，也可以說是真正的壽終正寢。可是棄她別娶美女郭德潔的李宗仁和郭氏夫人都未活得如此高壽。導遊說，李宗仁和郭德潔原在桂林居住的公館仍然保留。該房傍山而建，建材全為巨石。最重要的是後院通過山洞直達機場。李氏當年的用心之苦，可以想見矣。

　　因為廣西如今已不稱省而叫「廣西壯族自治區」，車行無聊，導遊小姐又為我們介紹了很多壯族的奇風異俗。小廖信口開河，姑妄言之，我們也就姑妄聽之。

　　下午三時半左右，我們終於來到了有「大自然藝術之宮」之稱的蘆笛岩。

　　蘆笛岩在桂林光明山南側山腰，附近生長蘆竹可以做笛，故其岩名蘆笛岩。這是一座石灰岩洞，洞深且長約為二百四十米。洞內有無數個奇麗多姿的石乳、石筍、石柱、石幔、石花，無不玲瓏剔透，千奇百怪，大小不一，高低不等，或粗或細，完全是天然景物所組成。據說蘆笛岩發現時，岩洞內尚保存有唐代以來的壁書七十多則，均以墨筆書寫，仍然依稀可認。

　　蘆笛岩經政府一番修飾，添加了彩色幻燈及梯階。在彩電映射反光下，色彩繽紛，各種奇形怪狀的乳石，均如寶玉、如珊瑚、如翡翠等堆砌起來的一座藝術宮殿。我們緊跟

導遊，導遊手持電筒，不時以電筒光線指引各種幻境奇觀。其中最大一處竟如同一座宮殿之大廳，在彩色電燈光反映下，更特別顯示出神秘幽美無比。

於返回賓館的途中，在車內，導遊又告訴了我們一些關於桂林的事情。

桂林附近群山林立，可是，最高的長壽山也不過是海拔二百多公尺而已。桂林市內的建築沒有二十層以上的高樓，就是因為怕樓太高而遮住了仰望群山的美景。

十年前，桂林很少有像樣的高級賓館可以接待外賓。如今大小賓館紛紛建立。美國連鎖旅館「假日旅店」(Holiday Inn) 也在桂林市內建立，而且僱用了個美國人當總經理。

廣西原來是中國各行省地區中僅次於西藏的一個最貧窮地方。中國有句俗語：「廣西是地無三尺平，天無三日晴，人無三方銀。」如今廣西大力發展觀光事情，尤其是桂林一帶，託明山麗水之福，每年來此欣賞山水的國內外遊客數量之多，幾乎可以直追北京和西安。

黃花碧血埋忠魂，一片哀榮五羊城。 —— 六月十八日去廣州

廣州在秦漢時為南海郡；漢初南越王趙佗據此；三國時吳置廣州南海郡；五代時南漢劉隱都此；明置廣州府；清仍之；民國廢府稱市。

由桂林飛廣州不過是四十五分鐘的航程，所以當我們飛抵中國三大機場之一的廣州白雲機場時，尚不過是上午十時半左右。由機場去廣州市中心的途中，但見高樓大廈林立，

街道整潔，完全是第二個北京城的模樣。

廣東近海，自晚清以來，廣州一直是中國南部沿海第一大商埠。近幾年來，鄧小平經濟開放政策又以廣東爲實驗省，經濟發展之速更爲全國之冠。據當地導遊說：廣州每人平均年收入爲人民幣四千元（約折美金七百元），幾爲中原一帶人民收入的一倍。由於經濟改革開放，當然也帶來了很多資本主義的惡習。因此，廣州治安之壞也爲全國之冠。目前，廣州市最高的建築爲一華僑投資之賓館，樓高六十三層。我們在廣州當晚所住的中國大飯店亦爲一五星級賓館。

我們到達賓館後，稍作休息，即去午飯。飯後首先遊覽黃花崗七十二烈士公墓。

黃花崗七十二烈士公墓佔地大約三萬平方米，位於廣州市內先烈路，建築於一九一八年，葬有參加廣州起義失敗的七十二位國民黨精英遺體。其中最爲衆人所知的是林覺民烈士，他那篇情辭悲切壯烈哀婉的與妻訣別書，真可以說是名垂千古。我在十一、二歲於蘇北家鄉私塾中曾被塾師教授過，而且還能夠背誦如流。雖然那已經是差不多六十年前的往事，可我現在仍然能夠背誦一部分。如今面對包括林覺民烈士在內的公墓，我不由得低聲背誦這篇與妻訣別書，因此也愈感覺林覺民烈士的偉大與無我。是這種偉大無我的革命精神終於推翻了自私無能禍國殃民的滿清政府。

公墓門上鑲有中山先生親書「浩氣長存」四個鎏金大字，下書「民國十年孫文敬題」。墓園內黃花處處，故名黃花崗。除黃花外，又有各種盆景羅列，給公墓增加了一派肅穆氣氛。墓前有記功坊，長書「七十二烈士之墓」七個大

字。墓後石刻數百人姓名，全是獻助籌建此公墓人士。我略一觀看，發現多爲世界各地國民黨分支部愛國黨員所爲。石刻最上端豎立一與紐約自由女神相似之石雕。墓背面有一大石碑，詳述當年廣州起義之經過。撰書人爲國民黨元老鄒魯。

在墓園內，我們又參觀了默池及古色古香的黃花亭。

在同一墓園內左方，有鄧仲元墓，墓旁並有鄧氏身著戎裝手拿指揮刀之銅像一座。據說鄧氏原爲孫中山最信任的軍事人才。一九二二年，鄧於擔任中山先生與陳炯明間的軍事連絡人時被陳暗殺。中山先生以臨時大總統名義追贈鄧爲陸軍上將，並命葬於七十二烈士墓園內，及親書墓碑。

廣州導遊說，如果鄧氏不死，蔣介石能否出人頭地，大成疑問。如果沒有出人頭地，那有後來的蔣委員長及蔣主席和蔣總統？因爲按照當時的情況，中山先生的確對鄧既賞識又信任。那時的蔣介石被中山先生斥責後返回上海，還是一個無業遊民。所以上海導遊的話也並不完全是空穴來風。

離開七十二烈士墓園後，我們去越秀山南麓中山紀念堂參觀。

中山先生就任非常大總統的總統府被陳炯明叛變砲轟所毀。一九三一年，國民黨中央爲紀念中山先生締造民國之豐功偉業，特在原非常大總統府舊址上建立了一座可以容納六千人集會的中山紀念堂。堂外有中山先生立像，神情肅穆而又和藹可親。

根據臺灣最近發表的蔣介石前妻陳潔如的回憶錄，中山先生初命蔣介石至陳炯明部工作。陳派蔣爲作戰科科長。後

來陳蔣兩人不睦，蔣乃至孫處說盡陳之壞話，謂陳不可信賴。是時廣東軍權幾完全掌握在陳炯明的手中。陳是陸軍部長，又兼廣東省長及粵軍總司令。中山先生以仁者之心對待陳炯明，不相信陳會背叛他。可蔣介石向孫一再訴說，用盡一切方法使孫相信他的話。最後孫實在不耐煩而嚴詞申斥蔣之多疑。不得已蔣只有離開廣東去了上海。

蔣到了上海後，仍不甘心，依舊不停地分別函電中山先生及孫身邊諸同志，要求孫免除陳之各項軍職，並將其逐出廣東。就連胡漢民和許崇智也看不慣蔣的這種作風。

結果，廣州街頭謠言滿天飛，說孫將逐陳。在這種情況下，陳被逼得索性一不做二不休，要其參謀長葉舉下令砲轟孫之總部，時為一九二二年六月十五日深夜。至此，孫始悟蔣之明察。從此，孫信任蔣。並有日後委任蔣為黃浦軍官學校校長之職，因而造成了蔣的一生霸業。

也可以說，陳之叛孫，一半是由蔣所造成的。如果沒有蔣在孫前極盡挑撥之能事，也許陳仍會追隨孫的，起碼不會弄成後來的公開叛變。果如斯，則後來的黃浦軍校校長一職，怎麼也不會落到蔣的頭上，而整個的中國近代史又不知怎樣去寫了。

話說回頭，中山紀念堂由當時中國最著名的建築師呂彥直所設計。在紀念堂內千人開會，各小組可以分組討論而不會有雜音干擾。

在文革十年期間，中山紀念堂安然無恙。

傳說周夷王時，有五位仙人騎著口銜稻穗的仙羊來到廣州，把稻穗交給了當地人們種植。因此，廣州又名五羊城，

簡稱穗。在廣州市越秀公園就有用花崗石雕砌而成的五隻巨羊，高十一米。很多遊客在和巨羊照像，我們也羊腳下照了像。

走出越秀公園，我們又登上了遊覽車，來到了廣州市歷史悠久的六榕寺。該寺建築於公元五三七年，寺名曾數易。公元一一零零年，蘇東坡來寺內遊覽，見寺中六棵大榕樹枝葉茂盛，乃題了「六榕」兩字。後該寺即以此為名。寺院中央有一花塔，呈八角形，外觀九層，內分十七層。塔內有古碑數方，並有蘇東坡畫像及其親書「六榕」二字的石刻。

我們旅遊團內四位最年輕的團員入塔後直上最高層，向著站在地面上的我們年長團員們揮手。我仰望塔頂，想當年，此亦易事也。如今歲月催人，我只能坐在塔下石凳上感嘆。遙想蘇東坡當年題字時，不知道他是否也能走上塔頂？白雲悠悠，往者已矣。再若干年後，不知道在這個世界上，除了我的家人外，亦有人會憶及區區否？因此，返美後，我不欲再為俗務所羈，一定要在有生之年，也為此大千世界留下幾本世人喜讀之中英文書籍，雖不能如蘇東坡之流傳千古，也可聊且不至於枉來人間一場。

當日晚飯由導遊安排在廣州一家歷史悠久的廣州酒家吃烤乳豬全席。該飯店規模不小，上下四層樓，僱用員工八百人，可以同時供應兩千人用餐。

烤乳豬全席極為精緻。主菜是整隻小豬被烤得香噴噴地上桌。我一生不喜歡吃大魚大肉，如此「大塊文章」，我只有望豬興嘆了。我最欣賞的一道菜是冬瓜湯。湯在一個上面開口的大冬瓜內，連瓜都被蒸得很熟了一起端上桌來。我們

不但喝了味道很美的湯，也請女服務員將冬瓜切成小塊子吃了。味道也很精美。

　　我們走進飯店時，即受到身穿制服的飯店員工八個人在飯店進門處列隊歡迎。飯後我們離開飯店時，又受到身穿制服的八個飯店員工人在飯店門口列隊歡送。而且，在我們走出飯店又穿過兩條大街到達我們的遊覽車旁，又發現了該飯店兩位身穿制服的女服務員早已站在遊覽車旁，來和我們殷殷道別。這種殷勤的待客之道，我想在全美國是不會有一家的。

　　香江本是避秦地，大限臨頭各東西。 —— 六月十九、二十及二十一日過香港返回美國

　　香港在廣東省寶安縣南海中，值珠江口之東，北與九龍半島相對，長十八公里，寬為八公里。港水深，能容巨艦。本屬中國，清道光二十二年，公元一八四二年，由於中國在中英鴉片戰爭戰敗，被迫簽訂南京條約，將香港割讓於英國。一八九八年，英國又租借九龍。中共近已與英國約訂，於一九九七年將香港與九龍自英國政府手中收回。

　　六月十九日早晨，我們一行由廣州乘火車去香港，我們這次中國旅遊的最後一站。

　　廣州火車站辦理旅客出境手續相當繁瑣，蓋防國內同胞之混入香港進入自由世界也。在火車行駛中，我們看到了高山隔絕了仍為英國殖民地的自由世界香港和在共產黨統治下沒有民主自由的中國。據說山上還有鐵絲網，並不時有雙方政府人員巡邏。雖然，每年仍有很多的炎黃子孫穿山越嶺，

或在海上飄蕩，冒著生命危險，爲的是追求自由和前途。這使我們生長在自由的環境可以去創造自己前途的海外華僑們怎不爲我們慶幸，及爲他們感嘆。沒有失去過自由的人是不會了解自由的可貴，可以自己選擇前途的人是無法了解去創造自己前途的可貴。在美國，我見過很多整天昏昏沉沉靠領政府救濟金過日子的人們，如果他們與這些冒險去香港的勇士們相比，我有時真覺得上帝委實是太不公平了。

廣州去香港的火車比杭州去蘇州、南京要整潔多了，而且車中的冷氣也開得比較充足。導遊說這可能是全中國最舒適的一段火車了。

車經深圳站小停，我們沒有下車。從車窗中放眼望去，但見到處都是現代化的高樓大廈。這裡是鄧小平經改的樣板，我真不明白陳雲等部份老幹部爲什麼仍然要反對開放？

車行三小時左右到達香港了，這個貧富懸殊很大的資本主義東方明珠。旅行社安排我們住在一家新建築不久的「世紀飯店」。

該飯店大廳內既無豪華設備，又無小橋流水式的東方庭院。如果按照中國旅遊局的標準，這家旅館最多是二星級或三星級。這是我們這次旅遊中所住的最差的一家旅館了。我詢問旅館出納員每天房間費用折合美金是多少，她回答一百一十元。我記得在北京的五星級崑崙飯店，我也曾經問過出納員房間費用，她說八十五美元。由此可以想見香港的生活消費指數比北京還要高出很多了。

因爲香港是個工商業中心，沒有什麼名勝古蹟可玩，比起杭州、蘇州、南京、北京、西安來，幾乎是一張白紙。雖

然，既來之，則安之。我們大夥兒在午飯後又上了遊覽車，香港導遊要帶我們去逛淺水灣。

多少年來，特別是五零年代當我還住在臺灣的時候，我就時常聽說過香港的淺水灣是如何如何地景色迷人。今日身歷其境，發現這裡也不過只是一處公共海濱浴場而已。據導遊說，因為是免費向公眾開放的，所以每當週末假日，來此戲水的人特別多。由於人山人海，大家走來走去都會撞到別人，必須不斷地說「對不起」，由此，淺水灣有了個別號「對不起水灣」。

離開淺水灣，又上車繼續前進，忽然大雨，導遊乃要司機將遊覽車停在一家美國連鎖快餐店麥當勞及肯塔基炸雞聯合飯店的停車場上。我們離開美國快半個月了，每天跟著旅遊團吃中國飯；今日乍見這個美國飯店招牌，頗有他鄉遇故知之感。當團員們進入飯店躲雨時，我與耀文一時興起，每人叫了一客起司漢保，每客折合美金一元一角。吃起來發現味道和美國本土的一模一樣。不知道是否因為這兩個美國連鎖快餐店的名氣太大的原因，食客之多，大有將飯店名稱也改為「對不起飯店」的必要。

後來，我們的遊覽車又停在一家中國海鮮飯店的停車場上。飯店名叫「珍寶」。導遊說這是全香港最大的中國海鮮飯店，可以同時供應兩千五百個客人用餐。飯店好像是依河建築，是棟古色古香的東方式樣大樓。因為時間還早，我們全團中沒有一個人建議入內一試口味。於是我們繼續遊覽。

上車後不久，經過一處大廈，樓高數十層，大門口有警察站崗。導遊說這整棟數十層大樓均被中共新華社香港分社

租用。換言之，在香港還沒有回歸中國以前，這裡是中共政府派駐香港的地下總督府。因為「六四」那年來此遊行的人太多，從那時開始，香港政府不得不派駐警察二十四小時保護。想當年，那位現住在美國的前新華社香港分社主任許家屯坐在這棟大樓裡呼風喚雨時，真是威風八面，導遊說只要許家屯打個噴嚏，全香港人便會感冒了。如今許家屯浪跡美國，不諳英語，沒有秘書，沒有司機。聽說他本人尚未完全忘情鄧小平，所以也不敢公開露面，更不要說指責共產黨了，臺灣當然也不敢去。今後何去何從，沒有人知道。

香港已經訂於一九九七年回歸中國，澳門回歸訂於一九九九年。香港導遊說下一個將是臺灣了。我出生於中國江蘇省，一九四九年去了臺灣，七二年再度來美國，在臺灣前後共住過二十多年。江蘇省是我的第一個故鄉，臺灣是第二，美國只能算是我的第三故鄉。我不在乎臺灣何時回歸中國，或者臺灣以三民主義統一中國，我祇是希望我的第一和第二故鄉之間不要有戰爭，大家都是炎黃子孫，何必一定要動干戈？「話說天下大勢，分久必合，合久必分，」這是「三國演義」的開場白。戰國七雄，五代十國，而今安在？百年後再看今日，不過是中國歷史中的一個小節而已！

香港以一區區彈丸之地，居然能夠容下六、七百萬人口，而且還成為遠東的一大工商業中心。如果不是英人治港，以晚清的顢頇無能，香港能有今日的地位嗎？可是，讓列強佔領我國的領土，這種事情以後永遠不可以再度發生。目前，我們最盼望於香港的，就是九七大限以後，希望香港的經濟繁榮真能如鄧小平所保證的絲毫不受影響。

　　香港屬於英國殖民地，故其交通規則也仿自英國。行人車輛一律向左轉靠左行。這使我們久居美國向右轉的汽車駕駛人很不習慣。二十多年前，我擔任中美洲牙買加國一家美國棒球公司設在那裡的棒球製造廠副廠長，員工四百人，只有廠長和我兩人是從美國總公司派來的，其餘員工都是本地僱用的黑人。由於牙買加也曾經是英國殖民地，其交通規則亦如香港，行人車輛向左轉。我非常不習慣，所以幹了不多久就辭職了。因此，不論香港多麼美好多麼繁榮，偶而來此一遊可以，如果要讓我在此定居，我是絕對不會考慮的。

　　按照行程，我們還應該去遊覽虎豹公園，可是導遊說虎豹公園已經束小一半了，而且在時間上已經無法暢遊。經徵得大家同意，我們折返旅館，結束了旅行社所安排的香港旅遊，也完成了這次的中國精華遊所有旅程。第二天一整天屬於自由活動，第三天一早，我們就要飛回美國了。

　　久聞香港夜市是如何如何的熱鬧，部份團員乃自行組織了個夜市小組，計劃晚飯後結伴去逛夜市，由曾在香港居住過的團員做領隊。我與內人耀文當然表示參加去逛。

　　晚飯後我們幾乎立刻出發。先乘地鐵，然後，再左轉又右轉，最後終於轉到了太古城，這個香港著名的大購貨中心。好像是上下三層，每層均有大小商店近百家。真是吃喝玩樂採購日常用品應有盡有。美國的快餐連鎖店「麥當勞」及「披撒小屋」等都在其中，而且家家都是賓客滿堂。我們於參觀數十家商店後，便在一家港式快餐店內坐下吃點宵夜，不但味道好，價錢也極公道。可是，在整個太古城各種衣物用品商店裡所售貨物，其價格卻比美國連鎖商店裡的東

西貴多了，很多貨品像皮鞋衣服等比美國商店裡的要貴至少一倍。

　　我非常驚訝，人人都說香港是購貨者之天堂，怎麼這個天堂裡的價格卻是如此之高？不久，我遇到了從臺灣來的一位旅客。他告訴我，現在臺灣的物價又比香港貴多了。我終於醒悟了過來。所謂香港是購貨者之天堂，那是指二三十年前我還住在臺灣的時候。今天是一九九二年了，現在的購貨者之天堂不在香港，也不在臺灣，已經轉移到中國大陸了。因為大陸人工低廉故也。也許因為我是在中國出生和長大的中國人，我好希望十年風水輪流轉，將來會有一天購貨者之天堂又從中國大陸轉移到別的地方去。

　　六月二十二日，我們在香港自由活動。由於我們兩人今天沒有任何特定節目，所以內人和我在旅館房間裡舒舒服服地睡覺到早上八點鐘才起床。這是我們自從六月五日由洛杉磯上飛機後從未享受過的好覺。又因為旅行團團員們各人有各人的計劃，所以我們兩人決定單獨行動。

　　後來，我忽然想起尚在美國的妹夫砥中曾經拜託我如果可能代他在中國買本「昭明文選」，那怕是影印本也可以。可是我們一路旅遊，什麼地方都去玩了，就是沒有去過書店；而且，我好像也沒有看到過什麼書店。在旅遊途中，因為怕脫隊，我當然不可能離開旅行團去找書店。今天，我們兩人單獨遊玩，正是去找書店的大好時機，何況我自己原本就是個喜歡逛書店的人。

　　團員中有位葉太太曾經在香港居住過，她告訴我她知道商務印書館的地址及位置，同時她也要到那個方向去辦事。

於是，在她的帶領下，我們很順利地找到了商務印書館。

　　這家商務印書館佔地上下六層樓，規模不小。我們迅速到各樓參觀了一下，發現無數種新舊中文書籍。可是好像就是沒有「昭明文選」。我為我們居住的懷臥明州一家英文日報撰寫專欄，每週一篇，向我的美國讀者們介紹中國的精深文化，已經寫了五年多了。近來時常會為找不到適當的題材可寫而煩惱，主要的原因是我手頭沒有多少中文參考書籍，懷臥明州根本沒有什麼中國人，當然更沒有中文書店或中文圖書館。如今來到了藏書如此豐富的商務印書館，我大喜之至。一口氣買了十數本我所需要的書。在付完書錢後，我以顧客的身份問店員他們可有「昭明文選」這本書。回答從未聽說過「昭明文選」。於是我請他能否為我電話詢問其他書店那家有售。這個店員很熱心，果真為我打了六七個電話，結果也沒有一家書店出售該書。徹底失望下，我乃與耀文抱著我新買的書回到了旅館。

　　午飯後，我們兩人順著旅行社的這條大街走去，不準備再乘地鐵或計程車，漫步當車。剛走了沒有多少步，忽然發現就在我們旅行社的轉角處有一家很小的中文書店。我們乃走了過去，進店後發現裡面有很多本標明半價的中文文藝小說出賣。耀文大喜，她說她今天要買個痛快。在她選購小說時，我發現這家小書店後面的書架上有很多本線裝書。我有當無地問了問坐在銀櫃後面的書店老闆，我問他有沒有聽說過一本名叫「昭明文選」的古書。

　　誰知他一言不發地站起走到後面的書架上，拿給我一部約有十來本用繩子捆綁在一起的線裝書，上面清清楚楚寫著

「梁蕭統編昭明文選」八個大字。由於是木刻原版，歲月太久（至少一兩百年，也許更早在明代刻的），紙張多已發黃，書角略呈殘破。我急檢查，發現一冊不少，全集完整。我出身中國文史，深知從版本學上說，木刻原版的價值比鉛印本不知要高出多少倍，有時還被視為珍品。砥中只要求一本影印本就很滿意了，如今竟找到了一本木刻原版的。這真是「踏破鐵鞋無覓處，得來全不費功夫。」書店老闆也很高興，因為貨遇行家了。他很得意地對我說，即使我到北京城各古書店去找，恐怕也找不到一本木刻原版的。我也很高興地告訴他，不要說全香港六、七百萬人，就是全中國十二億人口中，又有幾個人想讀「昭明文選」。我們相視大笑，銀貨兩訖，皆大歡喜。

晚飯後，我們回到房間裡，開足冷氣，開始整理我們隨身所帶的兩隻小箱子，及一路旅遊時不停地採購紀念品，後來不得不又買了兩隻大箱子。如今兩大兩小四隻箱子都塞滿了各種各樣的東西。同時，我也要好好地整理我一路收集的各地名勝古蹟說明書及圖片。更重要的是我必須查閱我這十五天來的日記，好作為寫這篇遊記的綱要。一直到十點鐘了方才整理就緒。就在這個時候，我們房間裡的電話鈴突然響了起來。我接聽後欣喜萬分，原來是我居住香港的臺大同班女同學潘寶霞打來的。她告訴我甫收到我十天前從南京寄給她的一封信。她將於明天早上和她的丈夫來旅館看望我們。同時，她也告訴我另兩位住在香港的臺大男同學麥文郁及金發根的電話號碼，並說她也已約好麥金兩位同學明天一同來看我們。

　　我們自一九五七年從臺灣大學畢業後，三十五年了，從未見過面。如今老同學又將重逢了，怎不叫我欣喜欲狂。我立即電話文郁及發根約請他們和寶霞伉儷明天上午八時在我的旅館樓下客廳見面。懷著這份欣喜，我迅速上床，迅速入夢，在夢中，我又回到了當年在臺北市羅斯福路臺灣大學校園裡的青春歲月。

　　次日，也就是我們神州故國半月遊的最後一天，清晨八時，我的三位臺大老同學準時如約而來，寶霞的「愛人」何啓禮先生也一同前來。

　　啓禮先生是初會，我對他的第一印象是沉穩和藹，是個腳踏實地肯負起責任的人，我很爲我的同班同學潘寶霞高興有這麼一位的終身伴侶。寶霞嬌小玲瓏幾乎和當年在臺大做學生時一模一樣。文郁身材依然「苗條」，不過臉孔好像比以前圓了一點。發根說話時仍然像機關槍一樣快速，臉型沒有什麼改變。我們四個老同學有一個共同點，那就是數十年的歲月把我們的兩鬢都飛了霜了。寶霞和文郁世居香港，現在服務於香港教育及工商界，都很有成就。發根和我一樣，於一九四九年由大陸到臺灣，後來讀臺大，現在是香港大學的名教授了。

　　我的三位老同學均已計劃在九七大限前移民加拿大溫哥華。我取笑他們怎麼對小平同志這麼沒有信心。他們也坦誠相告，不要說「小」平，就是「大」平，誰又會相信共產黨的那一套甜言蜜語？我們歡談了一個多小時，直到內人和我上了遊覽車去飛機場，大家才依依道別。

　　香港的國泰航空公司班機又把我們順利地帶回美國洛杉

磯，時為六月二十一日中午十二時。因為通過國際換日線關係，我們又找回了原先失去的一天。總算愉快地完成了旅行社所說的「中國精華十七天遊」。

回想一九六三年我第一次來美國讀書時，當時為了省錢，我不乘飛機而搭乘一艘董浩雲旗下的客貨兩用船。在行程中，船必須在日本卸貨上貨，就這樣走走停停，一個半月後方才到達美國南部卡爾司登港口。下了船後，我又乘灰狗汽車，好像是三天兩夜才到達密歇根州凱那碼若市（Kalamazoo, Michigan）的西密歇根大學。如今以噴射飛機代替輪船，以十七天時間，飛越太平洋來回，並遊畢中國由北到南自東向西九個不同的大都市。

於此我不由得又想起了中國歷史上最著名的兩位旅遊文學作家，明代的徐宏祖和清代的劉鶚。他們兩人的「徐霞客遊記」和「老殘遊記」都是中國文學史上的不朽著作。可是當年一無飛機輪船，二無火車汽車，一切旅遊工具均靠步行及驛馬。比起他們來，我們實在是太幸運了。

科技跟着時代進步，也許再過若干年，住在地球上的人們，可以去月球甚至於其他的星球上去旅行，就像我們今日之到中國遊玩一樣方便。果如斯，只要我們仍然活著，我告訴內人，我們一定要報名參加。

「後記」本多餘，莫說作者痴。

猶憶小時候在蘇北老家私塾裡跟一位高等師範畢業的周汝龍老師選讀「老殘遊記」中的「遊大明湖記」時，我就曾經立志長大後，我也要讀萬卷書，行萬里路，而且也要寫遊記。差不多半個世紀過去了，從中國到臺灣又從臺灣來美

國，書是讀了不少，路也走了不知道多少里，文章也寫了一大堆，可就是沒有寫過一篇遊記。如果說是沒有時間，那當然是自騙和騙人的。至於究竟爲什麼？我自己也不知道。

今年六月間臨去中國大陸旅遊前兩天，我忽然想起去書店裡買了本筆記本，我要把沿途旅遊記下來，也許可以整理出一篇遊記，一償我數十年的宿願。

可是，事情並沒有像我原先想象的那麼簡單。譬如第一天隨團旅遊下來，從一個地方去一個地方，差不多都是在趕時間，有時侯想多拍幾張照片或者多去幾趟廁所都很緊湊，那有閒暇時間讓我坐下來寫我的筆記。

從第二天起，我放棄了現場記錄的方案，改爲每晚臨睡前將白天的一天所見所聞完全記錄下來。可是事實上，這也不是一件容易的工作。夏天旅遊，每日汗出如漿，晚間回到旅館房間洗完澡後，多已疲勞不堪，只想早點兒上床休息，準備明天早上去飛機場或者火車站去另一處名勝地方遊覽。在這種情況下，委實一點兒文思也沒有，簡直下筆艱難。

於是，我再度改變戰略。每晚旅遊歸來回到旅館房間後，我迅速洗澡，然後立刻上床睡覺。第二天一大早，我比內人早起一個鐘頭，專門用以補記前一天之所見所聞及所思。早晨頭腦清醒，文思也比較躍躍。就這樣我終於完整地記下了十五天的全部旅遊情況。

這完全是節省我那原不非常充足的睡眠時間而爲之的成果。我很高興因爲我做成功了。假如沒有日記，再好的記憶力，也不能在旅遊這麼多的地方後還能寫出這麼長的遊記。所不同於正式日記的，是我在補記旅遊每一名勝古蹟前面，

加上兩句很短的舊式章回小說標題，藉以聊發思古之幽情。

　　還有一點，本文在最初的寫作計劃裡，我尚有一度考慮以英文撰寫，提供給長期刊登我每週專欄的懷俄明州英文報紙發表，讓那些從未去過中國的美國讀者們知道咱們中華文明古國的偉大與可愛。

　　後以本文實在太長了，而且最重要的是太「中國」了，對於一般土生土長的美國人來說，如果沒有註解，是絕對無法「消化」的。註解太多，讀來勢必反胃。結果，乃決定仍以中文撰寫，不加一註。文中所述歷史人物及事件，因時空所限，手頭參考書極少，委實無法一一查證，好在遊記究竟不是史書，只好如此這般信筆直書了，謬誤之處必多，還請讀者諸先進不吝教我諒我，則感激不盡了。

　　1992 年 8 月 11 日初稿

　　1994 年 7 月 29 日改寫

　　1994 年 8 月 17 日至 9 月 18 日連載於美國國際日報國際副刊上